宋上上 著

明代贡运制度研究

北京大学明清研究丛书

北京大学出版社
PEKING UNIVERSITY PRESS

图书在版编目(CIP)数据

明代贡运制度研究 / 宋上上著. — 北京：北京大学出版社, 2025.1. — (北京大学明清研究丛书). ISBN 978-7-301-35821-4

Ⅰ. F552.9

中国国家版本馆 CIP 数据核字第 20256H71D2 号

书　　　名	明代贡运制度研究 MINGDAI GONGYUN ZHIDU YANJIU
著作责任者	宋上上　著
责 任 编 辑	张　晗
标 准 书 号	ISBN 978-7-301-35821-4
出 版 发 行	北京大学出版社
地　　　址	北京市海淀区成府路 205 号　100871
网　　　址	http://www.pup.cn　新浪微博：@北京大学出版社
电 子 邮 箱	编辑部 wsz@pup.cn　总编室 zpup@pup.cn
电　　　话	邮购部 010-62752015　发行部 010-62750672 编辑部 010-62755217
印 刷 者	大厂回族自治县彩虹印刷有限公司
经 销 者	新华书店
	650 毫米×980 毫米　16 开本　17.5 印张　264 千字 2025 年 1 月第 1 版　2025 年 1 月第 1 次印刷
定　　　价	72.00 元

未经许可，不得以任何方式复制或抄袭本书之部分或全部内容。
版权所有，侵权必究
举报电话：010-62752024　电子邮箱：fd@pup.cn
图书如有印装质量问题，请与出版部联系，电话：010-62756370

目录

绪 论 (1)
一、研究对象和问题 (1)
二、写作思路 (7)
三、史料来源 (9)

第一章 (17)
南京贡运造船业
一、贡船的形制与数量 (17)
二、船厂沿革与位置考证 (34)
三、船政机构设置 (50)

第二章 (56)
贡船修造规则
一、贡船的船"料"与尺寸 (56)
二、贡船修造等则 (69)
三、造船物料开销 (76)

第三章 (94)
贡运夫役的编佥
一、马船水夫佥派 (95)
二、快船军役编佥 (114)
三、马、快船水夫雇役 (138)
四、黄船差役改革 (151)

第四章

贡船差拨与贡品运输 …………………………………（157）

    一、船差类型 …………………………………………（157）

    二、贡船差拨规则 ……………………………………（179）

    三、贡差禁例 …………………………………………（203）

结　语 …………………………………………………（210）

    一、贡运制度的演变 …………………………………（210）

    二、贡运成本与船政钱粮收支 ………………………（213）

    三、贡运与明代南京的历史地位 ……………………（215）

附录1 ……………………………………………………（219）

马船水夫和工料银额数

附录2 ……………………………………………………（235）

明代年例贡差类型

附录3 ……………………………………………………（245）

明代贡差省并年表

附录4 ……………………………………………………（250）

马、快船差拨次序

参考文献 ………………………………………………（259）

后　记 …………………………………………………（273）

绪　论

一、研究对象和问题

永乐年间,朱棣迁都北京,被誉为有明三百年间"最庞大的工程"①。虽然一度经历了洪熙迁都回南的反复,最终在正统六年(1441),明廷革去北京诸司"行在"的说法,南京诸司仍加"南京"二字,②正式确立了南、北二京的行政体制。南、北二京皆设置完整的中央官员序列,是为有明一代独具特色的"两京制"。③

北京作为政治中心,与东南经济重心分离,明廷面临的最基本经济问题是,首都庞大的物质需求该如何满足? 北京地临边塞,气候苦寒,物产匮乏,宫廷及文武百官、京卫军士衣食所需,仰赖于东南供给,为此永乐年间明廷开会通河,设置漕运十三总,岁运漕粮约四百万石供应京储,"京师百万军民,蓟、昌各镇军士,恃此为命"④。运河上南来北往的船只,除了上万只运送粮米的漕船外,还有贡船为京师输送百货。如兵部尚书柴升记载:

---

① 新宫学:《明代迁都北京研究》,第 19 页。
② 《明英宗实录》卷 85,正统六年十一月甲午,第 1696 页。
③ 相关研究参见,黄开华:《明政制上并设南京部院之特色》,《明史论集》,第 1—52 页;王天有:《明代国家机构研究》,第 199—212 页;李根利:《明代南京政治地位研究》,北京大学博士学位论文,2021 年。
④ 黄克缵:《数马集》卷 7《请掣卫军疏》,第 120 页。

"我太宗文皇帝营建北都以来,凡服食、器用、工料、财物,无不取给于南,而此船装载运送之差盖昉于此。"①柴升所说的"此船"指的是贡船或贡舫,沿漕河由南向北运送贡品,称为"贡运"。贡船享受"船到即开闸"②的特权,通行次序优先于漕船,③甚至擅启河道闸板,走泄水利,阻滞粮运,原因正是在于贡运特殊的政治地位。

明代贡品种类繁多,如《南京光禄寺志·贡品》记载,三月贡运腌菜薹、咸鸭蛋,四月鲜笋,五月鲥鱼,六月蜜煎(即蜜饯),至十二月运鱼鲊等。④这些贡品多是南方特产,用于宗庙祭祀,礼部等衙门将时鲜献祭给宗社,称为"荐新";此外还供皇室衣食御用,正如明人指出,贡品先荐寝庙,"爰及充庖"⑤。其中寝庙祭祀由太常寺职掌,庖厨则系光禄寺管理。贡品运输关系宗庙、御用,与漕运并重,如工部尚书潘季驯云:"河漕、荐新,均属重务。"⑥因此在诸多制度层面,贡运与漕运皆有可以类比之处。那么相比于漕船军运,在"任土作贡"的原则下,这些土产究竟是如何贡运至京的?

在货币白银化的趋势下,地方土贡大多折银征收,起解至京,由太常寺、光禄寺在京招揽商人、摊派铺户和买。但是像鲜笋、鲥鱼等南方时鲜,北京无从收买,则依然保持了本色贡运。这些贡品经南京转解至北京,由南京太常寺、光禄寺分装、加工,南京兵部、工部修造贡船,水运进京。运输工具包括马船、快船、黄船三种。万历时署南京兵部事丁宾记载:

> 国初所设征进船只,其名有三:曰马船以载军马,曰快船以载锚重,曰黄船以备上御。自成祖文皇帝定鼎北京,遂以前三项船只,改为运送郊庙香帛、上供品物、一切军需器仗,称曰贡舫,往来南北之间。⑦

---

① 柴升:《题为陈言救时弊以弭寇盗事》,陈子龙等辑《明经世文编》卷107《柴司马奏疏》,第1061页。
② 谢纯:《漕运通志》卷8《漕例略》记载:"凡闸,惟进贡鲜品船只,到即开放,其余船只,务要等待积水而行。"(第479页)
③ 李德楠:《试论明清大运河上的行船次序》,第109—111页。
④ 徐大任:《南京光禄寺志》卷2《贡品》,第23a—25a页。
⑤ 徐大任:《南京光禄寺志》卷2《贡品》,第18a页。
⑥ 潘季驯:《河防一览》卷12《申饬鲜船疏》,第224页。
⑦ 丁宾:《丁清惠公遗集》卷2《船政催征不宜兼摄疏》,第69页。原文"锚重",即舳重。

贡船源于元末明初朱元璋麾下水军战船，马船运输马匹船只，设有鼓篷用以增大船舱容积与视野；快船运输军器，双帆疾驰，故名"风快船"；黄船涂以石黄，象征皇家御用，以供帝王乘舆。具体船只类型上，马船又分为六百料"大马船"和三百料"小马船"；快船除了南京锦衣卫等四十卫①的"风快船"外，还包括改造成装运竹木的"平船"。马船和快船常合称为"马快船"。黄船分为四百料"大黄船"和"二百料"小黄船。永乐迁都之后，南京黄、马、快船皆改为贡船，每年向北京运送时鲜、御用等贡品，是为明代的贡运制度。

与历朝相比，唯独明代两京跨越长江南北，依赖行驶在运河上的漕、贡等船只作为联系纽带。贡运和漕运的产生，皆与永乐迁都紧密相关。相比于漕运以供应京边粮饷的现实经济意义，贡运仅满足宫廷活动所需。尽管在轻重缓急上，贡运不敌漕运，②但贡运作为皇室专供，是一项重要的政治任务，由南京承担，将贡品统收统解，因此贡运制度正是南京政治职能的重要体现。与此同时，贡运也给南京军民带来了沉重的负担，如南京监察御史陈奇谋指出："留都根本重地，而军卫十居其八。二百年来，流离颠沛，而势不可支者，则船差之为害而已矣。"③南京被称为"根本重地"，所谓"根本"，不仅是指明孝陵、奉先殿等宗庙、陵寝所在，更意味着南京是供应皇室的根本。理解了这一点，贡运制度的意义便不言而喻。因此在南京诸司中，"惟船务为最剧"④。贡运事务的繁剧，与两京制下南京诸司的素为清闲⑤，大相径庭。这还体现在南京宦官机构的设置。与北京类似，南京同样设有十

---

① 具体包括：锦衣卫、旗手卫、金吾前卫、金吾后卫、羽林左卫、羽林右卫、府军卫、府军左卫、府军右卫、府军后卫、留守中卫、神策卫、广洋卫、应天卫、和阳卫、留守左卫、水军左卫、骁骑右卫、镇南卫、虎贲左卫、龙江右卫、沈阳左卫、沈阳右卫、龙虎卫、龙虎左卫、留守右卫、水军右卫、虎贲右卫、武德卫、留守前卫、龙江左卫、豹韬卫、天策卫、豹韬左卫、龙骧卫、留守右卫、鹰扬卫、兴武卫、江阴卫、横海卫。

② 如南京兵部尚书黄克缵指出："令运船一岁不至，则军士饥而京边危矣，其关系一何重也。若快船进贡果鲜服之物，可缓可急，令与粮运较其轻重，固不可同日而语矣。"（黄克缵：《数马集》卷7《请挐卫军疏》，第120—121页）

③ 倪涷：《船政新书》卷4《黄船续集》，第256页。

④ 倪涷：《船政新书》卷1《题稿部咨·快船雇募疏》，第121页。

⑤ 户部郎中王廷干云："自南跸北迁，留务无几，真成吏隐。"（谢彬：《南京户部通志》附卷上《题名记·南京户部贵州清吏司题名记》，第12b—13a页）

二监四司八局,即"二十四衙门"。① 宦官专为服务帝王而设,南京既无皇帝行在,为何保留宦官机构?原因正与贡运有关。每只贡船出差,随船的除了水夫外,还有厨役等人,由南京各监局内官一人押运,称为"管运内官"。② 南京宦官管理贡运,亦是出于服务帝王之需。由此可见,以贡运为研究切入点,对于南京机构设置和诸司职掌可以有更全面的理解,对于明代"两京制"下南京的历史地位也可以有更清晰的认识。

明人对贡运政治意义的强调,从侧面反映出贡运经济效率低下。一方面是有些贡品在京畿可以采获,没必要大费周章长途解运。如南京兵部尚书王廷相指出:"天鹅、鸘老等禽,北方随处皆有,石榴、柿子、秋梨诸果,北京所产尤佳,此皆可省南运。"③贡品原则上是"非北土所产"④,但出于圣旨传奉、内官求讨,这一原则并未被严格遵循。另一方面,贡品的品质难以保障。贡品在长途运输中,为了保鲜,荸荠、莲藕等根茎连带泥土滋养,称为"土鲜";蔬果、河鲜覆以冰块,称为"冰鲜"。但由于运河沿途州县缺少冰窖和冰块储备,所谓冰鲜常常有名无实。如长江三鲜之一的鲥鱼,实不用冰,五月起运,六月末到京,早已腐烂变质,腥臭难闻,仍供光禄寺庖食,以及赏赐百官饮食。沈德符在《万历野获编》中就记载了这样一件趣事,北京一位年深宦官赴任南京,担任内守备太监,在品尝到了当地新鲜的鲥鱼后,惊讶地问道:"其状颇似,但何以不臭腐耶?"⑤在土生土长的北京官员看来,鲥鱼不臭不正宗,贡品质量低下,有名无实,可见一斑。除此之外,长途贡运,消耗巨大民力物力,仅是为了满足帝王所需,实属封建剥削,并非仁政,明臣奏疏中裁减贡品、节省贡差的呼声,屡见不鲜。李根利研究指出:"南京之困,首先在于以南京内官衙门为主的搜刮进解品物,继之运输所需的马、快

---

① 关于南京宦官机构设置,参见李根利:《明代南京政治地位研究》,第80—83页。
② 沈德符:《万历野获编》卷17《兵部·南京贡船》记载:"其贡名目不一,每纲必以宦官一人主之。"(第430页)
③ 王廷相:《王廷相集·浚川奏议集》卷7《金陵稿·裁减南京进贡马快船只题本》,第1308页。"鸘老"即鹔鹴,似雁,泛指涉禽鹤类,如白枕鹤。
④ 《明世宗实录》卷117,嘉靖九年九月庚子,第2772页。
⑤ 沈德符:《万历野获编》卷17《兵部·南京贡船》,第431页。

船之役更让南京不堪其扰。"①由此可见,贡运不仅是一种政治符号,更是国家财政的重要组成部分,这也是明代时人高度关注贡运的原因所在。那么明代贡运成本究竟有多少?由哪些部门承担?只有精确分析明代贡运的经济成本后,对于明代贡运制度的评价才会更加全面。

基于政治和经济两方面因素考虑,有必要对于明代贡运制度深入研究。明代贡运由南京兵部主管,南京兵部下辖众多船厂(黄船厂、快船厂、马船厂)和军卫(江淮、济川等卫),分别负责修造船只和管理水夫,最后由水夫驾驶贡船出差。贡运制度运作围绕贡船的"修"和"差"展开,因此,在明代史籍记载中,贡运即船政,具体分为三个方面:审甲、修造、差拨。如《船政新书》记载:

> 快船审甲、造修、拨差皆由南京兵部;黄船则审甲由兵科,造修由工部,而拨差由外守备。②

其中"审甲"指的是贡船小甲的编审,每船设小甲一名,统领随船水夫,承担修船料价、出差工食,由于贡运途中内官、胥吏的揩勒,小甲实为一项苦役,因此小甲役的编审原则便是根据家资多寡,为首者编为小甲,遇有家资消乏,还需要更换佥替小甲。"造修"指的是贡船的制造和维修。船只根据使用寿命的不同,若干年一修,若干修后重新成造。如成化八年(1472),南京工部奏准,将黄船比照快船事例,"定限五年一修,十年成造"③。"拨差"(或"差拨")即贡船装载贡品,依次调拨差遣,运送至京。

根据前述引文,贡运制度研究的难度在于,黄、马、快船在审甲、修造、差拨方面,隶属各不相同,规章制度各异,因革不常。与明代漕运制度相比,贡运制度的复杂性正是体现在船只类型、水夫来源、贡差种类的多样性上,即分别对应修造、审甲、差拨。因此从这三个方面入手,加以梳理,对于贡运制度的认识会更加清晰。

综上所述,本书的研究对象是明代的贡运制度,研究的问题是明代贡

---

① 李根利:《明代南京政治地位研究》,第228页。
② 倪涷:《船政新书》卷4《黄船续集》,第256—257页。
③ 正德《大明会典》卷160《工部十四·船只》,第3册,第373页。

运制度如何运作。本书研究时段为永乐迁都至崇祯末年(1420—1644),间有部分制度起源问题会追溯至洪武时期。需要说明的是,有观点认为"天启三年正月,南京贡鲜船停止运行"①,这是受到《明史》的错误影响。《明史·熹宗纪》记载:"(天启三年春二月)停南京进鲜。"②事实上,天启三年(1622)圣旨内容是"减省二起鲥鱼等差船三十七只"③,明廷只是暂免了部分贡差,贡运制度一直持续至明朝灭亡。弘光元年(1645),南明户部尚书王铎就指出:"今圣驾在南,马、快各船无用。"④可见贡运制度始于永乐,至崇祯末仍存,几乎贯穿明代始终。

围绕贡运制度,学界相关研究集中于两个方面:一是造船史,对于贡船的名称、种类、用途、修造情况展开梳理。二是社会经济史,对于水夫的编佥方式、船料银征集,以及一条鞭法改革过程,展开分析。具体观点讨论和辨析,详见各章论述。总体而言,关于贡运制度的已有研究,以李龙潜《明代南京马快船考释》一文最值得参考,李文分为马、快船由来,甲夫佥编,修造,管理和差拨,弊端及改革等方面展开研究,奠定了贡运制度的研究框架。⑤ 由于篇幅所限,制度运作的细节未能展开。蔡泰彬《明代贡鲜船的运输与管理》一文分为船只组成、贡鲜种类、水夫征派、贡船数量和管运内官之违禁五个方面展开研究,⑥这些也正是本书所关注的问题。但蔡文在材料的使用上较为局限,未能利用《船政新书》《船政》等政书,以至于文中出现了一些失误,如将"济川卫"写作"济州卫",将万历十四年南京兵部主事倪涷对于快船的一条鞭法改革,误置于万历二年倪岳身上。文中未能区分黄船和马、快船隶属的不同,以至于出现了贡鲜船既隶属于南京兵部,又由南京工部主事管理的矛盾。梅伟强《明代贡舫之研究》,是目前所见最早专门讨论贡运制度的学位论文,但文中大多沿用万历《大明会典》、天启《南京都察院志》等政书的说法。尤其是梅文未能区分贡船正军、余丁在军事身

---

① 李德楠:《试论明清大运河上的行船次序》,第110页。
② 《明史》卷22《本纪第二十二·熹宗》,第301页。
③ 范景文:《南枢志》卷155《奏疏部·重订修船规则疏》,第3902页。
④ 王铎:《拟山园选集》卷7《兵马钱粮事宜诸款》,第102页。
⑤ 李龙潜:《明代南京马快船考释》,第205页。
⑥ 蔡泰彬:《明代贡鲜船的运输与管理》,第100—157页。

份上的区别,而是概以"军人"统称,未免有失制度史规范。① 明代贡运制度的运作仍存在细化研究的空间。

综上所述,本书在已有研究基础上,围绕研究问题,进一步考证贡运制度的演变,期以明确贡运的政治意义和经济成本。

二、写作思路

贡运制度运作以贡船为核心,也称为船政,"船政之官,职司贡事"②,由南京兵部车驾司主管,根据职掌,主要可以分为修造、审甲、差拨三个方面,因此研究和写作思路亦按照这三个方面,逐层递进:

一是船只如何修造。南京作为明代造船业中心,贡船作为内河船只,在修造技术和船只尺寸上固然难与郑和宝船相提并论,但是不同于明初遮洋海船的昙花一现,贡船延续有明一代,构成了南京造船业的主体。具体而言,南京究竟修造了多少只贡船?分别由哪些船厂修造?修船所需木植、物料从何而来?黄、马、快船在船只形制和修造等则上有何异同?造船业的发展需要稳定的资金保障,为此,工部在长江、运河沿线设置税关,征收船料银用于清江船厂修造漕船。相比于漕船,明代贡船的造船经费从何而来?

二是驾船水夫如何编佥。明初户籍分军、民、匠、灶,贡船水夫则兼具军籍和民籍不同的来源,其中马船水夫由沿江省份民户抽籍而来,编入南京江淮、济川二卫;而快船、黄船则由南京锦衣卫等四十卫的旗军、余丁撑驾。马、快、黄船水夫分别是按照什么样的编佥标准?从徭役制度的发展来看,从明初诸色户籍配户当差,到中后期一条鞭法的改革、摊入丁粮,贡船夫役编佥方式的演变趋势也与此一致。如嘉靖时马船水夫折征工料银,万历时黄、快船军余交纳丁银,贡船水夫也经历了从亲身应役到折银雇役的转变。贡船夫役折银是否减轻了军民负担?其对于明代南京财政结构产生了什么样的影响?

---

① 梅伟强:《明代贡舫之研究》,第59—63页。
② 范景文:《南枢志》卷154《奏疏部·条陈船政事宜疏》,第3787页。

三是贡船如何差使。即在已有船只和水夫役的基础上,由南京兵部组织水夫驾驶贡船出差,称为"出水"或"贡差"。由于船只和贡品种类各异,故两者之间存在排列组合的匹配问题,即不同船只分别承担什么样的贡差？运输什么样的贡品？考虑到贡品有轻重、缓急之别,故差使有美恶之分,为了公平起见,避免水夫挑肥拣瘦、营私舞弊,南京兵部规定了差规,即船只按照固定次序轮差,那么众多贡船又是按照什么次序出差？两京之间往还千里,贡船行驶中需要沿途州县、军卫协济夫役、钱粮,则贡船官夫与地方社会又存在哪些互动？

基于以上研究框架和关心问题,本书分为四章展开研究。第一章主要介绍南京贡运相关造船业的基本情况,包括船只类型、船厂沿革、机构设置等方面,同时厘清船政相关术语的基本概念。第二、三章分为船只和水夫两个方面展开研究,其中第二章承接上文,对于贡船修造的具体制度规定,展开分析,厘清各种船只形制上的区别,最终马、快船只是统一修造,一体差拨。第三章的研究对象是贡运夫役,贡运制度以水夫的编佥最为复杂,分为马船夫役和快船军役两类,最终在一条鞭法改革下,折银征收,统一雇役。夫役和船只二者相结合便是差拨贡运,于是第四章便研究马、快船差拨情况。明代贡品种类繁多,多有增减,首先要对其分类,按照重要性进行划分可以有效说明贡品的政治意义。至于贡运船差以及管运内官对于运河沿线带来的危害,仅作简要归纳。此外,由于黄船数量不多,管理相对独立,故附入各章之中带叙。

基于本书对于贡运开支和负担的关心,需要有精确的钱粮收支数目作为论证依据。因此本书每一章都会计量船政经费的收入或支出。需要说明的是,这种计算主要基于南京兵部账册上的数据,虽然与事实不一定相符,但是这已是可以获得的最为权威的数据。本书按照明人会计方式(如四柱式等),对已有数据进行推演,力求钱粮数据定量化、准确化,以此说明贡运开支与南京财政结构等问题。

本书作为制度史研究,主要关注贡运制度运作,包括船政沿革演变、文书流转、政令传达、信息沟通等方面,也就是所谓"活"的制度史。① 与贡运制度相关的社会经济史、造船史、历史地理、物质文化史等方面,亦是制度史"活"的补充。基于制度史"实"与"活"两个层面,本书研究分为船只修造、水夫佥派、贡船差拨三个方面,力求厘清贡运制度的运作和演变,并进一步说明"两京制"下南京的功能和地位。

三、史料来源

本书的史料来源,按照传统四部分类法,可以划分为史部编年类、政书类、诏令奏议类,子部笔记类,以及集部明人别集等,如参考文献所示。在此基础上,本节想要详细介绍的是该如何找到这些史料,期以此展示史料搜集的方法和路径。

本书作为制度史研究,以《明实录》《大明会典》等官修典籍为最基本史料。《实录》编年系月,卷帙浩繁,详细记录了贡运制度的沿革演变,对于制度变革时间节点的记载,最具有权威性。历朝《实录》史料价值由前往后递减,尤其是明前期,政治压抑,出版创作低迷,流传史籍不多,目前所见以《实录》为最大宗史料。制度条文方面,《大明会典》可与《实录》互相参校。正德、万历两朝《会典》则奠定了有明一代制度框架,成为制度运作的依据和准则。如万历《大明会典》将贡运相关职掌置于《兵部·驿传》和《南京兵部·车驾司》两卷之下,记载了沿革、禁例、编审夫甲,及修造、差拨的事例,是研究贡运制度的基本史料。但《会典》仍有明显不足之处,一方面是《会典》对于题准事例剪裁过甚,只保留了部覆的结果,无法了解制度运作的背景和经过,甚至由于语焉不详导致歧义;另一方面是万历《大明会典》刊刻于万历十五年,基本上反映了明代前中期的制度运作,而对于晚明的制度沿革,则付之阙如,有待于其他史料的补充和细化。

明代奏议可以弥补《会典》上述的不足,也正是本书着重使用的史料。明代百官乃至军民皆可建言上书,根据所言事件公私的不同,又分为题本

---

① 邓小南:《再谈走向"活"的制度史》,《史学月刊》2022年第1期。

和奏本,即"公题私奏"。明代中枢权力结构中,票拟、批红、科钞、部覆等环节,皆是围绕奏议的流转展开。奏议是了解制度运作、细化制度研究的主要史料,也就是通常所说的"明清档案"。

需要说明的是,明清"档案"的本质是奏议、公移等公牍,但载体形式不一,并不限于储存在册库(架阁库)的原本。明代章奏运作过程中,各个环节均可产生副本,如户科给事中姚文蔚指出:"下有章奏,上有明旨。在内府有原本,在六科有录本,在内阁有阁抄,在各衙门有底案,在士大夫有旧邸报。"①除了内府六科廊存放的题奏原本外,六科录副、内阁阁抄、坊间邸报等,皆在不同程度上抄录了奏议内容。但遗憾的是,由于明清战火,以及"八千麻袋事件"等原因,这些档案大多没有保留下来。目前所见明代奏议,主要载体形式是明代官员的奏议别集、文集,以及奏议总集等。

奏议总集主要根据六科的科钞以及坊间官员文集汇编而来,其编纂风气始于嘉靖朝《皇明名臣经济录》《本朝奏疏》,至明末《皇明经世文编》集大成,现存十余种,总结如表0-1所示:

表0-1 明代常见奏议总集目录

序号	编者	书名	卷数	版本提要
1	黄训	皇明名臣经济录	53	明嘉靖三十年序刊本(徽本),成书于嘉靖二十年前后
			18	陈九德删补,嘉靖二十八年序刊本
2	张瀚	皇明疏议辑略	37	在《皇明名臣经济录》基础上删补,仅收录洪武至正德朝,明嘉靖三十年大名府刊本
3	万表	皇明经济文录	41	在《皇明名臣经济录》基础上增入《漕暇录》,明嘉靖三十三年序刊本
4	孙旬	皇明疏钞	70	收录明初至隆庆朝奏疏,偶见万历初,明万历十二年自刻本

---

① 祁承爜、祁彪佳:《万历大政类编》不分卷,《北京图书馆古籍珍本丛刊》第54册,影印明抄本,北京:书目文献出版社,1988年,第465页。

(续表)

序号	编者	书名	卷数	版本提要
5	顾尔行、贾三近	皇明两朝疏抄	20	明万历十四年序刊本(大名本),详于嘉靖初、隆庆初
6	汪少泉、孙维城	皇明奏疏类钞	61	明万历十六年序刊本,收录洪武至万历十年奏议
7	张卤	皇明嘉隆疏钞	22	明万历间刊本(金陵本)
8	朱吾弼	皇明留台奏议	20	明万历三十三年序刊本,收录正德至万历四朝南京御史所上奏疏
9	吴道行	熙朝名臣奏议	6	明万历三十五年序刊本,又名《不愧堂刻奏疏》,收录万历元年至三十二年奏疏
10	吴亮	万历疏钞	50	明万历三十七年刊本,收录隆庆六年至万历三十六年诸臣奏疏
11	董其昌	神庙留中奏疏汇要	40	成书于天启四年,根据南京河南道邸报,收录万历十三年至四十八年留中奏疏
12	陈子壮	昭代经济言	14	明天启六年序刊本
13	陈其愫	皇明经济文辑	23	明天启七年序刊本
14	陈子龙等	皇明经世文编	504	明崇祯中平露堂刊本,成书于崇祯十一年左右

其中又以《皇明经世文编》内容最为丰富,所载嘉靖时南京兵部尚书柴升《柴司马奏疏》、南京兵部侍郎万镗《万太宰奏疏》,是涉及船甲编审的重要史料,可补二人文集无传之阙。针对上述奏议总集,日本学者山根幸夫编有《明代经世文分类目录》,可供配套检索查阅。

除此之外,本书还首次引用诸多馆藏孤本奏议总集。如嘉靖《本朝奏疏》一书,以六部为纲,抄录嘉靖一朝诸臣奏议,因无序跋,故成书过程不详,似亦源自科钞。嘉靖《本朝奏疏》现存两种,一是国图抄本,现存户、礼、兵三部,收录嘉靖元年至二十年间奏议。二是天一阁抄本,现存户、兵二部,收录嘉靖十年至二十年间奏疏。此二本编纂体例、抄写格式一致,或系同一书散逸后分藏两处。其中国图本《本朝奏疏》的兵部卷收录兵部尚书李承勋《会议重大事宜》一疏,详细记载了快船的修造情况,甚至不见于李承勋的《少保李康惠公奏草》,应当是源自科钞。又如北京大学图书馆藏清初抄本《皇明经世考》80卷,体例上仿照《皇明名臣经济录》《皇明经济文录》,分为三部分。第一部分按照时间顺序排列,收录洪武至嘉靖朝名臣奏疏;第二部分按照六部划分,收录各部堂、司官奏疏;第三部分按照地理划分,收录两京十三省民情利弊的奏疏和议论。书中不乏独见奏疏,如卷65收录成化二十年南直隶巡抚彭韶《陈言军民利病事》,就详细记载了马船夫役编佥情况,时间较早,甚至不见于彭韶的《彭惠安公文集》。由此可见,诸如李、彭等人虽有文集、奏议传世,但仍可通过奏议总集拾遗补阙。

奏议别集、文集史料价值的高低,主要取决于作者的仕宦经历,尤其是该管官员,亲历政事,见闻和记载真切。贡运事务由南京兵部车驾司管理,明廷于万历十四年设置船政分司,由吏部注选车驾司主事一员,专理船政。贡运有关政务,由船政分司主事开列处理措施,经车驾司掌印郎中呈送南京兵部堂官,由南京兵部尚书题奏。题奏本章进呈御前,经兵科抄出到兵部,兵部会同户工等部商议,出具意见,再次题奏,最终经圣旨批允。根据公文流转程序可见,贡运制度运作,涉及的职官主要包括南京兵部车驾司郎中、主事、南京兵部尚书、兵部尚书、兵科等官。因此根据明代职官表按图索骥,逐一检索担任这些职官人员的存世著述,便可获得相关史料。

南京兵部尚书作为堂官,是船政事务的主要发起者,因题奏下兵部覆议,故兵部尚书奏议中亦多有收录。尚书官居二品,地位崇高,刊刻存留的奏议较多。这些奏议收录、刊刻的时段主要是明代中后期,数量随着明代出版业的繁荣而递增。尤以嘉靖、万历两朝为多,如嘉靖时南京兵部尚书王廷相《浚川奏议集》、湛若水《参赞事略》;万历时南京兵部尚书潘季驯《兵部奏疏》等。本书所使用的尚书奏议、别集,不乏馆藏孤本,如广东省立中山图书馆藏嘉靖刻本林瀚《林文安公集》、无锡图书馆藏嘉靖刻本马文升《马端肃公奏议》、南京图书馆藏隆庆刻本乔宇《乔庄简公集》、天津图书馆藏万历刻本王樵《方麓居士集》等,为船政研究提供了丰富的部堂奏议。

除了堂官外,南京兵部司官的著作亦值得留意。在明代六部"部—司—科"三级体系中,六部按照省份或者职事,分设若干清吏司,由郎中掌印,员外郎、主事佐理司务,"司"构成明代中枢政治、公文流转中承上启下的关键一环。南京兵部所属武选、车驾、职方、武库四司,其中车驾司职掌船政,设有船政、工料等科。由于"科"级人员皆是令史、典吏等吏员,几乎没有文集传世,因此"司"级官员著述是反映贡运制度运作的最基层史料,也是本书细化船政研究的重要突破。

由于司官品级不高,存世著作不多,但经过仔细查照,仍有吉光片羽可寻。尤可称述的便是船政主事倪涷①和祁承㸁二人。倪涷系明末大学士倪元璐之父,于万历十四至十六年间历任船政主事、南京兵部车驾司郎中,推行了船政的一条鞭法改革,极大减轻了黄、快船军余的负担,受到南京名士顾起元等人的称赞。倪涷留心政务,将船政改革前后的奏疏、揭帖、条议,汇辑刊刻为《船政新书》,其中诸款条议补充了奏疏未提及的制度细节。倪涷在《船政新书》卷4《客问》中以自问自答的方式,对于船政改革的因果、利弊作出详细说明,展示了制度条文背后的实际运作情况。又船政主事祁承㸁是晚明名士祁彪佳之父、"澹生堂"主人。祁承㸁曾自叙编有《司舫袽言》一书,取材船政案牍、档册、政书,以及寻访故老。②《司舫袽言》今虽已遗佚,但经祁氏手削后,收入《澹生堂集·核贡》中,详细记录了祁氏于万历末管理贡运的条议。祁承㸁的著述尚不止此,国家图书馆藏祁承㸁《条议船政拨差事宜书册》,罗列了马、快船只贡运拨差的次序;中国第一历史档案馆藏祁承㸁《南京兵部车驾司职掌》,记录了南京兵部车驾司各科职掌,是罕见的"司"级官署志。遗憾的是,由于万历末船政科已经独立升设为船政分司,不再隶属于车驾司,故《南京兵部车驾司职掌》中关于船政的记载不多。祁承㸁能够为今人编纂、保留这么多档案材料,自然是因为祁氏作为藏书大家,珍惜文墨,留心搜集,片纸不遗。

除了车驾司外,南京兵部其他清吏司官员,在钱粮、夫役管理上,与车驾司职掌相关,亦间有贡运相关记载。如前述南京吏部尚书林瀚之孙林

---

① 有学者将"倪涷"误作"倪冻"。按"涷"义为暴雨,并非"冻"对应的繁体字。倪涷字"雨田",与"涷"字含义一致。

② 祁承㸁:《澹生堂集》卷9《司舫袽言引》记载:"因悉取舆司职掌,及船政诸书,展转阅绎,始十得其四五,复询之故老及前之司舫者,又十得其七八。"(第2册,第404页)

炫,嘉靖十八年时任南京兵部武选清吏司主事,文集中收录《兵曹处置事宜状》,指出了贡船船甲役编佥的弊端。诸如此类,南京兵部司官众多,本书在搜集过程中,难免挂一漏万,有待于继续补充。

本书在检索南京兵部司官著述过程中,意外发现了《明万历大中丞朱公正色家谱·自叙》。一般而言,家谱多用于宗族社会研究,反映了区域社会变迁。但是对于身居高位的官员而言,家族借其人以昌盛,自然在族谱中保留了较多传记资料,朱正色家谱就是一例。朱正色是北直隶顺德府南和县人,万历二年进士,万历六年升南京兵部车驾司主事,管理船政,官至右副都御史、宁夏巡抚。家谱中收录了朱正色自叙年谱,杂录历官题奏,如万历七年《船务三事奏》《查参造船厂委官奏》,不见于传统史籍。由此可见,部院大臣的族谱对于制度史研究亦颇有裨益,值得进一步搜集整理。

政书是本书除了奏议外,所使用的又一类大宗史料。除了前述《大明会典》等通制类政书外,与贡运制度密切相关的政书主要有两类:一是船政志,二是南京官署志。船政志除了前述《船政新书》《条议船政拨差事宜书册》,还包括《船政》《南船纪》《龙江船厂志》,主要记载了黄、快船的修造情况。根据李根利统计,现存南京官署志约有 25 种。[①] 其中与贡运制度相关的衙署包括:南京兵部管理船政,下设造、拨等船厂,负责贡船的修造,相关钱粮如水夫工食、修造船料,亦由南京户、工二部协济。南京太常寺、光禄寺负责贡品的分装处理,南京都察院监督贡船的差拨。因此本书使用到的南京官署志包括台湾"中研院"傅斯年图书馆藏嘉靖《南京户部通志》、台湾公立图书馆藏崇祯《南枢志》、南京图书馆藏清抄本《南京工部职掌条例》、日本内阁文库藏天启《南京都察院志》、日本尊经阁文库藏万历《南京光禄寺志》等。

南京官署志中,对于贡运制度记载最为详细的当属《南枢志》,成书于崇祯八年至十一年间,主要记载了晚明时期南京兵部制度沿革。《南枢志》卷帙庞大,内容丰富,分为职掌部和奏疏部两个部分。职掌部记载四司职

[①] 李根利:《明代南京政治地位研究》附录《明代两京官署志及相关文献目录》,第275—277页。

掌,深入到"科"一级,其中与贡运制度直接相关的是车驾司船政科和工料科,可以弥补《南京兵部车驾司职掌》失载的遗憾。奏疏部收录南京兵部尚书郭应聘、臧惟一、陈道亨、黄克缵、范景文等人奏议,可以补充诸人文集、奏议的不足。

由于贡运属于中央政务,地方志中缺少相关记载。尽管如此,方志类史料仍不可忽视,这是由于,土贡本质上是一项赋役,地方志关于赋役制度改革有着详细记载。例如马船水夫起取自湖广、江西以及南直隶太平、宁国、安庆三府,船只发回原籍修造,明代中期随着赋役折银,马船水夫工食和修船料价统一折征工料银,解送南京兵部。因此湖广、江西等二省三府的地方志中,关于马船役的本色和折色有所记载,可以全面细致反映工料银折征前后的演变。地方赋役册如嘉靖《江西赋役纪》、万历《江西赋役全书》中,亦有关于马船(江济)水夫折银的记载。除此之外,本书还征引了类书、笔记、传记等杂著,兹不一一列举。

本书所使用史料多为馆藏孤本,版本单一,并不复杂,但在版本鉴别和史料取舍上,仍有值得注意的地方,正如李新峰老师经常强调的两点:

一是不应将《明史》当作原始材料加以引用。无论是张廷玉《明史》,还是万斯同或王鸿绪《明史稿》,皆系后人剪裁加工而成,应当视为清人编纂的学术成果,加以对话、讨论。也就是说,《明史》并非一手史料,而是商榷对象。事实上,《明史》中存在大量的错误记载,如学界认为天启三年停罢贡运,就是受到了《明史》的影响。

二是尽量避免使用《四库全书》本史料。这自然是由于四库馆臣对于史籍存在大量的删节、篡改,这已是学界共识。在古籍数据库建设迅猛发展的今天,电子资源日益丰富,如中华古籍资源库、上图古籍全库、台湾古籍与特藏文献资源库、日本公文书馆等,披露了大量之前学界难以见到的馆藏孤本秘籍,使得近十年明代史料犹如井喷,我们更容易看到明代原刻本、四库底本,这种情况下就应当避免引用二手的四库本、清刻本。以本书引用的史籍为例,四库本皆有更为原始的明刻本可以代替,且基本都有电子资源或出版物可供查阅(表0-2):

表 0-2　四库本替代版本

四库本	明刻本
官修《明会典》	正德《大明会典》,日本内阁文库藏正德四年刻本
黄训《名臣经济录》	《皇明名臣经济录》,美国哈佛图书馆藏明嘉靖刻本
潘季驯《河防一览》	《河防一览》,原国立北平图书馆藏万历十八年刻本
于谦《忠肃集》	《少保于公奏议》,日本内阁文库藏嘉靖二十年刻本
倪岳《青溪漫稿》	《青溪漫稿》,南京图书馆藏明正德刻本
马文升《端肃奏议》	《马端肃公奏议》,无锡图书馆藏明嘉靖二十六年刻本
郑纪《东园文集》	《东园郑先生文集》,天津图书馆藏明嘉靖六年刻本
王樵《方麓集》	《方麓居士集》,天津图书馆藏明万历刻本

像马文升的奏议,学界经常引用的是《四库全书》十二卷本《端肃奏议》,相比于无锡图书馆藏十六卷本《马端肃公奏议》,删去了十篇兵部边备奏议,部分字句亦有所改动。《马端肃公奏议》已经收入《荣德生遗命捐赠:无锡图书馆藏国家珍贵古籍选刊》第 3 册影印出版,又经马建民点校、汇辑为《马文升诗文集》,这种情况下,就不应再引用四库本的《端肃奏议》。

综合以上史料,可见明代制度史研究一般以政书和奏议为核心史料,在明确该制度隶属哪个衙门职掌的基础上,根据题名记、职官表所载衙门历任堂官、属官姓名,在古籍联合目录中逐一检索,搜集职掌相关政书、奏议,是为本书搜集史料的主要方式。从诸司职掌的角度而言,本书研究的贡运制度或船政,隶属于南京兵部车驾司船政科(万历时船政科升为船政分司),反映出在明代"部—司—科"三级体系中,制度史研究可以深入到"司"乃至"科"一级,这也是明代六部职掌能够继续深入发掘讨论的地方。根据上述史料搜集思路,围绕六部各个清吏司的分管、带管、分司等职掌,充分利用数据库等电子资源,重视奏议、政书的阅读和利用,相信对于明代制度史研究能有进一步的突破。

第一章

南京贡运造船业

明代贡品运输,首要解决的问题便是交通工具从何而来,即修造贡船。南京作为明代官办造船业中心,曾参与明初漕船、宝船,以及黄、马、快等各类船只的修造。永乐以降,开会通河,漕船改由运河沿线清江、卫河船厂(提举司)修造,宝船厂随着海运的停罢而逐渐荒废,而黄、马、快船则改作贡运船只,由南京修造,相沿不废。因此南京官办造船业中,最为重要的当属贡船,巅峰时期贡船数量多达两千余只。最早关注南京贡运造船业问题的是李龙潜,李氏考察了马、快船只的修造和管理模式,[①]刘义杰则梳理了南京兵部船厂的名称演变和隶属关系。[②] 概言之,南京兵部下设有造、拨等船厂,负责马、快船的修造。本章在此基础上,对于明代南京贡运造船业进行系统考察,分为贡船的形制与数量、船厂沿革与位置考证、船政机构设置三个方面展开。

一、贡船的形制与数量

关于贡船概念的界定,星斌夫最早提出"马快船"是区别于马船和快船的特殊船只,马快船主要是针对贡鲜物,但是快船、马船主要是运送一般官

[①] 李龙潜:《明代南京马快船考释》,第202—212页。
[②] 刘义杰:《明代南京造船厂探微》,第31—39页。

用物资。① 蔡泰彬指出了星斌夫之误,即马快船并不是一种贡鲜船,而是包括江淮、济川二卫的马船和锦衣等四十卫的快船。从而进一步将明代贡鲜船界定为由马船、风快船和黄船组成。② 李龙潜的观点与蔡文相同,认为"马快船是个共名,它的别名不仅有马船、快船,还有快平船、风快船、红船、平船、乌龙船、黑楼船、黄船等"③。但李氏将地方递运所的红船列入其中,稍涉混乱。梅伟强将研究对象"贡舫"界定为由"大黄船、小黄船、大马船、小马船、快船与平船组成"④,较蔡泰彬的划分更为精细。梅伟强根据万历末曹时聘奏疏的记载,认为"贡舫"一词形成于万历中后期。事实上成书于万历十六年的《船政新书》中就已经频繁使用了"贡舫"一词,而与之通用的"贡船"的说法,早在嘉靖初年圣旨中就已有提及。刘义杰《马船考》将明代马船起源追溯至宋代,考证出南宋时在长江沿线包括四川、江浙等区域都设厂建造马船,用以运输军马,甚至改造战舰。沿至明代,洪武时在长江流域各地建造马船厂,以及在南京设置江淮、济川二卫,到永乐迁都后马船职能发生转变,成为往返两都间的贡舫。刘文据此进一步指出,罗懋登在《西洋记》中将马船认作郑和下西洋船队中的第二号大船,实为一种误解,⑤所言无误。事实上,贡船都是平底方头的内河船只,与海运无关。程志兵将马船解释为运输马匹的船,认为"大船""官船"之说都是出于臆测,没有依据。⑥ 万明首先注意到明代快船可分为广义和狭义两种,她统计了明代史籍中关于快船的22种别称,并按用途将其分为海上战船和江海运输船两类,也即广义上的快船。⑦ 经过以上研究,基本厘清了马船和快船是两类船只,并不相同,那么马、快船以及黄船等船只在形制上有哪些区别?具体数量又存在什么样的演变?

明代贡船起源,可追溯至开国之前的水军战船,南京礼部尚书姜宝记

---

① 星斌夫:《明代の驿递制における船只比ついて》,第172—173页。
② 蔡泰彬:《明代贡鲜船的运输与管理》,第103、106页。
③ 李龙潜:《明代南京马快船考释》,第203页。
④ 梅伟强:《明代贡舫之研究》,第38页。
⑤ 刘义杰:《马船考》,第70—74页。
⑥ 程志兵:《近代汉语中的"骑硫磺马"与"马船"小考》,第51—54页。
⑦ 万明:《明代快船考》,第208—210页。

载:"我太祖之歼伪汉也,溯长江大战鄱阳湖,实资舟楫之利。当时载军马为马船,载辎重为快船。"①明朝建立之后,马、快船延续了军事职能,正德《大明会典》记载:"洪武初,置江淮、济川二卫马快船,及南京锦衣等卫风快船,以备水军征进之用。"②

直接来源上,江、济马船起取自沿江递运所。洪武六年,就"命工部主事魏浚于沿江府县督造马船二百八十五艘,以备运载四川所市马匹"③。沿江递运所大规模修造马船是在洪武十七、十八年间,《明太祖实录》记载:"(洪武十七年十二月)命武昌、岳州、荆州、归州各造马船五十艘。"④洪武十八年,《御制大诰》记载,云南、四川等处"每岁进马不下二万余匹,为是各处递运所官夫作弊,故将船只缺少,以致将川江船只打过,往往不得依期回还,所以着令沿江州郡,每处添造船二十只"⑤。在此之后,明廷大规模将沿江一带递运所的马船和水夫佥取至京,⑥设置江淮、济川二卫安置,用以"递江上往来军民"⑦。船政主事倪涷认为"马船乃洪武元年……解部听用"⑧,当属臆测。

明代快船源自明初水军战船,分属南京锦衣卫等四十卫,由各该卫所军余撑驾。黄船的设置始于永乐年间,朱棣频繁往返于北平和京师之间,或曾乘坐黄船。南京兵部尚书王廷相记载:"大小黄船,乃永乐以来,供奉乘舆北驻,及进贡方物而设。"⑨亦由南京锦衣等卫军余撑驾。万明统计了

---

① 姜宝:《姜凤阿文集》卷29《船政新书序》,第207页。
② 正德《大明会典》卷121《兵部十六·驿传三·马快船》,第3册,第59页。引文中"马快船"指马船,"风快船"指快船。
③ 《明太祖实录》卷84,洪武六年八月癸未,第1500页。
④ 《明太祖实录》卷169,洪武十七年十二月庚申,第2579页。
⑤ 朱元璋:《御制大诰》不分卷《成造马船第七十二》,第80—81页。杨一凡研究指出,《大诰》初编的颁行时间是洪武十八年十一月,所收条目基本上都发生在洪武十八年。(参见杨一凡:《明〈大诰〉研究》[修订版],第2、16—18页)
⑥ 南京兵部侍郎臧惟一《条陈船政事宜疏》云:"初制,船只即取之各沿江一带省直北方之船,随船水夫,亦取之各处祖籍之人。"(范景文:《南枢志》卷154《奏疏部》,第3785页)按"北方"二字存疑。可见马船水夫和船只都是取自原籍。
⑦ 《明太祖实录》卷236,洪武二十八年正月戊午,第3446页。
⑧ 倪涷:《船政新书》卷2《船政弊害缘由》,第151页。
⑨ 《明世宗实录》卷117,嘉靖九年九月丁亥,第2770页。

明代史籍记载中快船的别称,其中包括"黄围快船"。① 然而检阅明代史籍,并未见到"黄围快船"的记载。事实上,万氏是受到道光刻本《万历野获编》的错误影响。正确说法当是"黄马快船",清钞本《万历野获编》将"馬"误抄作字形相近的"為"②,然而"黄為快船"殊难理解,故道光刻本改作同音的"黄围快船"。因此所谓"黄围快船"并不存在,实际上就是"黄马快船",也即贡船。

  作为贡船的马、快船主要始于永乐之时,是什么原因导致马、快船职能从江防转变为贡运?景泰三年兵部尚书于谦云:"洪武年间,设立济川、江淮二卫官军,专驾使马、快船只,操习水战,以壮国威,以防外(海)〔侮〕。永乐年间,因建北京,惟命都督等官把总练习,遇有一应供用北京之物,始定轮流差拨运送。"③营建北京的决议始于永乐十四年(1416),事实上,早在永乐六年明成祖北巡进驻北京,就已经开始向北京运送贡物了。关于江淮、济川二卫马船水夫的赏赐,《明实录》中仅有两处记载,列举如下:

  (永乐八年十一月)给江淮、济川二卫水夫万六千五百四十八人胖袄。

  (宣德八年十二月)给江淮、济川二卫水军一万四千八百余人胖袄各一。④

这两次年终赏赐,说明本年中必然有大规模调拨马船的行动。值得注意的是,这两次赏赐的年份,与郑和下西洋的时间高度吻合。郑和第三次下西洋的时间是在永乐七年十二月至永乐九年六月,第七次下西洋是在宣德六年(1431)至宣德八年七月,当然这并不意味着江、济马船参与了下西洋,马船作为内河船只,职能是"专以运送郊庙香币、上供品物、军需器仗"⑤,其中"军需器仗"则与永乐时的军事行动有关。李新峰指出"郑和七下西洋的决

---

① 万明:《明代快船考》,第209页。
② 沈德符:《万历野获编》卷1《列朝·弘治中年之政》,影印"中研院"史语所藏清抄本,台北:伟文图书出版有限公司,1976年,第73页。
③ 于谦:《于谦集·奏议》卷9《兵部为建言事》,第405页。
④ 《明太宗实录》卷110,永乐八年十一月戊子,第1412页;《明宣宗实录》卷107,宣德八年十二月戊寅,第2405页。
⑤ 正德《大明会典》卷121《兵部十六·驿传三·马快船》,第3册,第59页。

策和出发,是与永乐、宣德时期的开战、亲征、巡狩等大规模军事行动的定策和实施密切相关的",并总结为"配合战争"说。① 其中第三次下西洋与朱棣永乐七年二月北狩军事行动相配合,第七次下西洋受命定策于明宣宗宣德五年十月北征之后。由此可以看出,因为明帝北征等重大军事行动,导致北京供需浩繁,而与此同时南京水军的大量船只参与郑和下西洋,无船可用,便转而抽调马、快船用于贡运。永乐迁都之后,南京江防压力减小,马、快船作为贡舫便固定下来。总之,贡舫制度起源于永乐、宣德时期大规模军事行和郑和下西洋的双重压力。同样道理,永乐十八年迁都之后,皇帝无需往返南北,黄船不再供帝王乘舆,亦改作运送土贡的贡船。

黄、马、快船承担的职能大体相同,即运送时鲜、御用等贡品,间或改作他用,具体船只种类和用途总结如表1-1所示:

表1-1 明代马、快船只类型

总名	细目	差使	图像记载
马船	六百料大马船	下江差使,如摆江接渡、打采鲥鱼、印烙竹木等差。又有部分改装为黑楼座船,备部堂督操乘用	《南枢志》卷63《六百料马船图》《三百料马船图》
	三百料小马船		
黄船	四百料大黄船	进京差使,如运送郊庙香币、上供品物、军需器仗等	《南船纪》卷1《预备大黄船》《大黄船图》《小黄船图》
	二百料小黄船		
快船	风快船		《船政》不分卷《快船图》《平船图》
	平船	进京差使,专用于装解木料	

资料来源:沈启:《南船纪》卷1《黄船图数之一》《快船图数之四》,第5、83页;范景文:《南枢志》卷63《职掌部·车驾司·船政科·各船图式》,第1717—1725页;南京兵部车驾司编:《船政》不分卷《图式》,第316—319页。

总体而言,从船式上看,黄、马、快船都是航行于内河的浅船,因此共同点都是平底、方头。"马、快、平船样式,虽不甚相远,而亦稍有不同。马船

---

① 李新峰:《郑和下西洋的国内军事背景》,第574—575页。

上高而下浅,密舱而狭旁,便于乘座;快船上浅而下深,舱疎而旁阔,便于装贮;而平船无楼,盖装运竹木之具也。"①马、快船在船舱等方面稍有区别,根据《南枢志》所载《图式》,马船在船舱之上设有鼓篷,以增大船舱容积与视野,这或与马船本用于装载战马有关(图1-1、图1-2)。快船船舱较为狭窄,空气阻力小,比小马船多出一帆,故名"风快船"。对此,南京兵部尚书傅希挚总结道:"马船不如快船之疾速也……快船不如马船之高朗也。"②黄船船式接近于快船,只是外表涂黄象征御用。

图1-1 快船图
(据《船政·快船式样》绘制)

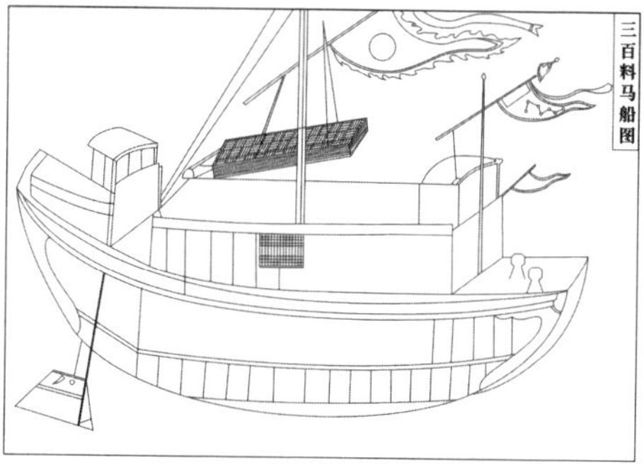

图1-2 小马船图
(据《南枢志》卷63《三百料马船图》绘制)

快船又有部分船只改作平船,始于嘉靖年间,与木料的运输有关。明代洪武时在南京设龙江、瓦屑坝竹木抽分局,成化七年之后在芜湖、荆州、杭州等水路要道设立抽分厂,按照约十分之一的税率榷课竹木、板枋,供漕船成造和京城营建所需。其中龙江、瓦屑坝及芜湖榷关隶属于南京工部,所抽竹木、板枋由南京工部抽分印烙,南京兵部拨船装载,南京内官管运赴京,成化十六年敕书云:"龙江瓦屑坝、芜湖二处抽分木植板枋,着落南京守备等官并南京工部堂上官,委的当人员管押,南京兵部差拨马、快船只装运。"③然而长大的竹木难以放入船舱装载,只能堆积在船舱顶端或者两侧的甲板上,这样会导致船只重心太高,有翻船倾蹶之患。正如嘉靖八年南

---

① 倪涷:《船政新书》卷4《客问》,第233页。
② 倪涷:《船政新书》卷1《题稿部咨·增饰船制疏》,第128页。
③ 傅凤翔辑:《皇明诏令》卷16《宪宗纯皇帝·取木料敕》,第1289页。

京兵部侍郎万镗指出:"(竹木)数多,粗重长阔,难以入仓装载,各船多于两厂及仓面上堆放,非特占船数多,而枕压摇撼,坏船最甚,致累夫甲修造陪赔,其苦尤不可言。合无比照节年皇木事例,今后遇有起运,即于抽分处所,置办索缆及一应撑驾什物,编成簰筏。"①"簰筏"指的是将竹木若干根并排,扎成一层,若干层叠加成长方体。将木料编成排筏,由马、快船水夫撑驾,沿途驿递人夫牵挽,本可以节省船差、保全船只,立意不可谓不善,然而实践中困难重重,弊病有二:一是竹木、板枋大小长短不一"止可捆缚成把,以船装运。若欲编捎簰筏,实非所宜"②;二是竹木经运河至京,闸河水浅,黄河险涌,有阻滞、漂没之患。到了嘉靖十年,南京兵部尚书王廷相斟酌考虑,采取了折中的办法:

> 将嘉靖十年以后应该改造快船,除长阔丈尺之制俱照旧外,其雨搭、仓槅尽皆不设,惟平铺船面,以便竹木易得满船装载。共造六十只,分作三班,专备运送竹木之用。③

即在保证快船长、阔、深尺寸不变的情况下,将甲板以上的雨搭板、船舱隔板等建筑全部拆除,方便甲板上平铺竹木。根据南京兵部车驾司编纂的《船政·平船式样图》可见,平船只在船头和尾稍设有挡雨篷,船身皆平阔无楼,故船政主事倪涷云:"平船即快船也……去其楼装,遂名之曰平船,而快船实总名也。"④(图1-3)因此嘉靖十年可以视为平船设置之始,数量大约60只。嘉靖三十一年题准:"将快船四十只,改造平船,以便装载板枋竹木。"⑤平船数量为40只。至隆庆二年,南京兵部题准:"其杉条竹木,行令照旧找簰起夫撑运,不用快船装载,止拨马船与内官押坐。"⑥似乎平船至此

---

① 万镗:《条陈因时兴革以便官民疏》,孙旬编《皇明疏钞》卷31《时政》,《续修四库全书》第464册,第68页。
② 王廷相:《王廷相集·浚川奏议集》卷6《金陵稿·定拟改造平船起运竹木题本》,第1296页。
③ 王廷相:《王廷相集·浚川奏议集》卷6《金陵稿·定拟改造平船起运竹木题本》,第1299页。
④ 倪涷:《船政新书》卷2《船政弊害缘由》,第152页。
⑤ 万历《大明会典》卷158《兵部四十一·南京兵部·车驾清吏司》,第2221页。
⑥ 万历《大明会典》卷149《兵部三十二·驿传五·马快船》,第2087页。

全部裁革,竹木又改用排筏牵挽,然而事实上隆庆二年的事例只是针对南京司礼、御用二监管运的杉条而言,而内官监每年起解"杉楠榆檀木、猫笙竹并杉楠板枋等杂木二万七千八百八十根块赴京,内板枋八百八十块,拨船装载"①。杉楠板枋等仍拨平船运输。

图 1-3 平船图
(据《船政·平船式样》绘制)

万历十四年(1586)南京兵部主事倪涷改革船政,将马、快船统一差使,因此二者在形制上也趋于一致。《船政新书》云:"乃于快船尾舱,改篷为板,周围画彩,平船皆造活楼,使装卸随时。内仍快平之旧,而外似马船之形。"②除了内部乘座、装贮之处外,快船的外形皆改装类似马船,这主要是由于马船水夫系雇役,而快船是军余亲身应役,便于中官、棍徒等索诈银两,"快船多而马船少,故俗名马半边",故船只一体改为马船之形,就当时而言,可以有效减少沿途索诈。那么为何不干脆直接废除快船之名,全部改为马船?何况修造等则、料价、什物、官银、完工限期等方面,"快平船俱与小马船同"③,马、快船完全可以统一名目。倪涷云:"盖快船之实虽革,而

---

① 祁承爜:《南京兵部车驾司职掌》卷1《都吏科·竹木找簿》,第259页。
② 倪涷:《船政新书》卷2《调度大纲》,第157页。
③ 倪涷:《船政新书》卷3《造修船只之法》,第193页。

其名不可除;快船之数虽减,而其用不容缺。"①拘泥于祖宗之制,似乎迂腐,然而倪涷指出,快船之名不可去除的原因在于"其用不容缺","其用"指的是南京内官所用,倪涷云:"旧因中贵图快船之利,每以制度不同为辞,故仍足快船应差之数,使其无所借口。"②中官利于快船索诈常例之多,差拨之时愿意多讨快船,贡船一体改为马船,必然会导致南京内官的集体抵制,甚至以祖宗之制不可变的名义施压。因此迫于内官压力,倪涷只能保留快船的名目,导致船政改革仍有不彻底之处。

贡船数量直接决定了南京贡运造船业的规模,还牵扯到钱粮、夫役核算等问题。船只数量分为"额定数量"与"实在数量"两方面,二者一般吻合,称为"额存",但是或因修造不及时,会导致实在低于额数,经过调整之后,又使得实在船数往往成为新的额数而固定下来。因此有明一代马、快船的数量存在着变动,有必要对其沿革进行考证。

贡船中以黄船数量最少。正德《大明会典》记载:"国初造黄船,制有大小,皆为御用之物。至洪熙元年,计三十七只。正统十一年,计二十五只,常以十只留京师河下听用。"③明初因黄船修造不常,船只腐朽,数量不定。至嘉靖初,《南京工部职掌条例》记载:"永乐年间额设大黄船二十四只,〔内〕渡江并〔千〕料远年朽烂在坞不该修造船九只,止有一十五只。又设小黄船三十六只。"④除了小黄船36只外,正德十四年,因大黄船搁浅,船只不敷差用,南京工部题准修造二百料扁浅黄船10只。⑤ 因扁浅黄船与小黄船料数、船制基本一致,故统称为小黄船,合计46只。明代中后期,黄船数量定为经制,保持不变,如崇祯时期成书的《南枢志》记载:"大黄船十五只照旧,见在小黄船四十六只。"⑥

相比于黄船,马、快船只的数量较多,复杂多变。李龙潜《明代南京马

---

① 倪涷:《船政新书》卷1《题稿部咨·增饰船制疏》,第128页。
② 倪涷:《船政新书》卷4《客问》,第234页。
③ 正德《大明会典》卷160《工部十四·船只》,第3册,第373页。
④ 刘汝勉:《南京工部职掌条例》卷3《都水清吏司·河防科》,第147页。缺字据沈启《南船纪》卷2《黄船因革数目例之一》补。
⑤ 沈启:《南船纪》卷2《扁浅黄船因革数目例之二》,第95—96页。
⑥ 范景文:《南枢志》卷63《职掌部·车驾司·船政科·黄船沿革》,第1651—1652页。

快船考释》察觉到了《龙江船厂志》中记载的快船原额998只,与万历《大明会典》等政书中记载的958只不符,李文采用了万历《大明会典》的说法,认为《龙江船厂志》中恐是笔误所致。李泉、李芹考证了从天顺年间至崇祯年间马、快船的数量及变化。① 文中对于材料的引用仍有可议之处,如李文将郑纪《东园文集》中奏疏年份断定为天顺八年,事实上,通过核对《明实录》可知郑纪上疏于弘治六年。李文引用时人倪元璐文集中记载,认为崇祯时马、快船864只,实际上史料出自倪元璐为其父倪涷所撰行状,记录的是万历十四年倪涷改革船政之前马、快船的数量,并不能视为崇祯年间的数据。关于《龙江船厂志》和万历《大明会典》中快船原额记载的矛盾,李文认为《龙江船厂志》记载的应当是马船数额。然而事实上龙江船厂从未参与过马船的修造,并不会记录马船的相关数额,《南船纪》也声明马船"非职不录"②,因此《龙江船厂志》中记载数额的必然是快船,应当如李龙潜所言是笔误所致。关于明代马、快船的数量和变动,有待于进一步的考证和梳理。

目前最所见马、快船数量的最早记载,是车驾司主事王济的传记:"成化辛丑(十七年)进士,授南京兵部车驾司主事,所辖马、快船二千余艘……大司马三原王公深器重之。"③从南京兵部尚书王恕(陕西三原人)的任职时间来看,王济管船的时间应当是在成化二十年至二十二年间(1484—1486),马、快船数量在2000只以上。弘治六年,南京通政使郑纪记载:"臣查得南京济川、江淮、骁骑等卫马、快船,近二千只。"④纂修于弘治十五年的正德《大明会典》记载:"南京江淮卫原额大小马船四百零九只,济川卫大小马船四百零八只……南京锦衣等卫快船九百五十八只。"⑤额数马船817只,快船958只,共计1775只。正德《大明会典》中的"原额",与郑纪所说

---

① 李泉、李芹:《明代的宫廷运输与运河交通》,第61页。
② 沈启:《南船纪》卷1《快船图数之四》,第83页。
③ 顺治《湖州府志》卷11《乡贤》,第16a页。
④ 郑纪:《东园郑先生文集》卷2《备荒五事》,第16a页。即江淮卫、济川卫马船和骁骑等卫快船。又《明孝宗实录》记载,弘治六年,南京通政左通政郑纪上言备荒六事,其中就包括"处置江南僧寺田地及荐新品物船只",可知上疏时间为弘治六年。(《明孝宗实录》卷78,弘治六年七月丙午,第1502页)
⑤ 正德《大明会典》卷125《兵部二十·杂行·车驾清吏司》,第3册,第98—99页。

的"近两千只",数目基本吻合。总的来说,成化、弘治时期,马、快船的数量在 2000 只上下。

明武宗登极之初,南京兵部尚书王轼疏云:"快船每岁约用五百只外,余三百只在坞,宜斟酌暂停一百五十只勿修。"①所暂停 150 只,因题奉钦依,被视作额数而裁减,而此时快船实在数目 800 余只。正德六年至七年间(1511—1512),南京兵部尚书柴升疏云:"南京以船八百八十余只,每船一只……军余十四名,随船帮驾。"②根据"军余"可知柴升指的是快船,实在数目约 880 只,这与王轼提及的数目基本一致。正德十二年,南京兵部尚书乔宇疏云:"查得快船原设九百五十八只,奉例减退一百五十只;马船原设八百一十七只,奉例减退二十一只。"③乔宇在疏中追溯了马、快船额数的变化,其中"原设"指的是正德《大明会典》中的原额,"奉例减退"指的是王轼题准之例,马船额减 21 只之例,可能指的是"弘治十三年,奏免广西全州并灌阳县原额三百料马船二十一只"④。至此,快船额数 808 只,马船额数 796 只,共计 1604 只。

明世宗登极,南京户科给事中陈江上言:"南京除孝陵、江淮、济川等数卫外,余卫各有快船二十只,或十七八只,每船轮编看守军甲、余丁十四五名。"⑤每卫快船数目不一,若取平均数每卫 19 只,则锦衣卫等 40 卫快船实在数目当在 780 只左右,与正德十二年额数相差不大,并作为嘉靖新朝的额数固定下来,如嘉靖初成书的《南京工部职掌条例》就记载:"南京各卫快船,额设七百八十八只。"⑥嘉靖二年,南京工部尚书吴廷举疏云:

> 裁省快船以济荒政。查得南京兵部原管锦衣等卫共有快船七百八十余只,弘治年间尚书倪岳奏定每年成造六只……即今即有快船四

---

① 《明武宗实录》卷 5,弘治十八年九月甲午,第 165 页。
② 柴升:《题为陈言救时弊以弭寇盗事》,陈子龙等辑《明经世文编》卷 107《柴司马奏疏》,第 1060 页。
③ 乔宇:《乔庄简公集》卷 5《明旧章厘宿弊以图治安疏》,第 576 页。
④ 万历《大明会典》卷 158《兵部四十一·南京兵部·车驾清吏司》,第 2214 页。按正德《大明会典》中并未提及此事,说明 817 只原额在先,裁减广西全州 21 只在后。
⑤ 《明世宗实录》卷 3,正德十六年六月癸巳,第 133 页。
⑥ 刘汝勉:《南京工部职掌条例》卷 3《都水清吏司·河防科》,第 148 页。

百只见在清江厂河下湾泊。若每一年用二百出差,则每船便有二年休歇,况又有马船九百余只相兼差拨乎?①

疏中提及的"原管"自然指的是嘉靖初的快船额数,即788只。快船的实在数目根据疏中所云似乎只有400只,然而这与额数相差过大。若是快船只有400只,一年差拨200只,则每船两年一轮,一年差拨,一年休息以修缮船只,何来"二年休歇"?细玩文意,"快船四百只"指的是在船厂停泊的数量,除此之外,还有一部分快船出差在途,数量大概是200只,因此快船总的数量应当约600只,这样每船三年一差,方能有二年休歇。加上马船900多只,嘉靖二年马、快船的实在总数应是1500余只。马船和快船各自实在数目的变化,可能是因为一部分快船改造成了马船。

嘉靖五年,南京兵部尚书李充嗣云:"南京江淮、济川二卫及锦衣卫见船,不过九百余只,每岁差用,常六百余。"②仅过三年,为何马、快船总数陡降至900余只?若是止有此数,每船平均900/600=1.5年便轮一差,扣除一年出差的时间,船只尚不得一年休息,断无此理。与吴廷举奏疏同样的道理,李充嗣提的江、济等卫"见船"900余只,指的停泊在船厂休歇的船只,加上差拨在途尚有600余只,因此嘉靖五年马、快船实在总数应当是1500余只,与嘉靖二年的数量完全一致。

至嘉靖七年,南京兵部侍郎万镗云:"照得南京锦衣等卫,额存快船七百八十八只……南京江淮、济川二卫额存大小马船共七百九十六只。"③所谓"额存",将额数与见存并列,即二者所指一致,马、快船实在数目共计1584只。次年,南京礼部侍郎顾清言:"各卫快船七百八十一只,修缮不常,以累小甲。"④兵部尚书李承勋亦云:"各卫见存快船七百八十一只。"⑤可见由于修缮不常,导致嘉靖八年快船减少了7只,但总数变化不大。嘉靖九

---

① 吴廷举:《东湖集》卷2《区划南畿荒政疏》,第526页。原刻本避讳作"宏治",今径改。
② 《明世宗实录》卷61,嘉靖五年二月庚申,第1430页。
③ 万镗:《条陈因时兴革以便官民疏》,孙旬编《皇明疏钞》卷31《时政》,《续修四库全书》第464册,第64—65页。
④ 《明世宗实录》卷99,嘉靖八年三月辛亥,第2345页。
⑤ 李承勋:《会议重大事宜请圣裁以裨修省事》,佚名辑嘉靖《本朝奏疏·兵部》,原书无页码。

年,南京兵部主事林文华记载:"南京各卫快船,见在七百七十三只,江淮、济川马船之数称是。"①根据林疏可知快船实在 773 只,马船数大致与之相近,马、快船实在总数在 1546 只左右。嘉靖十年,南京兵部尚书王廷相云:"即今每岁用船,约不过二百有奇,计快船八百只,空闲三年,方轮一差。"②在同年三月初十日,兵部侍郎陈洪谟言:"题奉钦依,定额每岁用船二百余只,计快船七百八十三只,空闲三年,方轮一差。"③应当是王廷相的题本经部议,将快船裁减了 17 只,剩余 783 只题奉钦依,成为新的额数。因此嘉靖《南船纪·快船图数》记载:"仰唯圣明御极之十年,下彻民辜,悉从南京兵书王公之议,贡减其九之三,船去其十之七。"④文中"十之七"指的并不是十分之七,而是 17 只。

至嘉靖十八年,马、快船的总数明显减少。南京兵部尚书湛若水云:"查得南京江淮、济川二卫,原额大小马船八百一十七只,内除漂流无存及奏革广西失船外,额大小马船三百一十七只……及查南京锦衣等四十卫,原籍快船七百八十三只。"⑤其中"原额"指的是正德《大明会典》记载的数额,而"大小马船三百一十七只"似乎指的是见在数额,可见在嘉靖九年至十八年间,马船数目经历了较大的裁减。湛疏中提及快船"原籍"783 只,指的或是嘉靖十年的原额。嘉靖二十一年,南京兵部尚书熊浃疏云:"查得旗手等卫原额快、平船共八百只,先年奏革一十七只,见在船七百八十三只……查得年例起运进贡赴京等项差使,所用马、快船不过肆百只,叁柒兼拨,快船止用贰百伍拾只。三年一差,共止用船柒百伍拾只,其叁拾叁只似为多余,合无将前项快、平船共留柒百伍拾只,多余叁拾叁只,查各疲敝卫分,照数减革。"⑥其中平船系快船改装而来,将快船甲板上建筑拆除,以方便装载竹木,快、平船往往总称为快船。经过熊浃题请,快船数量从 783 只

---

① 《明世宗实录》118,嘉靖九年十月壬戌,第 2799 页。
② 王廷相:《王廷相集·浚川奏议集》卷 5《金陵稿·节省快船冗费题本》,第 1268 页。
③ 湛若水:《参赞事略》不分卷《请复快船月粮以除帮甲困苦疏》,第 113 页。标点较原文有所改动,下同。
④ 沈棨:《南船纪》卷 1《快船图数之四》,第 83 页。
⑤ 湛若水:《参赞事略》不分卷《请复快船月粮以除帮甲困苦疏》,第 112—113 页。
⑥ 南京兵部车驾司编:《船政》不分卷《题例》,第 331、334—335 页。

裁减为750只,成为定额,一直延续至嘉靖三十七年,快船的额定和实在数目一直保持在750只,如嘉靖三十二年成书的《龙江船厂志》记载快船"今见额唯七百五十只而已"①。又万历《大明会典》记载:"马、快船原额共一千一百四十六只。嘉靖三十七年减去余数,止存留一千只。"②所说的"原额"显然是指嘉靖三十七年前马、快船数量,对应嘉靖二十一年熊浃题准数额。"原额"中除去快船750只,则该年马船的数量为396只,马、快船数量的比例为783/396≈2,与马、快船只"三七兼拨"的比例基本一致。至嘉靖三十七年,南京兵部题准:"见存马船三百九十六只,快船七百五十只。及查每岁差过马、快船数,大约三年之内,该用船一千余只……以后将江、济二卫马船,量减四十六只,止存三百五十只。各卫快船,量减一百只,止存六百五十只,共船一千只。"③在保证三年一差的基础上,南京兵部将马、快船数截零取整,额数定为1000只。

万历之后,将快船改为马船的趋势越发明显,这与马船经历一条鞭法之后负担较轻、工食充裕有关。万历二年,经南京兵部尚书刘体乾题准:"南京锦衣等卫快船,见在六百五十一只,其正帮甲役,繁苦难支。江、济二卫马船,见在三百五十只,水手工食,尚有赢余。以后快船裁减一百五十一只,内二十一只径除不补,其一百三十只,俱改入江、济二卫,准马船之数。"④马、快船见在数目为651+350=1001只,延续并维持了嘉靖三十七年原额。然而将130只快船改为马船,会导致马船差役骤然加增,引起水夫不满,故万历三年南京兵部尚书戴才题请"马船第增九十只"⑤,如此一来快船实在651-151=500只,马船350+90=440只,成为定额,贡运也按照马、快

---

① 李昭祥:《龙江船厂志》卷2《舟楫志·图式·快船》,第63页。
② 万历《大明会典》卷149《兵部三十二·驿传五·马快船》,第2086页。
③ 万历《大明会典》卷158《兵部四十一·南京兵部·车驾清吏司》,第2217页。
④ 万历《大明会典》卷158《兵部四十一·南京兵部·车驾清吏司》,第2217—2218页。此举出自南京兵部车驾司主事管志道的案呈。根据墓志铭记载,管志道隆庆五年进士,"初选得南兵部车驾司主事,大司马刘器其能,事倚以办。驾部故董贡艘,卫卒苦积役,仅余皮骨。公计生之,言于大司马,裁三百余艘,摊济两卫中,资水夫工食之余,而四十卫之困稍稍苏矣。"(焦竑:《澹园集·续集》卷14《广东按察司佥事东溟管公墓志铭》,第1045—1046页)管志道提议将南京锦衣卫等四十卫的部分快船,改为江淮、济川二卫马船,以此减轻快船甲役负担。裁减数量上有所不同,管志道提议"三百余艘",最终以部覆题准减半。
⑤ 《明神宗实录》卷35,万历三年二月甲戌,第807页。

船的数量比例改为"四六均拨"①。

至万历十四年,南京兵部尚书顾章志、船政主事倪涷更新船数:

> 见在大、小马船并快、平船,共九百四十只。内进京者,小马船三百六十四只,快、平船五百只,共八百六十四只。走下江者,大马船七十六只。查大马船之沉卸及朽坏应拆者,减去二十六只,改作小马船,连见在共三百九十只,而快、平船减去二百九十只,止存二百一十只,则进京船共六百只……所减之数虽尽系快、平船,而快、平之用,恐不可少。乃仍查所减数内,有船身坚固者,选存九十只,抵换拆造马船,编入快船号内,总计马船三百只,快船二百五十只,平船五十只,亦共三百只,彼此适均。②

船政改革前夕,见在快、平船500只,大马船76只,小马船364只,马船共计440只(其中江淮卫246只,济川卫194只③)。万历十四年更新船政之后,大马船76-26=50只,小马船364+26=390只,快、平船500-290=210只,但是这样马多快少,又有新的负担不均之患,因此又将90只马船编入快船序列中,最终大马船50只,小马船300只,快、平船300只,总计马、快船额数650只。马、快船按照"风调雨顺、国泰民安"字号,全部编隶江、济二卫,每卫325只。自此之后,马、快船的额定和实在数目稳定下来,一直保持在650只,如万历三十三年,南京兵部侍郎臧惟一条陈马、快船事宜云:"止存船六百五十只。"④万历四十年,船政主事祁承㸁疏云:"今查本司船只,总计黄船、〔马〕快船共陆百玖拾陆只。"⑤扣除小黄船46只,马、快船数量正是650只。天启《南京都察院志》和崇祯时成书的《南枢志》也都记载马、快船650只。⑥ 这一数量一直持续到崇祯朝。明廷南迁后,贡船处于无用之地,

---

① 倪涷:《船政新书》卷1《题稿部咨·厘正五议疏》,第114页。
② 倪涷:《船政新书》卷2《调度大纲》,第156—157页。
③ 万历《大明会典》卷158《兵部四十一·南京兵部·车驾清吏司》,第2214页。
④ 《明神宗实录》卷409,万历三十三年五月甲午,第7634页。
⑤ 祁承㸁:《条议船政拨差事宜书册》不分卷,第613页。按原文作"黄船、快船",遗漏了马船,今补正。
⑥ 施沛:《南京都察院志》卷25《职掌十八·巡视装船职掌·马快船沿革实在数》,第701页;范景文:《南枢志》卷63《职掌部·车驾司·船政科·厂卫建置》,第1644—1647页。

弘光朝大学士史可法言:"北道未通,贡舫无用,止留十分之二,以示存羊,余尽改兵船。"① 将马、快船改作战船,虽是师朱元璋江防之意,但马、快船就此大部分裁革,到了清代定鼎之初,贡船只残存 81 只。② 是为有明一代马、快船的数量变化,总结如表 1-2 所示:

表 1-2 明代马、快船数量沿革　　　　　　　　　单位:只

公元纪年	帝纪	快船数量	马船数量
1410	永乐八年		约 663
1433	宣德八年		约 592
1467	成化三年		600 余
1482	成化十八年	2000 余	
1493	弘治六年	近 2000	
1502	弘治十五年之前	958	817 大马船:290 余,小马船 520 余
1505	弘治十八年	800 余	
1511	正德六年	880 余	
1517	正德十二年	808	796
1521	正德十六年	约 780	
1523	嘉靖二年	600 余	900 余
1526	嘉靖五年	1500 余	
1528	嘉靖七年	788	796
1529	嘉靖八年	781	
1530	嘉靖九年	773	773 左右
1531	嘉靖十年	800-17=783	
1539	嘉靖十八年	783	317

---

① 谈迁:《国榷》卷 101,崇祯十七年五月甲午,第 6090 页。
② 董讷:《督漕疏草》卷 19《题覆船只岁修克减工食一案》云:"查省坞,自定鼎之初,原有明季遗存额设黄、快船八十一只。"(《四库全书存目丛书》史部第 68 册,济南:齐鲁书社,1997 年,第 717 页)

(单位:只)(续表)

公元纪年	帝纪	快船数量	马船数量
1542	嘉靖二十一年	783-33=750	396
1553	嘉靖三十二年	750	
1558	嘉靖三十七年	750-100=650	396-46=350
1574	万历二年	651-151=500	350+90=440 内大马船76,小马船364
1586	万历十四年	500-290+90=300	大马船76-26=50;小马船364+26-90=300
1588	万历十六年	300	350
1605	万历三十三年	300	350
1612	万历四十年	300	350
1623	天启三年之前	300	350
1638	崇祯十一年之前	300	350

根据上表中的数据,将马、快船数量演变趋势绘制如图1-4所示:

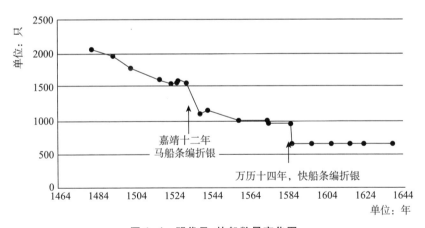

图1-4 明代马、快船数量变化图

由图可见,明代马、快船数量总体呈下降趋势,从成化年间的约2000只,降至明末650只,加上大、小黄船61只,贡船总计700只左右。马、快船数量有两次陡降,分别是嘉靖十年至十八年间,马船数量从近800只降低至300

余只;万历十四年,快船减去290只。这两次裁减,正与马、快船的折银雇役有关,将在本书第三章中详细展开论述。

二、船厂沿革与位置考证

关于明代南京船厂,学界研究多着眼于宝船厂和龙江船厂。前者因修造郑和下西洋的宝船而闻名于世,后者则有嘉靖间成书的专志《南船纪》《龙江船厂志》存世。经过王亮功[①]、洪长倬[②]、刘义杰[③]、范金民[④]、顾苏宁[⑤]等众多学者的考证,学界已经基本达成共识:宝船厂和龙江船厂是两个不同的船厂,位于不同的区域。尤其是2003—2004年南京市博物馆组织对宝船厂遗址六作塘进行了考古发掘,并出版了考古报告《宝船厂遗址》。[⑥]据此,席龙飞在《中国古代造船史》中总结道:"宝船厂与龙江船厂位置不同、任务不同、建设的年代也有先后,已是不争的事实。"[⑦]总言之,龙江船厂位于仪凤门(今南京市建宁路天妃宫东)外、秦淮河北岸,宝船厂则位于秦淮河南侧、今宝船厂遗址。

明代南京的船厂尚有贡船船厂。《南京都察院志》中关于贡船厂卫建置记载:

> 洪武二十八年,立卫治于大江两岸,停泊马船,安插随船水手,北曰江淮,南曰济川,设指挥、千、百户如制。设造船厂管修造,拨船厂管差拨,黄船厂管黄船事务……(景泰)七年,添设主事一员,专管一应差拨,以快船修理属拨船厂,新造船只属造船厂。又因修多造少,令造船厂总收木植。马船属江、济二卫掌印指挥管理,黄船造修属工部管

---

① 王亮功:《〈龙江船厂志〉的点校出版——兼论龙江船厂遗址与宝船厂的关系》,第15—19页。
② 洪长倬:《宝船厂遗址查考》,第34—36页。
③ 刘义杰:《明代南京造船厂探微》,第31—54页。
④ 范金民:《明代南京宝船厂遗址考》,第236—240页。
⑤ 顾苏宁、王艺:《龙江船厂与"宝船厂"关系考辨》,第52—64页。
⑥ 南京市博物馆:《宝船厂遗址——南京明宝船厂六作塘考古报告》,2006年。
⑦ 席龙飞:《中国古代造船史》,第316页。

理……(万历)十四年,题将拨船厂改为快船厂,以锦衣等四十卫快平船属之……造船厂改为马船厂……十八年,题将快船厂改为江淮船厂,马船厂改为济川船厂。①

可以看到万历时船厂的名称几经变化,但万历之前的叙述则较为模糊。材料中记载快船的修理、成造分属拨船厂、造船厂,马船是在哪里修造?造、拨二厂又是什么时间设置的?有必要对船厂沿革作出梳理。

洪武时期,黄、快船的修造由工部负责,场所是在龙江船厂。漕运总督王在晋疏云:"南京各卫所漕船,洪武初年,原同黄、快、战巡等船,俱在龙江厂打造。"②此时龙江船厂"专掌黄船、战船及风快、海运等船之政令。"③不仅如此,《漕乘》记载:"国初,凡船俱于龙江提举司修造。"④可见洪武时诸色官船集中在龙江船厂修造。这解释了为什么南京工部《龙江船厂志》会对黄船、快船的制度、条例有着详细的记载。

永乐时期开会通河,迁都北京,马、快船的职能从江防转变成贡运御用、荐新,修造场所也发生了变化。《南京工部职掌条例》记载:"宣德十年奏准,物料每船以十分为率,官给六分,军余自备四分,中府委官于造船厂督造。"⑤晚至宣德末年,造船厂已经设置。黄船厂的设置时间不详,可能亦是在这一时期。黄船厂、造船厂仍由南京工部龙江提举司管理。南京还设有拨船厂,管理贡船的差拨。至景泰七年,南京兵部车驾司添设主事一员,接管了一应差拨事务,因此拨船厂的职能演变为修理快船,故《船政》记载:"造、拨两厂,造、修南京锦衣等四十卫快平船只。"⑥

与黄、快船相比,明初马船是在哪修造的?江、济二卫的马船起源于金派湖广、江西和南直隶安庆、宁国、太平"沿江一带递运所惯识风水夫、船"⑦,因此明初马船由这二省三府地方州县成造,遇有损坏,亦发回原籍修

---

① 施沛:《南京都察院志》卷25《职掌十八·巡视装船职掌·厂卫建置》,第700页。
② 王在晋:《越镌》卷11《议覆清江厂改造漕船疏》,第377页。
③ 沈启:《南船纪》卷3《典司之二》,第107页。
④ 佚名:《漕乘》卷2《船》,第16页。
⑤ 刘汝勉:《南京工部职掌条例》卷3《都水清吏司·河防科》,第148页。
⑥ 南京兵部车驾司编:《船政》不分卷《议造样船》,第421页。
⑦ 范景文:《南枢志》卷63《职掌部·车驾司·船政科·厂卫建置》,第1634页。

第一章 南京贡运造船业

理。景泰四年,阁臣萧镃云:"况济川、江淮二处军旅,多系湖广、江西等处人民,中间多有亲管官员作弊,指以令回原籍修造为由,一放夫船,经二三年不赴卫者。"①马船发回原籍修造不光容易引发船水夫脱逃问题,也给当地带来了沉重负担。至嘉靖十二年,二省三府马船采用一条鞭法,水夫工食和修船料价统一折银,随粮带征,官为修造。《南枢志》记载:"国初马船损坏,行原籍造修。嘉靖年间,改编工(科)〔料〕,始议官造官修。"②官修官造的位置就是在江淮、济川二卫,如《船政》记载:"查得江、济二卫造修马船完日,俱有木楂银两解司。"③江淮、济川二卫各自设有船厂,由指挥使担任把总。至万历十四年南京兵部改革船政之后,江淮、济川二卫的委官、匠役才改于马船厂内监督、修造马船,而拨船厂则改为快船厂,专修造快船。同时倪涷将马、快船按照"国泰民安,风调雨顺"字号编入江淮、济川二卫。④不久后马、快船厂就顺势改为江淮、济川船厂,将全部船厂、船只归入江、济二卫管辖之下。至于黄船,虽然由南京工部修造,但黄船厂督理和黄船差拨则由南京兵部船政分司带管。⑤ 现将南京兵部三厂的名称和职能演变列举如表1-3:

表1-3 明代黄、马、快船修造厂沿革

万历以前		万历十四年		万历十八年	
船厂名称	职能	船厂名称	职能	船厂名称	职能
造船厂	成造快船总收木植	马船厂	修造马船	济川船厂	修造民、安字号马船,雨、顺字号快船

---

① 萧镃:《尚约文钞》卷1《论武备疏》,第5页。弘治本《尚约居士集》并无奏疏收录,根据兵部尚书于谦覆奏来看,《论武备疏》系阁臣陈循等人会稿具题,萧镃或亦署名在列,故收入道光本《尚约文钞》之中。
② 范景文:《南枢志》卷63《职掌部·车驾司·船政科·船只修造》,第1655页。原文作"改编工科",系刊刻之误,应作"工料",即是修造、差拨船只所需的工食和料价。
③ 南京兵部车驾司编:《船政》不分卷《告示》,第410页。
④ 倪涷:《船政新书》卷2《调度大纲》,第157页。
⑤ 南京兵部侍郎臧惟一记载:"船政一官,事甚委琐,既专管大小马、快,又兼管黄船厂。"(《明神宗实录》卷409,万历三十三年五月,第7634页)又万历《大明会典》记载:"凡黄船,俱隶本部管理。"(万历《大明会典》卷158《兵部四十一·南京兵部·车驾清吏司》,第2214页)

(续表)

万历以前		万历十四年		万历十八年	
拨船厂	修理快船	快船厂	修造快船	江淮船厂	修造国、泰字号马船,凤、调字号快船
黄船厂	修造黄船	修造黄船,南京兵部带管			

资料来源:范景文《南枢志》卷63《职掌部·车驾司·船政科·厂卫建置》,第1633—1637页。

除了名称外,船厂的隶属也存在着演变,《南京都察院志》记载:"(洪武)设造船厂管修造,拨船厂管差拨,黄船厂管黄船事务,各设把总一员,拨船仍设副把总一员,委官千百户四十员,俱隶南京工部。景泰元年,改隶兵部。"①景泰元年以后,造船厂和拨船厂改隶于南京兵部,黄船厂仍隶属南京工部。具体的造船事务,则由南京兵部差委南京卫所武官管理。一般各船厂设把总一员,由卫指挥使担任,辖委官千户若干员。根据船政事务繁简,委官千户原额存在变动。② 值得思考的问题是,这些委官来自哪些卫所?

按照明代职位分等原则,差委把总、千户等官,应当来自该管卫所。马船由江淮、济川二卫修造,因此马船厂委官来自江、济二卫。黄船、快船由南京锦衣卫等四十卫修造,故快船厂把总、千户遴选自南京锦衣卫等四十卫。《南枢志》记载:

> 万历十四年,本部题,将拨船厂改为快船厂,以锦衣等四十卫快平船属之,照黄船厂事例,于四十卫内选掌印指挥之贤能者带管。造船厂改为马船厂,以江、济二卫掌印官,各以本卫兼该厂把总名色,年终照京营事例,一体举劾。其委官,江、济二卫各五员,锦衣等四十卫各一员,余皆裁减。③

经南京兵部尚书郭应聘题请,江淮、济川二卫指挥使兼马船厂把总,委官千

---

① 施沛:《南京都察院志》卷25《职掌十八·巡视装船职掌·厂卫建置》,第700页。
② 如正德《大明会典》卷125《兵部二十·杂行·车驾清吏司》记载:"锦衣等卫管船、拨船委官八十员。"(第3册,第99页)万历《大明会典》卷158《兵部四十一·南京兵部·车驾清吏司》云:"见造、拨厂止五十二员。"(第2215页)可见南京兵部逐渐裁减委官员额。
③ 范景文:《南枢志》卷63《职掌部·车驾司·船政科·厂卫建置》,第1636—1637页。

户各五员;拨船厂由锦衣卫等四十卫内选指挥一员担任把总,委官千户四十名。万历十八年之后,快、马船厂皆隶江、济二卫管理,改称江淮、济川船厂,分别由江淮、济川二卫指挥兼该厂把总,因此快船厂原设锦衣等四十卫委官千户十员全部裁革,只保留江、济二卫委官千户共二十名。① 万历三十三年,经南京兵部侍郎臧惟一题准,将委官千户"于二十员之中,汰去其半,就中择勤慎者,量存十员"②。延至明末,《南枢志》记载:"江淮厂把总指挥一员,济川厂把总指挥一员,二卫委官千户十员。"③

总体而言,江、济二卫的职掌不断扩大。本属于锦衣卫等四十卫的造、拨二厂,最终全部改隶江、济二卫,所有马、快船也都按照字号编入江、济二卫。万历十四年一条鞭法改革之后,马、快船募夫也悉属江济二卫。船厂、船只、水夫最终全部并入江淮卫和济川卫管理。

在明确了船厂沿革之后,值得关心的问题是:船厂位于何处?关于造船厂和拨船厂的位置,学界主要有两种观点。第一种认为位于龙江船厂内。李龙潜在提出修造黄船由龙江造船厂负责的基础上,发掘了《江宁府志》中的记载:"造船厂、江济二卫收木厂并在赤字铺,江济二卫拨船厂在驰字铺……黄船厂在誉字铺。"④根据黄船厂与造、拨船厂铺字记载相近,推断造船厂和拨船厂都位于龙江船厂内,分析不无道理,但龙江造船厂修造黄船这一说法缺少史料支撑。范金民找到这条材料在《南京都察院志》中的原始记载,认为从记载顺序来看,"龙江提举司和工部督造分司坐落于同一个铺即州字铺,而与造船厂的赤字铺、龙江宣课司的秦字铺相邻,正与龙江船厂厂图相吻合。"⑤按《龙江船厂志》卷4《厂图》中在龙江提举司和工部分司正南绘有"厂篷"一处,⑥图中并无标注"造船厂"。根据材料中提及"江

---

① 范景文:《南枢志》卷63《职掌部·车驾司·船政科·厂卫建置》,第1636—1637页。
② 范景文:《南枢志》卷154《奏疏部·条陈船政事宜疏》,第3790—3791页。
③ 范景文:《南枢志》卷63《职掌部·车驾司·船政科·厂卫建置》,第1638页。
④ 李龙潜:《明代南京马快船考释》,第205页。李文尾注云出自《江宁府志》卷5《城厢》。按《江宁府志》共有四个版本,陈开虞康熙七年刻本卷5《山水志》、于成龙康熙二十二年本卷5《建置》、嘉庆《重刊江宁府志》卷5《古今纪年表》、同治《续纂江宁府志》卷5《学校》,均无记载,与李文的引述不符。而同治《上江两县志》卷5《城厢考》收录了这条材料,应当是李文所本。
⑤ 范金民:《明代南京宝船厂遗址考》,第237页。
⑥ 李昭祥:《龙江船厂志》卷4《建置志》,第79页。

济二卫"来看,赤字铺的"造船厂"指的是南京兵部造船厂,似乎不应理解为龙江船厂的厂篷。祁海宁根据《龙江船厂志》中记载的工部"造船所买楠木,价格比兵部减少。二部相邻,事同一体",认为"二部相邻"指的是工部的龙江船厂与兵部的造船厂两者相邻,从而判断造船厂与龙江船厂相距不远,支持了李龙潜的说法。祁文又根据《南畿志》中记载"黄船厂、宝船厂、拨船厂,并在城西",遗漏了兵部造船厂,推测宝船厂就是造船厂,也即宝船厂与兵部造船厂存在直接传承关系,对于学界长久以来认为宝船厂荒废的观点提出了新的见解。关于拨船厂,祁文根据《南京全图》的水道分布,推测定淮门外的南圩一带,有可能为船厂遗址。①

第二种观点认为造、拨船厂分别位于江淮、济川二卫的驻地。刘义杰根据船厂名称演变,将江淮、济川二卫和船厂的位置联系起来,根据济川卫位于新江口,判断"快船厂也就是明洪武时期最早设厂造船的新江口船厂"。但快船厂万历时改为江淮船厂,并非济川船厂,刘文关于船厂名称演变的史料依据,源自《船政新书》卷4《客问》,②是倪涷以客问形式自问自答作出的假设,真实情况应当以南京官署志的记载为准。③ 刘文又根据《船政新书》记载的经纪人数中,"天宁洲江济马船厂各三名",认为"马船厂在天宁洲"④。郑自海、郑宽涛完全继承刘义杰的观点,并根据马船厂位置反推"江淮卫驻地在天宁洲"⑤。席龙飞在《中国古代造船史》一书中也采用了刘义杰的说法。⑥

关于黄船厂,学界多沿用《南畿志》中"在城西"⑦的说法。至于具体位

---

① 祁海宁:《试论宝船厂的废弃年代及与兵部造船厂之关系》,第84—96页。
② 倪涷:《船政新书》卷4《客问》云:"快、平船募夫既属江、济,则修造宜并归之。以见今马船厂为江淮船厂,快船厂为济川船厂,革去快船之名,岂不妥安?而复留快船厂,且使夫、船分属二处,何如?"(第235页)
③ 范景文:《南枢志》卷63《职掌部·车驾司·船政科·厂卫建置》云:"万历十八年,本部题将快船厂改为江淮船厂,马船厂改为济川船厂。"(第1637页)这与《南京都察院志》的记载一致。
④ 刘义杰:《明代南京造船厂探微》,第36—37页。
⑤ 郑自海:《明代南京官办造船史迹》,第27—31页;郑宽涛:《明代南京官办造船史迹与郑和宝船厂研究》,第44—48页。
⑥ 席龙飞:《中国古代造船史》,第315页。
⑦ 陈沂:《南畿志》卷1《总志一·南都纪》,第46页。

置,郑自海、郑宽涛以建置时间不同为由,否定了李龙潜提出的黄船厂位于龙江船厂内的观点,并根据水利规划图推测黄船厂位置应在宝船厂六作以南,中新河以北。① 这一观点仍需历史文献的证实。

综上所述,学界对于快船厂、拨船厂、黄船厂位置的研究,主要采用《龙江船厂志》《船政新书》等船政志和《南畿志》等方志的记载,出于对材料的不同取舍和理解,导致观点存在着分歧。再加上三个船厂并无专门的厂志存世,记载模糊。本书将在前人已有研究的基础上,结合南京官署志中的新材料,进一步考证南京兵部船厂的位置。

明代南京马、快船事务主要分为修造、审甲、差拨三个方面,皆由车驾司船政分司管理,而统于南京兵部。贡舫差拨时,又需要由科、道官眼同验装,因此南京都察院亦参与南京兵部船厂的事务管理。此二部院皆有官署志存世,分别是成书于崇祯的《南枢志》和天启三年序刊本的《南京都察院志》,二志部头庞大,都保留了关于兵部船厂衙署位置的记载。其中《南枢志》卷38《官署考》云:

> 拨船厂,石城桥地方。修船厂,石城桥地方。楠木坞,修船厂之南。②

由于《南枢志》史源复杂,收录了明末不同时期部内四司的档案,因此本卷对于船厂的称呼沿用了万历十四年之前的旧名。其中"修船厂"不见于本书别的卷次和他书,按快船的修理应由拨船厂负责,但文中已经载有拨船厂,说明《南枢志》所记修船厂与拨船厂并非一处。修船厂南边临近设置了"楠木坞",应当是负责收支造船需要的木料,根据造船厂负责总收木植来看,《南枢志》中记载的"修船厂",应当就是"造船厂"。由于造船厂设置之初也曾负责快船的修理,而明人往往修造连称,导致了厂名的混用。"石城桥"位于石城门(清代称旱西门,遗址位于今南京市秦淮区汉中门广场)外,跨秦淮河,如万历时南京工部尚书丁宾据西城兵马司呈文

---

① 郑自海:《明代南京官办造船史迹》,第31页;郑宽涛:《明代南京官办造船史迹与郑和宝船厂研究》,第48页。
② 范景文:《南枢志》卷38《官制部·公署考》,第664—665页。

云:"本地方原有大桥一座,因靠石城门外,称为石城桥。"①万历《江宁县志》卷 2 云:"石城桥,石城门外……跨城濠。"②可见根据《南枢志》的记载,拨船厂和造船厂都位于南京石城桥附近,较《南畿志》中"并在城西"说法更为精确。

  石城门外的造船厂和拨船厂,既不在仪凤门外的龙江船厂内,也与位于仪征县南、长江之中的天宁洲③相去甚远。洲地受到江水涨落影响,并不适宜作为卫所和船厂的基址,刘义杰对于《船政新书》产生了误读,材料原文的正确点断应该是:"合为定例,经纪:龙江关每厂壹名,天宁洲、江济马船厂各叁名,快船厂陆名。"④"江济马船厂"指的是万历十四年在将造船厂改为马船厂的同时,以江淮、济川二卫掌印官"兼该厂把总名色"⑤。结合原材料上下文来看,指的是原来只有龙江关和天宁洲设有经纪,由于万历十四年之后龙江船厂、马船厂、快船厂"三厂分买"木植,所以于原设经纪的基础上,在马船厂新设了三名经纪。"马船厂在天宁洲"的说法不能成立,郑自海、郑宽涛据此得出的"江淮卫驻地在天宁洲"亦属不经。事实上,江淮卫的驻地在长江北岸的江浦县,与济川卫隔江相望,万历《江浦县志》云:"江淮卫,在县治东隅。"⑥由此可见,江淮、济川二卫的衙署和造船、拨船厂的位置并无必然联系。

  由于黄船备御用,船厂不直接隶属于南京兵部,《南枢志》中并无记载,但是《南京都察院志》中对于黄船等三厂的位置有着精准的记录。这是由于三厂位于城西,在西城兵马司管辖范围内,而五城兵马司又受五城巡城御史的监管。《南京都察院志》卷 21、22 两卷详细记录了五城察院的职掌范围内明代南京城内外不同公署、桥梁、城垣、山川、沟浍的舆地,坐落在不同的"铺",其中关于船厂:

---

① 丁宾:《丁清惠公遗集》卷 3《修理桥梁疏》,第 92 页
② 万历《江宁县志》卷 2《建置志》,第 39a 页。
③ 隆庆《仪真县志》卷 2《山川考》云:"天宁洲,在县南十里江中。"(第 9a 页)
④ 倪涷:《船政新书》卷 3《买给料价之法》,第 191 页。
⑤ 倪涷:《船政新书》卷 1《题稿部咨·厘正五议疏》,第 113 页。
⑥ 万历《江浦县志》卷 10《兵防志》,第 651 页。

> 济川卫,坐落土字铺。造船厂,坐落赤字铺。江、济二卫拨船厂,坐落驰字铺。龙江把总厅,坐落秦字铺。龙江抽分公署,坐落秦字铺。江、济二卫收木厂,坐落赤字铺。龙江提举司,坐落州字铺……黄船厂,坐落誉字铺。①

《南京都察院志》中列举数量众多的"铺"并不是急递铺,而是字铺。罗晓翔研究指出:"五城之内,又将居民划分为铺,每铺约100户,以《千字文》编序,由兵马司于各字铺内佥点总甲、火夫,承担火甲之职。"②五城兵马司将辖区分割为不同的字铺,记录坐落所在。因此为进一步明晰黄船、造船、拨船三厂的位置,需要考证出誉字铺、赤字铺、驰字铺的具体位置。

《南京都察院志》中对于城西铺行的记载,是以西城兵马司为中心,按照四至展开,要搞清楚这些铺行所在,需要根据西城兵马司的衙署位置来确定。

洪武《京城图志·官署·五城兵马司》记载:"西城,在三山门外西关北街。"③三山门亦称水西门,位于石城门南。三山门外南北并排着三条街道,正德《江宁县志》卷5云:"西关中街,西关南街,西关北街,并在三山门外。"④其中又以西关中街最为繁冲,洪武《京城图志·酒楼》记载:"鹤鸣楼,在三山门外西关中街北。醉仙楼,在三山门外西关中街南。"又"翠柳楼,在江东门内西关北街,与梅妍楼相对。梅妍楼,在江东门内西关北街,与翠柳楼相对"⑤。结合洪武《京城图志》中《楼馆图》所示,可见西关中街是一条由三山门通向江东桥的官街,清代改称水西门外大街,街道两侧对立排列着鹤鸣楼和醉仙楼。西关北街则位于西关中街稍北,平行排列,街道两侧对立着梅妍楼和翠柳楼。(参图1-5)

---

① 施沛:《南京都察院志》卷22《职掌十五·西城职掌·境内廨宇》,第629页。
② 罗晓翔:《明代南京的坊厢与字铺——地方行政与城市社会》,第53页。
③ 洪武《京城图志》不分卷《官署》,第18页。
④ 正德《江宁县志》卷5《衢道》,第738页。
⑤ 洪武《京城图志》不分卷《楼馆》,第29页。

图1-5 明初城西酒楼图(出自洪武《京城图志》)

那么西城兵马司位于西关北街的东、西哪个方位呢?万历时期李维桢所著《游莫愁湖记》云:

> 余将之南徐,与山甫俱乘舴艋,泊三山、石城二门间。有所迟,未即发,逼仄殊甚。山甫曰:"此去莫愁湖不远,盍往观乎?"舟子识其处者前导,两人携而步至湖边。湖属魏国家,中有小艇三四,觅之渡,不可。魏国监奴将来捕鱼,渔人具网罟以俟。复沿仄径穿委巷而出,至大道。过西城兵马司治所,望二石狻猊,则徐氏别业。入门瓦砾满地,盖久圮敞,而匠石方扫除更新之。前为"四美堂",是徐髯仙篆,后为"胜棋楼",则徐公子笔。①

李维桢最初停泊在三山门和石城门之间的秦淮河水道上,下船就近向西走到莫愁湖的东岸,由于没有舟船,无法渡湖游玩,只能南折沿着小路回到西关北街("大道")上,然后向西路过西城兵马司的衙署,就看到了魏国公徐达家族位于莫愁湖畔的胜棋楼,可见西城兵马司治所与胜棋楼相邻。而胜棋楼始建于明初,重修于清同治年间,今址尚存,紧靠莫愁湖南岸。西城兵

---

① 李维桢:《大泌山房集》卷61《游莫愁湖记》,第34页。

马司的具体位置为三山门外西关北街、胜棋楼东、莫愁湖南,因此《南京都察院志》记载西城兵马司和莫愁湖坐落在同一个铺,即"途字铺"。① 李维桢的行程和西城兵马司的位置以图1-6表示:

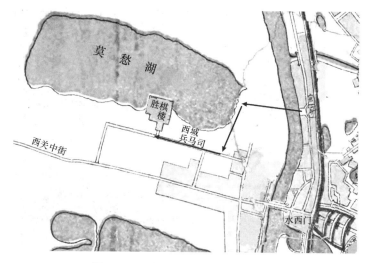

图1-6 明代南京西城兵马司示意图

(底图来自《陆师学堂新测金陵省城全图》,1903年)

确定了西城兵马司的位置后,可以根据两条线索判断铺行的位置,第一是相对于西城兵马司的方位,第二是各个铺行是按照《千字文》编号,那么《千字文》中相邻的字号,一般来说地理上也往往相近。为了便于说明,现不厌其烦将《南京都察院志》的记载全部列举如下:

本城为中央

正东:司左三山门外宁字铺,与中城职字铺城二券为界;北街途字铺。

正南:司前赛虹桥赏字铺,与南城驯象门汉字铺为界;中街晋字铺、楚字铺;南街横字铺。

西南:司右中街霸字铺、赵字铺、魏字铺、假字铺。

---

① 施沛:《南京都察院志》卷22《职掌十五·西城职掌·境内廨宇》,第629—630页。

东北:司左石城门外漠字铺;清江门驰字铺;黄船厂誉字铺;定淮门丹字铺;晏公庙青字铺;车船坝九字铺、州字铺;鲜鱼巷迹字铺;天妃宫郡字铺,与北城仪凤门里券啸字铺相接;豆腐巷秦字铺;龙江关外岳字铺。

正北:司后樯子巷践(子)〔字〕铺;石城关紫字铺、塞字铺;塌房赤字铺。

正西:司右直江口土字铺、会字铺、何字铺、约字铺。

西北:司后石城桥田字铺;清江厂雁字铺;下刘公庙主字铺。①

先看西城兵马司东北方向,其中值得注意的是,石城门外是漠字铺,而位于石城门外的石城桥却在田字铺。之所以会有这种不同,是因为在石城门与石城桥之间、秦淮河东岸的狭长区域,有一片繁华的商业区,也正是漠字铺所在。东北方向的叙述,始于石城门外漠字铺,然后向北沿着南京内城墙依次展开介绍,经过清江门(即清凉门)、定淮门,止于仪凤门,铺行也是按照《千字文》中"宣威沙漠,驰誉丹青,九州禹迹,百郡秦并"的顺序编号。按照这一排列顺序来看,黄船厂所在的誉字铺,位于清凉门和定淮门之间,拨船厂所在的驰字铺,则在誉字铺南、清凉门外。结合《南枢志》中拨船厂在"石城桥地方"的记载,推断黄船厂应当位于定淮门南、清凉门北,拨船厂应在清凉门南、石城桥北。由于清凉门与定淮门外无桥,并非交通要道,民居空旷,在明代已经闭塞,②因此驰字铺和誉字铺应当在秦淮河西岸,而不是秦淮河和城墙间,且此区域过于狭窄,不适宜作为船厂选址,因此二厂应当是南北排列在秦淮河西岸。石城门外作为重要的商贸区,南通水西门,向北可以沿着秦淮河直抵长江,因此贡舫差拨时也选择在此处验装货物,《南京都察院志》记载:"验装钱粮,江淮、济川、黄船三厂差千户三员,请科、道、部会同于石城门外拨船厂验装。"③虽然拨船厂已经改名为江淮船厂,但是船只仍在此处差拨。

---

① 施沛:《南京都察院志》卷22《职掌十五·西城职掌·本城事宜》,第628页。
② 乾隆《上元县志》卷3《城池》:"金川门,明永乐中即闭。后以西北旷泄,又闭钟阜、定淮、清凉三门。"(第17b页)
③ 施沛:《南京都察院志》卷25《职掌十八·巡视装船职掌·起运拨船额数》,第711页。

第一章 南京贡运造船业

再看正南方向,先叙述远处赛虹桥(也称赛工桥,今址现存)附近的赏字铺,再记载近处西关中街和西关南街的铺行。由此可以看到,《南京都察院志》中对于各个铺行的记载,是沿着某一方向,按照《千字文》的编号,由远及近,或者由近及远展开。这一展开并非线性的,如东北方向的龙江船厂所在的秦、州字铺,天妃宫所在的郡字铺,实际上已经位于西城兵马司的西北方位,这是由于《南京都察院志》中的记载是沿着南京西城墙,由东南向西北曲折蜿蜒展开。这种非线性的展开,也解释了本位于西城兵马司正北的石城桥外田字铺,却被记录在了西北方向。

造船厂和收木厂所在的赤字铺,位于西城兵马司的正北方位,同样在此方位的还有槁子巷践字铺和石城关紫字铺、塞字铺。槁子巷在康熙《江宁县志》中作"槁子港",卷首《县境图》将其绘制在了江东门和栅栏门之间,如图1-7所示:

图1-7 槁字港示意图(出自康熙《江宁县志》卷首)

按莫愁湖与江东门之间水网密集,小路林立,"港"和"巷"是从水道或陆路不同角度而言,亦或是刊刻上的差异,总之槁子港应当就是槁字巷。按照《千字文》中"践土会盟"的顺序,践字铺应与土字铺相邻,而土字铺位于江东门外,① 这正与江东门北槁子巷所在的践字铺隔河相邻。图中槁子港北

---

① 《南京都察院志》记载济川卫坐落在土字铺,而济川卫在江东门外,可见土字铺位于江东门外。又江东门外江东桥,《南京都察院志》载"坐落土字铺",亦可为证。(《南京都察院志》卷22《职掌十五·西城职掌·桥梁》,第630页)

的栅栏门是南京城十八道外城门之一,也称为石城关,康熙《上元县志》卷9记载:"栅栏门二,一在仪凤门西,一在江东门北。"①《南京都察院》中记载南京城"外十八门关"云:"江东门,南边城垣六十丈至堂子巷河止,北城垣九十丈接石城关界。"②可见石城关在江东门沿着新开河道内侧以北约300米。石城关与石城门相对,之间应当有一条街道(民国时称为凤凰街),如明末朱之蕃在《金陵四十景图像诗咏·石城霁雪》中绘制了石城门外的风景,诗序云:"今河流之外,平衍若砥,民居繁密十数里,始达江浒。"③而紫字铺、塞字铺应当就分布在石城门外这条"居民繁密"的街道上。如中和庵,《南京都察院志》记载"坐落塞字铺"④,《金陵梵刹志》则记载:"中和庵,在都门外西城地,东去石城门二里……基址……北至官街。"⑤可见中和庵位于石城关和石城门中间、街道南侧,这也正是塞字铺的位置,与石城桥外的田字铺相邻。

可见西城兵马司的正北方位,是按照《千字文》中"雁门紫塞,鸡田赤诚"的顺序(无"鸡字铺"的编号),从西北向正北展开。那么赤字铺应当与石城桥所在的田字铺相邻。由于田字铺以东是石城桥和石城门之间的漠字铺,那么赤字铺应当位于石城桥南、西城兵马司北部。《南京都察院志》中记载塌房也坐落在"赤字铺"。塌房也称为塌坊,设置于洪武年间,用于停放商人货物,收取塌房税。《明太祖实录》记载:"命工部于三山等门外濒水处,为屋数十楹,名曰塌坊,商人至者,辨悉贮货其中。既纳税,从其自相贸易。"⑥因此赤字铺的塌房应分布在三山门外、秦淮河西岸,这个位置正好在田字铺南。现将各铺行的大致位置图示如图1-8:

---

① 康熙《上元县志》卷9《建置志》,第7b页。
② 施沛:《南京都察院志》卷24《职掌十七·巡视门禁职掌·外城事宜》,第688页。
③ 朱之蕃:《金陵四十景图像诗咏》,第12页。
④ 施沛:《南京都察院志》卷22《职掌十五·西城职掌·古迹》,第630页。
⑤ 葛寅亮:《金陵梵刹志》卷30《接待寺》,第480页。
⑥ 《明太祖实录》卷211,洪武二十四年八月辛巳,第3139页。

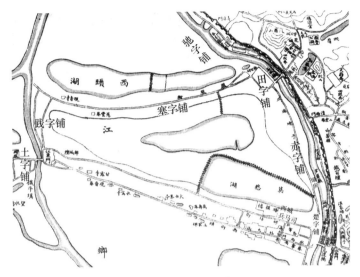

图 1-8　西城铺行示意图

（底图来自《最新首都城市全图》，南京共和书局，1928 年）

造船厂在赤字铺的具体位置则需要参照其他坐标。《金陵梵刹志》卷 28 记载："普惠寺，在都城外，东去三山门半里……基址伍拾亩。东至城河，南至官街，西至官街，北至造船厂。"①可见普惠寺在造船厂之南。《南京都察院志》记载普惠寺坐落在楚字铺，而楚字铺在西城兵马司正东的西关北街。关于普惠寺的具体位置，《莫愁湖志》卷上记载："普惠寺，在觅渡桥右，殿宇数十间，后临河。"②清代周宝俟《普惠寺听畅如上人弹琴》诗序云："在水西门外三山桥下。明永乐间为唱经楼，后改寺，今为客商堆积货处。"③三山桥也称觅渡桥，可见普惠寺的具体位置在三山桥下右手边、西关北街最东侧，濒临秦淮河，因此在清末荒废之后顺势改成了与塌房类似的"客商堆积货处"，北侧即为造船厂。

造船厂南面除了普惠寺之外，还有收木厂，由于厂中木材以楠木最为珍贵，因此《南枢志》中称为"楠木坞"，也坐落在赤字铺。道光年间绘制的

①　葛寅亮：《金陵梵刹志》卷 28《普惠寺》，第 469 页。
②　马士图：《莫愁湖志》卷 2《山水》，第 87 页。
③　吴小铁：《南京莫愁湖志·诗文增补》，第 306 页。

《金陵省城古迹全图》中标注了"楠木塘"一地。按坞的本义是凹地,停放船只的船坞自然可以称为塘,因此《金陵省城古迹全图》中的楠木塘应当就是楠木坞,位置在水西门外、莫愁湖和二道埂之间。二道埂是修筑于莫愁湖与秦淮河之间的土埂,用于抵御水灾,后来演变为了湖东路。随着莫愁湖的扩大,如今的楠木坞已经并入湖区之中。(参图1-9)

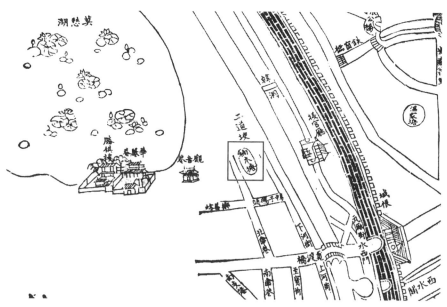

图1-9 楠木塘示意图(底图来自《金陵省城古迹全图》,清光绪末年)

综上所述,根据南京西城兵马司记录铺行的位置,来确定黄船、拨船、造船三厂所在,这种以点带面的考证,在落实到今图的具体位置上有一定的局限性,但可以推断三厂在城西的大致范围,列举如表1-4:

表1-4 黄船、拨船、造船三厂大致位置

黄船厂	誉字铺	定淮门南、清凉门北、秦淮河西岸
拨船厂	驰字铺	清凉门南、石城桥北、秦淮河西岸
造船厂	赤字铺	石城桥南、西城兵马司北、秦淮河西岸,南接普惠寺

三厂沿着南京城西城门和秦淮河,从北往南依次排列,大致分布范围如图1-10所示:

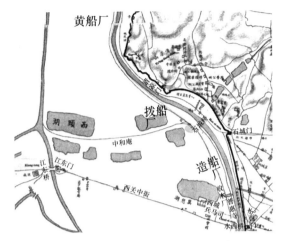

图 1-10 明代南京兵部船厂分布示意图

(底图来自《江宁府城图》,清光绪二十四年)

三、船政机构设置

根据贡船和船厂沿革可见,南京贡运船只、船厂数量众多,复杂多变。为了便于管理,明廷设置了众多船政机构。其中贡运作为"驿传"类政务,由南京兵部主管,车驾司分管。明廷以六部分管天下庶务,分为"部—司—科"三级垂直管理体系,其中南京兵部的职官设置如表1-5所示:

表 1-5 南京兵部"部—司—科"三级体系

部	南京兵部			
司	车驾司	武选司	职方司	武库司
科	都吏科	袭替科	五府科	五府科
	递发科	升调科		
	马政科	优给科		
	会同科	贴黄科		
	力士科	诰敕科		
	船政科	军务科	重役科	杂科
	工料科		关津科	俸粮科
	草场科			勘合科

资料来源:范景文《南枢志》卷36《官制部·秩禄考》,第613—617页。

南京兵部四司中,以车驾司船政事务最为烦琐,司官设置多达四员,其中一员分管贡运。景泰元年(1450)快船由南京工部改属兵部,故在景泰七年"添设南京兵部主事一员,专管快船"①。具体职掌上,按照政务的不同,车驾司下设都吏科、递发科、船政科、工料科等。船政科直接负责船只的修造和差拨,工料科则催征水夫工食、料价银(上表以黑体表示)。

除此之外,车驾司还设有分司,其中与造船业相关的是船政分司和工料分司。分司因某一政务而设,由六部差遣司官一员专管,往往会请给关防和敕书,以重事权。分司作为派出机构,设有衙署,是由司官的差遣固定化而来。值得注意的是,船政分司、工料分司与上述船政科、工料科,除了行政级别不同外,名称一致,有必要进一步厘清"分司"的职掌和建置。

二分司中设置较早的是工料分司,工料系马船水夫"工食"和修船"料价"的合称。马船水夫起取自江西、湖广二省和南直隶太平、宁国、安庆三府沿江民夫,并于当地修造马船。自弘治至嘉靖期间,部分地区开始折收工料银解部,马船也改由南京兵部官方修造。但是由于地方往往拖欠,解纳不前,需要遣官稽核催督。因此早在弘治年间,南京兵部就曾差遣司官巡历地方,南京兵部主事王秩墓志记载其于弘治十三年(1500)至十四年间巡历江西、湖广二省,厘剔工料积弊。② 至嘉靖十一年(1532),南京兵部尚书王廷相题准,二省三府从次年开始,马船统一折征工料银。与之相应,清理马船工料的差遣也固定下来,正式设立工料分司。嘉靖十二年,南京兵部尚书刘龙"乃引清查芦洲事例,岁请敕印,差官经理"③,即比照工部芦政分司事例,南京兵部奏请敕书、关防,差委司官一员催督工料银。值得注意的是,与吏部注选车驾司主事一员专管船政不同,工料分司委官系南京兵部题差,由四司主事依次序差,不限于车驾一司。如嘉靖三十八年张楘就以南京兵部职方司主事赍"空名勅"往南直隶、江西、湖广督

---

① 正德《大明会典》卷121《兵部十六·驿传三·马快船》,第3册,第60页。
② 杨廉:《杨文恪公文集》卷59《云南右布政使前山王公墓志铭》,第729页。
③ 李默:《群玉楼稿》卷7《明资政大夫南京兵部尚书参赞机务致仕赠太子太保谥文安紫岩刘公墓志铭》,第766页;范景文:《南枢志》卷65《职掌部·车驾司·工料科·工料专管》,第1821页。

理工料银积逋。① 所谓"空名敕"即不坐名敕书,其具体内容云:

> 今特命尔前去江西、湖广并直隶安庆、宁国、太平等处,督同布政司分守官及各府掌印官,将历年逃亡水夫逐一清查,起解应役。若原编夫丁尽户绝,会同巡抚都御史并巡按御史计处佥补。其拖欠船料价银、水夫工食,严限征完,作急解用。中间若有那移、借贷、侵欺等弊,及各该官员违慢不理,轻则量情责罚,重则六品以下送所在官司问理,干碍五品以上并司府官参奏施行。②

根据敕书所载内容,可知工料分司的主要任务在于清查、佥补逃亡水夫,催征工料银两。分司官除了参罚违慢官员外,还可以将经承员役和逋欠马船户,直接提问、追赎。③ 至万历五年,分司官不再出巡,改为在部督催,④工料分司除了照例督催、参罚外,还可以对于依限完纳的有司官,荐举奖励,丁宾认为这是兵部工料司官"举劾之始"⑤。马船工料银是南京兵部修造船只的最重要资金来源,不容拖欠,可见工料分司职责之重。

船政分司也称船政厅,正式设置于万历十四年(1586)。早在景泰元年,南京兵部就设有管理船政主事,至景泰七年,南京兵部又添注主事一员,"以一员管草场,一员管船政,轮年递差"⑥。由于轮差,管理船政主事并无专责,迁转过快,导致难以久任,事无成功。故至万历十四年八月,南京兵部尚书傅希挚要求将船政一差固定下来,疏云:"议将主事倪涷,量加协司职衔,请给船政关防,以重事权,仍免其赴京考满,毋致作辍稽误。竣事之后,于该司主事二员内,比照前例,注选一员,付以新给关防,专理

---

① 归有光:《震川先生集》卷18《南京车驾司员外郎张君墓志铭》记载:"升南京兵部职方司主事,大司马南昌张公器重之。南京岁造马、快船,畿辅及江西、湖广积逋料解八十余万,朝廷以空名敕降兵部,兵部岁遣其属公廉者,上其名,赍勒以往。"(第440页)
② 范景文:《南枢志》卷65《职掌部·车驾司·工料科·工料专管》,第1822—1823页。
③ 倪涷:《船政新书》卷1《禀揭文移·工料分司呈革纸赎保家小票揭帖》,第145—146页。
④ 范景文:《南枢志》卷65《职掌部·车驾司·工料科·工料专管》记载:"万历五年,本部题准:催督工料官……在部董事,每年终将各完欠数目,开呈本部。"(第1824页)
⑤ 丁宾:《丁清惠公遗集》卷2《船政催征不宜兼摄疏》,第69页。
⑥ 范景文:《南枢志》卷63《职掌部·车驾司·船政科·船政专管》,第1653页。

船政。"①经吏部批允,南京兵部车驾司注选主事一员,专管贡运事务,设有船政关防。船政分司仿照户、工二部"注选官员,俱以差满赴部考核"②的事例,即船政主事由吏部注选,差期三年,即相当于一次考满,然后由吏部考核改任。由于万历十四年倪涷更新船政,将锦衣卫等四十卫快船仿照条编之法,编丁征银,统一由江淮卫和济川卫募夫撑驾,因此船政分司职除了管理船厂和马、快船只外,还要负责水夫的编审和召募,查核工食、料价银两。

了解船政、工料分司的建置和职掌后,值得关心的问题是分司在明代南京兵部"部—司—科"三级体系中处于什么地位?机构设置上,车驾司本来下设有船政科和工料科,这与船政、工料分司是何关系?船政职掌上,车驾司郎中与船政分司主事之间又有什么样的分工?首先需要注意的是,船政分司下亦设置"科"一级,《南枢志》记载船政分司职掌云:

> 其修造等项之失记,则责在修造科;其拨差日期之失记,则责在拨船科;差银违限及夫役除补之失记,则责在江、济二科。③

其中"修造科"负责马、快船只的勘验、修造;"拨船科"负责船只的有序差拨;"江淮科"和"济川科"则管理江淮、济川二卫的夫役。船政分司下设四科,全面覆盖了船政中最重要的事务,即水夫的编佥、船只的修造和差拨。各科设有司吏、书手,负责一应行文,例如船只修造流程上,"其始也,自拨差科书手照号提应修船只,行江济二卫把总、委官查报;其次也,由修造科书手,照等第年限,亦行江济二卫把总、委官查报。各核查明白,方付车驾司郎中"④。船政分司行船厂查报,同时将查核结果关付车驾司。

从文移采用平行的"关文"来看,船政分司与车驾司为平级衙门,但是从船政主事加协司职衔,以及文移都要经车驾司呈堂来看,车驾司又有总理之责。具体政务上,倪涷在《申明职掌之法》中列举了21条车驾司和船政分司的分工,造船相关的钱粮上收支上,如收买木植、油麻、钉铜等项,各

---

① 《明神宗实录》卷177,万历十四年八月乙丑,第3270页。
② 倪涷:《船政新书》卷1《题稿部咨·船政报完疏》,第136页。
③ 范景文:《南枢志》卷63《职掌部·车驾司·船政科·厂卫建置》,第1654页。
④ 范景文:《南枢志》卷155《奏疏部·查盘船政以清弊窦疏》,第3319—3920页。

船合领官银,皆由船政分司照价查算明白,呈报堂官后,批发车驾司查明出纳。除此之外,船甲编审、提修船只、查追银两及验装等一切琐务,皆船政分司之事。① 因此船政分司负责具体船只事务的执行,总理于车驾司,尤其是文书、钱粮皆经车驾司稽发,正如倪涷所云,"船政厅旧所司者,竹头、木屑之细而已,又皆受成于正郎"②。

南京兵部清吏司各科下均设有典吏,主管文移案牍。《南枢志·官制部》中详细列举了南京兵部吏、役员数:"车驾司,都吏一员。驿传科,令史一名,典吏二名。马政科,典吏三名。递发科,典吏二名。力士科,典吏一名……主事,船政皂隶六名,外班二名。工料皂隶六名。"③值得注意的是,主事名下缺多出了船政、工料皂隶各六名,显系分司名下跟用。车驾司下船政和工料科却并没有设典吏,似乎意味着二科已经裁撤。船政科原掌船只修造、快船编丁、收买楠木等政务,皆由船政分司全盘接管,船政科自然没有设置的必要了。万历四十三年祁承㸁续修的《明南京兵部车驾司职掌》中,就没有船政科和工料科的记载,这并不是因为《职掌》疏忽遗漏,而是因为二科已经独立成了分司,与车驾司平行,自然不隶属于车驾司职掌了,故而政务析出单行为《船政职掌》。④ 由此可见,船政、工料"分司"本质上是将车驾司政务繁杂的某一科,从"科"一级提升到了"司"一级。分司与清吏司平级,采用平行公文,分司亦有分科设置,具体政务由分司负责执行,统领于清吏司。

车驾司、军卫、船厂各司其职,在机构运转上,三者之间的管理层级总体上可以概述为:"本部主事既专督于上,两卫把总又分管于下。"⑤"专督于上"体现在,无论是船厂把总、委官,还是江、济等卫掌印官,每年终都由船政分司会同车驾司,甄别贤否,参酌事实进行举劾。分管在下的是船厂和甲夫,一方面,马船水夫和快船军余均隶属于军卫,夫甲、丁银编审,皆由

---

① 倪涷:《船政新书》卷3《申明职掌之法》,第225页。
② 倪涷:《船政新书》卷4《纪事》,第250页。
③ 范景文:《南枢志》卷36《官制部·秩禄考》,第615—616页。
④ 范景文:《南枢志》卷155《奏疏部·重订修船规则疏》记载:"备稽车驾司,有《船政职掌》,刻有历年造修规则。"(第3885页)今该书已遗佚。
⑤ 范景文:《南枢志》卷154《奏疏部·条陈船政事宜疏》,第3790页。

各卫所委官执行;另一方面,军卫的指挥使、千户,分别担任船厂的把总、委官,负责具体的船只修造事务。现将明代贡运管理机构设置总结如图1-11所示:

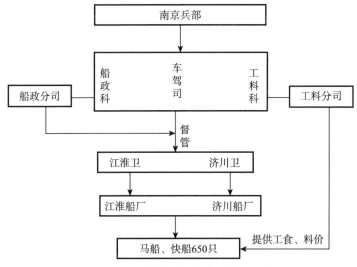

图1-11 明代南京兵部船政管理机构

概言之,南京兵部车驾清吏司下设船政、工料等科,随着车驾司政务不断繁冗,各科相继独立成为分司,嘉靖十二年建工料分司,万历十四年设船政分司。船政分司主事负责水夫编审、船只修造、差拨等具体事务的督理,而总理于车驾司郎中,尤其是是钱粮的收支,皆需经车驾司稽核。车驾司下辖江淮、济川二卫,设于洪武二十四年至二十八年,专管马船水夫,并无旗军。江、济等卫的指挥使、千百户兼船厂把总、委官。造、拨船厂万历时改为济川、江淮船厂,修造的马、快船只数量,从成化年间的约2000只,递减至650只稳定下来,最终形成了部司—军卫—船厂—船只的管理体系。

第二章

贡船修造规则

关于贡船本身的修造情况,已有研究较少涉及。黄、马、快船按照什么样的规则修造?尺寸各是多少?所需船料又从何而来?厘清这些问题,对于了解明代的造船技术和制度,具有重要意义。明代《船政》《船政新书》《南枢志》等政书,为解答以上问题提供了珍贵的档案材料,本章就此围绕贡运制度的"船只修造"问题展开研究。

一、贡船的船"料"与尺寸

中国造船史研究中一个重要的问题就是船舶的大小,史籍中除了用载重量如"某某石"来表示外,还有以"料"表示。如马船有六百料和三百料、黄船有四百料和二百料大小之分。其中"料"该如何理解?是否意味着六百料大马船就是三百料小马船容积的两倍呢?

关于船"料"的含义,海内外学者有着广泛讨论,目前已经达成了一些共识。根据现有史籍记载来看,学界一般认为"料"作为船舶的装载单位是从宋代以后才开始出现的,且含义存在着演变和多样性。"料"的本义指的是造船所需的物料,包括木材、钉、锔、油、麻等在内,其中又以木料最为重要。随着船只等制渐增,成造所需物料也递增,因此史籍中常用"料"的数量来表示船舶大小,如南京《静海寺碑》中就记载了郑和下西洋船队中有

"二千料船"和"一千五百料船"。① 明代自宣德四年之后,在临清、淮安、扬州、苏州等运河沿线立钞关,按照船料数征收大明宝钞,后改为折银征收,称为"船料银"。② 以上是船料广义上的含义,学界研究主要集中于表示船舶大小的"料",也即狭义上的船料,争论焦点主要分为两个方面:

1. "料"究竟是重量单位还是容积单位?和重量单位"石"③是什么关系?

日本学者薮内清最早注意到万历《大明会典》中关于四百料粮船的记载,与其他史料中粮船四百石的装载标准相一致,引用清水泰次的说法,认为"'料'应作'石'解"。同时薮内清敏锐地察觉到《天工开物》中记载同样的粮船,载重却有二千石,认为料"究应根据什么标准,还不清楚"。④ 包遵彭也赞成一料等于一石。⑤ 徐玉虎统计了嘉靖《南船纪》中记载的不同船只总容积和料数,认为每料平均容积,自23.3石至42.7石。⑥ 徐氏也注意到了《天工开物》中粮船载米近二千石的记载,认为粮船的尺度相当于一百五十料战船,从而进一步验证了料和石的比例关系,然而徐玉虎没有看到万历《大明会典》中明确记载了相同尺寸的粮船是"四百料浅船"⑦。斯波义信认为船舶的装载能力是用斛(石)或料来表示的。斛与料实际是同单位,也与作为重量单位的"石"同单位来使用。⑧ 宋代一斛十斗,故从数值上来说,一料等于一石等于一斛。韩振华首先发现了元代《河防通议》中"每料容六十斤"的记载,打破了以往学界一料就是一石的认知,并提出了新的

---

① 佚名:《南京静海寺郑和下西洋残碑》,胡廷武等编:《郑和史诗》,昆明:云南人民出版社,2005年,第106页。
② 嘉靖《浒墅关志》卷9《船料则例》记载:"宣德四年,令受雇装载船,自南京至淮安、淮安至徐州、徐州至济宁、济宁至临清、临清至通州,每百料纳钞一百贯。其北京直抵南京、南京直抵北京者,每百料纳钞五百贯……近例,船料每钞一贯,折银三厘。"(第1a—b页)
③ 根据"三十斤为钧,四钧为石",石的本义是重量单位,等于120斤。至于石和升、斗的换算则是在重量的基础上得到。
④ 薮内清等著,章熊等译:《天工开物研究论文集》,第194页。
⑤ 包遵彭:《郑和下西洋之宝船考》,第33页。
⑥ 徐玉虎:《明代郑和航海图之研究》,第58—59页。
⑦ 万历《大明会典》卷200《工部二十·河渠五·船只》,第2689—2690页。
⑧ 斯波义信:《宋代商业史研究》,第59—60、503页。

观点:民间计量是一料载重一石,而官方计料,一料半石。①

学者们逐渐注意到,由于装载货物的密度不同,同一船只的载重量可能相差很大,而船舶的容积则是相对固定的,因而对"料"的认识发生了转变。陈希育明确提出:"料"首先是一种容积单位,确切地说,是代表船只龙骨长、面阔和舱深之乘积的单位。陈氏发掘了明清递修《淮关统志》中"三乘四因算法,合成石数"的记载,认为算法是船只长、阔、深相乘,除以4,得到船只装载重量,并根据料数相除,得到一料的容积可以载2.5石。② 王冠倬认为"宋代一料的净容积恰好装载一石米"③,支持了斯波义信的说法。山形欣哉在计算了《南船纪》中船只体积后,为了和船料数吻合,假定1料=10斛。④ 但这一做法遭到了苏明阳的批评,认为"无文献根据"。苏氏受到韩文的启发,进一步发掘了《河防通议》的"每船一百料"的尺寸记载,计算出体积约为1000立方尺,据此将同书中"每尺为十料"的记载修改为"每料为十(立方)尺"。关于料和石的关系,苏明阳指出韩文中"官料为民料之一半"的说法不能令人信服,并不可能用一料之材,造出两料之船。苏氏通过代入不同货物的密度加以计算,认为一料水相当3.45石,一料谷相当于2.58石。⑤ 李弘祺也认为料是容积单位,一料在理论上能装载一石的容量。但李文在统计了《河防通议》中上水和下水载重的平均数后,认为实际上"每料载37斤"。⑥ 针对以上学者的分歧,黄纯艳认为船舶形制不同,平均每料的排水量也不同,因此每料装载的物品重量难以计算。⑦

何国卫从"料"的本义出发,认为"料"不同于载重量和船舶容积,而是船舶建造用料的多少,反映了船舶自重。何氏根据《宋会要》和元代《河防通议》的记载,认为元代黄河运石船每料装载为半石,宋代运粮漕船每料装

---

① 韩振华:《论中国船的船料及其计算法则》,第200—203页。
② 陈希育:《宋代大型商船及其"料"的计算法则》,第54—56页。
③ 王冠倬:《中国古船图谱》,第164页。
④ 山形欣哉:《『南船记』における「料」について》,第42页。
⑤ 苏明阳:《宋元明清时期船"料"的解释》,第11—18页。
⑥ 李弘祺:《南宋西湖上的游船有多大》,第447页。
⑦ 黄纯艳:《造船业视域下的宋代社会》,第35—36页。

载为一石。① 徐晓望与何国卫观点接近,认为"其实这里所说的料,是料的原始意思,是指材积。发展地看,又可指物料"。料和石的换算上,徐文也遵从文献的记载,认为元代的一料,容重六十斤;明初江南一带,通常以一石换算一料。②

2. 船料数如何计算?

船料作为衡量船舶大小的重要指标,学界认为必然和船舶的尺寸存在某种线性正比关系。如果搞清楚了这种比例关系,便可验证郑和下西洋中千料大船的长、阔记载是否合理。韩振华首先注意到了《河防通议》中"每尺十料"的记载,并将这种原则推广开来,提出船料的计算公式:

料数 = 底长(丈) × 底宽(丈) × 10(一丈十尺) × 10(一尺十料)③

陈希育将船的深度考虑在内,将船的长度取值为龙骨长,得到如下公式:

料数 = 龙骨长(丈) × 面宽(丈) × 舱深(丈) × 10(一丈十尺) × 10(一尺十料)④

苏明阳指出了以上计算中的几何学错误,即改换了单位。韩文中将长宽相乘后的平方尺和尺混淆,同样陈文中计算的船只体积,单位是立方丈,换算成立方尺需要乘以1000,而不是乘10。苏明阳根据"每料为十(立方)尺"的结论,提出新的计算方法:

船料 = 船底长(尺) × 船面宽(尺) × 舱深(尺)/10 ⑤

何国卫敏锐地观察到,经过丈、尺单位换算,陈希育和苏明阳二位的公式实际是相同的。何氏进一步指出,"一尺十料"仅是针对《河防通议》中特定的三百料船而言,不是适用于各种船的普遍规律,故不能推而广之。何国卫统计了《南船纪》《龙江船厂志》中一百料至四百料战船的尺寸,提出了

---

① 何国卫:《析中国古船的料》,第50、60页。
② 徐晓望:《破译"料"与郑和宝船的尺度》,第13—15页。
③ 韩振华:《论中国船的船料及其计算法则》,第200页。其中公式或系笔者在前人研究基础上总结,下同。
④ 陈希育:《宋代大型商船及其"料"的计算法则》,第54页。
⑤ 陈希育:《宋代大型商船及其"料"的计算法则》,第13—14页。

新的拟合公式：

$$立方模数法:料 = 60 × 船长 × 船宽 × 船深$$
$$平方模数法:料 = 20 × 船长 × (船宽 + 船深)$$
$$单位:丈①$$

何国卫清楚地意识到,这只是一种统计范围内的推测,尚不知道古人究竟是如何计量料的,欲得到万能通用的计算公式似乎不可能。

在立体几何上计算船料受阻的情况下,学者开始采用船体的剖面面积来计算船料。何志标受到古建筑的"定侧样"的启示,猜测古船的建造可能采用"中纵剖面图"的方法,进一步认为古船号称的"料"数是其船体中纵剖面大小的量度。何文将船体纵剖面视作梯形和长方形的复合图形加以计算。② 徐晓望注意到到市舶司征税时只丈量船只的"修广",受到启发,忽略船深,只考虑船体横切面大小,将船长扣除虚头和虚梢各一丈,得出船料计算公式：

$$料数 = (船长 - 20) × 船宽$$
$$单位:尺③$$

何、徐二位学者的想法新颖,数据拟合程度也比较高。但计算出的料并非容积,无法与重量单位相转换,难以很好地解释史籍中常见一石一料的记载。有鉴于此,黄纯艳认为"不可能得出一个计算所有船舶容积的通用公式"。④

通过以上的学术史回顾可以看到,学界对于宋代船料的含义基本没有异议,即1料等于1斛等于1石,然而元、明史籍的矛盾记载难以调和。从史料的利用来看,学界逐渐认识到《河防通议》成于众手,内容前后矛盾不一,关于船料的记载难以推广到其他船舶上。学者们进一步发掘了明代政书中的记载,如《南船纪》《龙江船厂志》等船政志和《淮关统志》等钞关志,尤其是《南船纪》中众多船只尺寸的精确记载,弥足珍贵。那么这些政书的

---

① 何国卫:《析中国古船的料》,第57页。
② 何志标:《从明代古籍所载战船尺度推测中国古船"料"的含义》,第39—40页。
③ 徐晓望:《破译"料"与郑和宝船的尺度》,第15—16页。
④ 黄纯艳:《造船业视域下的宋代社会》,第34页。

记载可信度如何呢?是否能够得出船料计算公式呢?本章将在学界这些已有研究的基础上,进一步发掘明代算书、官署志等稀见史料,对明代的船"料"研究作一拾遗补缺。

明代的官修船只最早可追溯至朱元璋、陈友谅鄱阳湖大战时期,洪武初设立龙江船厂之后,船舶的名称和形制就固定了下来,故《南船纪》中记载的各色船只名称皆始于明初。延及后世,虽然名称不变,但明代的船只修造却存在着船制逐渐增大的趋势。如《漕船志》记载:"迩来各船身长厫阔,多添梁头,运军利于私载,运官敢于公占,诚当严禁以杜其渐也。"①邵经济《济漕补略》中也申明"立法式"云:"该厂官匠,务要遵守原定式样,毋得多加梁头以便乘座、过长尺寸以利私载。"②其中"该厂"指的是清江漕船厂,在官给物料数额固定的情况下,增大船只尺寸,只会导致板薄钉稀,易于损坏。虽然漕运主事三令五申,依然难以禁绝。增大船制尺寸的情况也见于龙江船厂,《龙江船厂志·孚革志》云:"夫船之制虽不同,大小广狭皆有成式。但造完时不曾覆量,故有船名同、料同而长短不同者。此因袭之弊也。"③就算同一料数的船只,长短尺寸也不尽相同,而船只增大的尺寸一旦被官方记录下来,就成为定制,"遂使利于私载者渐为加广,厥制一定,莫敢损益"④。由此可见,船政志中所登记的船只尺寸,只能反映当时的船制大小,与明初的船制已经相去甚远,所以导致名实不符,"愈失其真"⑤。最为典型的则是黄船,《南船纪》中记载四百料大黄船"共长八丈五尺三寸,阔一丈五尺六寸"⑥,而二百料小黄船"共长八丈三尺,阔一丈六尺四寸"⑦,在长度接近的情况下,二百料船反而比四百料船要宽阔。同样的情况还见于南京兵部船厂,崇祯《南枢志·马快平船图》中标注了船只尺寸,其中六百料大马船"断水梁自出脚至底深六尺五寸"⑧,而三百料小马船"断水梁自

---

① 席书:《漕船志》卷2《船纪》,第63页。按"厫",即船仓两侧的甲板。
② 邵经济:《济漕补略》卷1《禁约略》,第130页。
③ 李昭祥:《龙江船厂志》卷6《孚革志·造船之弊》,第98页。
④ 李昭祥:《龙江船厂志》卷2《舟楫志·图式·小黄船》,第32页。
⑤ 李昭祥:《龙江船厂志》卷6《孚革志·造船之弊》,第98页。
⑥ 沈棨:《南船纪》卷1《黄船图数之一》,第14页。
⑦ 沈棨:《南船纪》卷1《黄船图数之一》,第19页。
⑧ 范景文:《南枢志》卷63《职掌部·车驾司·船政科·各船图式》,第1718页。

出脚至底深八尺"①,三百料船反而比六百料船要深。可见政书中记载的船舶尺寸混乱,和料数并无正比关系。以往学者在计算船料时,都刻意忽视了黄船,而选择尺寸数据较为规整的战船,但这并不能保证战船就不存在失真的情况。因此,《南船纪》和《龙江船厂志》中关于船制的记载,只能视为嘉靖时期的情况,并不能反映明初船制大小,也与船只"某某料船"这一沿自明初的名称不符,故不能用嘉靖船政志的数据去计算或者拟合船料数。

众多学者提出了船料计算模型,其核心在于对船舶的载重和容积加以计量,都是建立在现代数理概念基础上,那么古人是如何计算船只的载重和容积的呢?这一问题可以从明代众多算学史籍中寻找答案。明人王文素在嘉靖初成书的《算学宝鉴》中记载了这样一道类似的题目,兹赘引如下:

> 算船受载:有船一只,头高五尺,上广六尺,中广八尺,下广五尺;腰高七尺,上广九尺,中广一丈一尺,下广七尺;尾高五尺,上广七尺,中广九尺,下广六尺。长三丈六尺,且云斛法三尺,问其船受粟几何?
> 答曰:六百七石五斗。术与算堤同,但差斛法而已。
> 细草曰:倍头高得一十尺,加入腰高七尺,共一十七尺,另倍头中广得十六尺,加入上下广,共二十七尺,相乘得四百五十九尺。
> 另四因腰高,得二十八尺,如入头尾高,共三十八尺,另倍腰中广,得二十二尺,加入上下广,共三十八尺,相乘得一千四百四十四尺。
> 另倍尾高得一十尺,加入腰高共一十七尺,另倍尾中广,得十八尺,加上下二广,共三十一尺,相乘得五百二十七尺,
> 并三数共二千四百三十尺,乘长三十六尺,得八万七千四百八十尺,如四十八而一,得积一千八百二十二尺半为实。以斛法三尺除之,得受粟六百七石五斗。合问。②

此题目的核心在于计算满载的情况下,一船共能容纳多少石粮米。所谓"术与算堤同",指的是将船体视为堤岸一样的棱台模型,所采用的计算方

---

① 范景文:《南枢志》卷63《职掌部·车驾司·船政科·各船图式》,第1721页。
② 王文素著,刘五然等校注:《算学宝鉴校注》卷20《盘量仓窖》,第241页。

法也是来自计算"众广不同堤"的口诀,云:"堤形高广数纷纭,求积从来有本根。两头高倍单邻并,中高四因加两邻。中广倍之加上下,各与本高相乘因。各乘总并乘长数,每段该除十二真。"①大概来说是将棱台切面视作梯形进行累积。所谓"中高四因"指的就是将中(腰)高乘以4,最后得到的三项"乘总",乘以长度,除以12。由于将船体视作4个棱台的组合,故4段该除以48,得到船只的容积,单位是立方尺。

当然,事实上由于史籍中记载的船舶数据缺乏,我们不可能像题目中一样去计算船舶体积。除了可以了解古人的计算模型外,题目中"以斛法三尺除之"一句也值得注意,即将容积单位"尺(立方尺)"转换为重量单位"石",依据的是"斛法"。明末精通医术、律吕的张介宾在《类经附翼》卷2《我朝斛法》中记载:"成化十五年奏准铸成斛法……算法,根据宝源局尺量……得一千四百七十寸,是为铁斛五斗实积,倍之得二千九百四十寸,是两铁斛即十斗实积。然则今之斛法,非二千五百也。民间俗传算术,多以二千五百为斛法者。"②其中"一千四百七十寸"指的是铁斛容积,张介宾的计算非常精准,今人丘光明在按照四棱台体积公式计算后也得出一斛容积1470立方寸。③ 斛主要用于缴纳赋税时称量粮米,明制一平斛盛米五斗,那么一石就是两斛,也就是说一石粮米的体积为2940立方寸,约等于3立方尺,这就是所谓的"斛法"。古人缺乏严谨的体积、质量概念界定,容积单位"斛"和重量单位"石"可以换算,依据的就是斛法,而这是建立在粮米的密度基础上。张介宾指出,由于计算不精,明代多存在将2.5立方尺换算成1石的情况,如万历时程大位《算法统宗》中,就是用船舱体积140.4立方尺,除以2.5,得到积米56.16石④。因此明代斛法存在3立方尺/石和2.5立方尺/石两种情况,以3立方尺/石较为精确。

《算学宝鉴》题目中使用"中高四因""并三(乘)数"和"斛法"来计算船只装载粮米重量的方法,就是《淮关统志》中所说的的"用三乘、四因算

---

① 王文素著,刘五然等校注:《算学宝鉴校注》卷19《高广不同堤》,第232页。
② 张介宾:《类经附翼》卷2《律原》,第427页。
③ 丘光明:《中国历代度量衡考》,第263页。
④ 程大位:《新编直指算法统宗》卷4《盘量仓窖》,第551—552页。

法,合成石数"①。所以陈希育将"四因"理解为"除以4"是错误的。如果将1料等同于1石,那么《算学宝鉴》题目中三丈六尺长的船只就要高达六百料,这与《南船纪》中记载的八丈之长的四百料船只相比,大小、料数完全不成比例。问题就在于《算学宝鉴》题目中计算的是船舱全部填满粮米的情况,然而事实一般上船舱除了堆积粮米之外,还要留出着船水夫起居等空间,盛装粮米的净容积必然要小于船舶总容积。嘉靖《漕船志》中记载"四百料浅船"的船式云:

> 底长五丈二尺;头长九尺五寸;稍长九尺五寸;底阔九尺五寸;底头阔六尺;底稍阔五尺;头伏狮阔八尺;稍伏狮阔七尺。梁头十四座;底栈每一尺四钉;龙口梁阔一丈、深四尺;两厢共阔七尺六寸;使风梁阔一丈四尺、深三尺八寸;后断水梁阔九尺、深四尺五寸。②

万历《大明会典》和崇祯《天工开物》中关于漕船尺寸的记载完全沿袭了《漕船志》中数据。③ 根据《天工开物》的记载,李约瑟将明代漕船和19世纪的船只加以比较,认为"1874年间670只漕船向京城运粮136万担,这样每条船约装载143吨。当时这些船的平均尺寸依然大致与17世纪初相同"④。事实上,清季自道光六年(1826)之后,恢复海运。咸丰五年(1855)铜瓦厢决口,运河为黄河截断淤阻,清廷便主要依赖海运粮米,供应北京。同治十三年(1874)"运京、通仓正余米一百三十六万石有奇"⑤。根据倪玉平统计,该年江浙漕粮海运数额便高达约109.6万石,⑥可见670只漕船中大部分是海船。而海运所使用的船只,除了沙船之外,还有火轮船,因此平均下来每船载重量可在二千石以上。但是这些海船和明代内河漕船形制、尺寸完全不同,无法加以比较。就算是清代内河漕船,也在早在康熙二十

---

① 马麟修等:《续纂淮关统志》卷7《则例》,第232页。较原文标点有所改动。
② 席书:《漕船志》卷3《船纪》,第60—61页。
③ 万历《大明会典》卷200《工部二十·河渠五·船只》,第2690页。宋应星:《天工开物》卷2《舟车》,第2册,第3—4页。
④ 李约瑟主编:《中国科学技术史》第四卷第三分册《土木工程与航海技术》,第456页。
⑤ 缪荃孙:光绪《顺天府志》,第2041页。
⑥ 倪玉平:《清代漕粮海运与社会变迁》,第504页。

二年新改定船式,①因此不能用清代数据来说明明代漕船的情况。

根据一料载重一石来看,明代漕船装载粮米约 400 石。《漕船志》云:"(嘉靖二年)总兵官杨公宏奏:切照漕运粮储四百万石,原额船一万二千一百四只,每只该运正粮三百三十石,耗粮一百三十二石,名为四百料浅船。"②考虑到正、耗米的复杂因素,四百料漕船粮米载重 462 石。根据已知的漕船尺寸,经过 Rhino 软件建模,如图 2-1 所示:

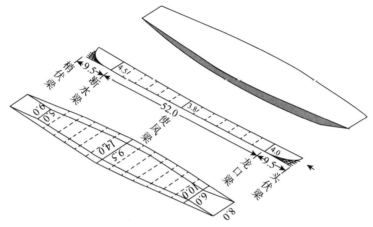

图 2-1　明代漕船模型图

计算得到船只容积大约为 2485 立方尺。而装载粮米的净容积 = 462 石×3 立方尺/石 = 1386 立方尺,可见船只总容积和载货的净容积相差极大。王冠倬认为船只"全容积与净容积之差,有规律可循"③,但这样无法解释《龙江船厂志》中所说的"有船名同、料同而长短不同者",同样净容积(料数)的船只大小也可能并不相同。崇祯时期陈仁锡《漕运积弊议》云:"漕船载粮极多者不过七百石,加以祖制土宜六十担,及旗甲、舵工、外水十余人,合之千石止矣。今内河粮食民船装千石者,其大仅半于漕船。"④同样是内河船只,载米千石的民船反而只有载米七百石漕船的一半大。可见船只的载

---

① 杨锡绂编:《漕运则例纂》卷 2《漕船额式》,第 321 页。
② 席书:《漕船志》卷 6《法例》,第 107 页。
③ 王冠倬:《中国古船图谱》,第 164 页。
④ 陈仁锡:《陈太史无梦园初集·车集三》,《续修四库全书》第 1382 册,第 444—445 页。

货净容积与船只大小并无严格正比关系,不同船舶容积与载货净容积之差,似乎并无规律可循,无法利用船只尺寸计算出船料数。这也就是为什么不可能得到万能通用的船料计算公式。基于这一点,明清钞关在征收船钞或船料银时,放弃计算船只容积,而是选择丈量船只梁头尺寸,据此来决定课税多寡,①似乎并不存在"丈量吨位"②之说。

"料"本身具有造船物料的含义,王冠倬在一料容量一石的基础上,进一步推论"把每打造净容量为一石的船体所需的物资、人力就称之为一料"③。但是根据《漕河图志》的记载:"且如造千料海船一只,须用百人驾驶,止运得米一千石。若将用过人工、物料估计,价钞可办二百料河船二十只,每只用军二十名,运粮四千石。"④按照王氏的定义,打造 20 只净容量二百石的河船所需的物料、人工是 4000 料,净容量一千石的海船需要 1000 料,然而二项价钞却是相等的。之所以会出现这种矛盾,除了海、河船型不同外,还由于随着船只增大,尺寸、板厚都在增加,成造所需的物料、人工呈指数级增长,而非线性增长。船只越大,"一料"所包含的物资、人力就越多,会导致不同船只的"一料"物资、人力不同,难以换算。可见引文中记载的"某某料船"仍应当理解为一料载货一石。史籍中常见一船"容"若干料,结合已有研究,可见"料"应该是一个容积单位。一料等于一斛,宋代自毋需多言,明代亦然,如明代阁臣李东阳在描述南京进京三百料小马船时,诗云:"南京马船大如屋,一舸能容三百斛。"⑤明制一斛五斗,折合半石,但是在明代史籍中多能看到一料载货量一石的记载,除了前引《漕河图志》外,刘辰《国初事迹》记载:"太祖既得燕都,专设大河等卫,打造二百料匾浅船,每一船载米二百石。"⑥《南京都察院志》记载:"宫殿做造琉璃砖瓦合用白

---

① 嘉靖《浒墅关志》卷 1《船料则例》,第 2a—3b 页;康熙《浒墅关志》卷 7《则例》,第 21a—22b 页。
② 何国卫:《析中国古船的料》,第 51 页。
③ 王冠倬:《中国古船图谱》,第 164 页。
④ 王琼:《漕河图志》卷 4《奏议·始议从会通河攒运北京粮储》,第 177 页。
⑤ 李东阳:《李东阳集·杂记·南行稿》不分卷《马船行》,第 1346 页。
⑥ 刘辰:《国初事迹》,第 81 页。

土,前去太平府白云山装运,每五百石用大马船一只。"①六百料下江大马船载货量应当是 600 石,而非 300 石,所以每船才装运 500 石白土。那么如何解释明代一料一石和一料五斗的矛盾呢?往前追溯,这一矛盾的出现主要与宋代将一斛从十斗改为五斗有关。郭正忠根据《中兴会要》的记载认为"五斗斛创始于北宋末和南宋初"②,郭氏进一步指出五斗斛的推广经历了漫长的时间,"元明之际,则是五斗斛制确立的时期"③。因此在元、明之时仍然存在一斛五斗和一斛十斗并存的情况。元代《河防通议》中记载"每料容六十斤",即半石。《大元海运记》记载:"如造船一千料,所用工料价不过一百,定装粮一千石。"④每料又装粮一石。明代税粮虽然采用一石两斛的标准交纳,但是明初船制仍然沿袭了一斛一石的度量。由此可见,由于南宋以来五斗斛的出现,导致了元、明史籍中一料一石和一料半石的矛盾记载。

一料就是一斛,作为容积单位而言,约 3 立方尺或 1.5 立方尺。按照斛法转换为一石或者半石,是根据装载粮米而言,那如果装载的货物是其他物品,"料"又该如何理解呢?《皇明名臣经济录》卷 9 记载:"民间马草,每年运赴两京上纳。若北京每包草一千束,该用五百料船一只。"⑤此处的"五百料"显然是根据千束草计量得出。明代一束干草不足十斤,一船千束不过一万斤,根本达不到五百石的重量。因此这里的"五百料船"仍然指的是装载货物体积。《算学宝鉴》记载:"(草)每束积一尺半,重七斤半。"⑥指的是每束草体积为 1.5 立方尺,1000 束草共计 1500 立方尺,根据 1 斛 3 立方尺,折合 500 斛,也就是 500 料。可见无论装载什么货物,"料"指的都是载货容积。

由此可见,六百料大马船的载货容积是小马船的两倍,但是船"料"与船只尺寸并无严格比例关系。下面将明代史籍中记载贡船尺寸数据,整理如表 2-1 所示:

---

① 施沛:《南京都察院志》卷 25《职掌十八·巡视装船职掌·起运拨船额数》,第 711 页。
② 郭正忠:《三至十四世纪中国的权衡度量》,第 323 页。
③ 郭正忠:《三至十四世纪中国的权衡度量》,第 330 页。
④ 赵世延等纂:《大元海运记》卷上,第 470 页。
⑤ 黄训辑,陈九德删补:《皇明名臣经济录》卷 9《周忱言行录》,第 623 页。
⑥ 王文素著,刘五然等校注:《算学宝鉴校注》卷 20《盘算草垛》,第 242 页。

表 2-1 明代贡船修造尺寸

船只	快船	平船	六百料大马船	三百料小马船	四百料大黄船	二百料小黄船
船长	底长四丈二尺六寸,头长一丈三尺四寸,稍长一丈三尺三寸,全长六丈九尺三寸	底长四丈八尺六寸,头长一丈三尺四寸,稍长一丈三尺三寸,全长七丈五尺三寸	底心长五丈七尺二寸,头虚长一丈四尺,稍虚长一丈三尺五寸,通长八丈四尺七寸	底长四丈八尺九寸,头虚长一丈二尺五寸,通长七丈四尺九寸	通长八丈五尺三寸,虚头长一丈二尺五寸,虚稍长一丈三尺	通长八丈三尺,虚头长一丈二尺,虚稍长一丈四尺
船阔	脚梁长一丈二尺六寸	脚梁长一丈二尺五寸	面梁长一丈六尺八寸	面梁长一丈四尺	一丈五尺六寸	一丈六尺四寸
船深	深五尺	深七尺	断水梁自出脚至底深六尺五寸	断水梁自出脚至底深八尺	㹁①木至帮底深七尺一寸	㹁木至帮底深七尺七寸
板厚	一寸八分至二寸	二寸二分至三寸	一寸七分至二寸四分	一寸六分至二寸二分	二寸至二寸五分	二寸至二寸五分
舵	长一丈一尺,深七尺	阔一丈一尺五寸,长五尺五寸	长一丈,深六尺	长八尺,深六尺	舵夹板长一丈一尺阔七寸	不详
桅	二,头桅和中桅	二,头桅和中桅	二,中桅通长七丈	二,中桅长六丈四尺	二,大桅长五丈五尺	二,大桅长四丈五尺,小桅长二丈五尺

① 音"蜡",意为"船边"。

(续表)

船只	快船	平船	六百料大马船	三百料小马船	四百料大黄船	二百料小黄船
帆篷	二,大篷一扇,三十叶,头篷十八叶	二,大篷和头篷	二,中桅风篷一合,二十四叶,头篷一合	一,风篷一合,二十二叶	二扇	二扇

资料来源:范景文《南枢志》卷63《职掌部·车驾司·船政科·各船图式》,第1717—1725页;南京兵部车驾司编《船政》卷首《图式》,第316—319页;沈启:《南船纪》卷1《黄船图数之一》《快船图数之四》,第13—22、85页。

说明:1.明代营造尺长约32厘米。2.由于各图所绘皆是船只纵剖面图,因此缺少船只宽阔的记载,只能以船梁的长度来表示。3.船只头尾上翘不吃水,故称"头虚""稍虚",或"虚头""虚稍"。

其中六百料大马船与三百料小马船相比,无论是在船只长度,还是体积(长、深、阔乘积)上,并非简单的二倍关系,甚至小马船的船深还要大于大马船。究其原因,除了船只修造中匠役私增船制外,①"料"指的是船只的载货净容积,一料等于一斛,即3立方尺,折合载米一石,因此船"料"和船只大小并无严格正比关系。当然由于装载的并非粮米,同样净容积下,马、快船的载货重量要远小于料数,如《明仁宗实录》记载"快船、马船二三百料者,所装运物货,不过五六十石"②。根据《实录》所言,快船的"料"数应当与小马船接近,载货容积在200—300料之间。

二、贡船修造等则

船只营造工程分为"修"和"造"两个方面,"造"包括成造和拆造,成造

---

① 祁承爜《澹生堂集》卷21《吏牍·核贡五》记载:"近日各甲亦以自修之便,希图多载私货,广一分则有一分之容,擅将船身改大,以故所给之木,不足一船之用,而板片等项不得不薄,而油艌等项不得不疏,以致船只不坚。"(第5册,第528页)可见在官给物料一定的情况下,私增船制必会导致板薄钉稀,船不坚固。

② 《明仁宗实录》卷2下,永乐二十二年九月壬辰,第71页。

是从头制造,而拆造指的是将旧有损坏船只拆卸,重新制造,因为有拆下旧船的木料抵换,因此需要的物料比成造要少。"修"又可分为小修、中修、大修等若干等级,花费的价银依次增加。维修的内容包括油麻舱船、更换损坏旧板、补充随船什物(如桌、椅、桶、缸等)等。"油舱"指的是将桐油、石灰、黄麻或者苘麻混合均匀,涂塞船缝,以防漏水和腐蚀,一般油、麻、灰比例为1∶1∶2。中修以上,需要拆换船底朽坏不堪的木板,"船必上岸"①,即利用盘车绞拉上岸,称为"车绞"。具体修理等则的确定,需要由船厂把总、委官千户和匠役人等逐船亲验,《船政新书》云:"该厂把总带该船委官、小甲、木匠、识字各壹人,将本船周围损坏去处,逐一量记丈尺,填注勘册,估定等则,总具揭帖送部,以凭亲临覆勘。"②其中"勘册"也称为"勘船单",《船政》中附载了嘉靖年间勘船单册式,以表格的形式登记了船只各个部件,把总、千户等人需要在勘册每一项下,"批注损坏长短、阔狭、丈尺多寡,在船坏处,仍油灰抹书号"③。勘船单的用处有三点:一是以此酌量工程大小,估定修船等则;二是船政分司官根据勘单亲临覆勘;三是各船匠役对照勘船单计算所需物料多寡,支领料价银。船厂官员"查明各船等第,扣算应领木植并油麻、钉锔等项,总开一单,召集各甲,拈阄给发"④。记载修造所需物料数量、价银的单称为"木料长单",简称"木单",尤其详细记载了木料的尺寸、根数。为了避免小甲拣择新材,厌弃旧木,分派木单之时,船政分司随机分配,"唤齐各甲,照依修造等则,令其拈阄,方行填注姓名,赴厂领木"⑤。各船小甲根据木单上的额数领取物料,伙同匠役修造船只。为了防止匠役偷工减料,导致船只板薄钉稀,不耐使用,制度上对用料多少作出了规定,马、快船板木一般厚度在2寸左右,一尺三钉。⑥ 船只经若干次修理后,拆卸重造,完成一个修造周期。

---

① 范景文:《南枢志》卷155《奏疏部·重订修船规则疏》,第3893页。
② 倪涷:《船政新书》卷3《造修船只之法》,第192页。
③ 南京兵部车驾司编:《船政》不分卷《勘船单》,第383页。
④ 倪涷:《船政新书》卷1《题稿部咨·厘正五议疏》,第115页。
⑤ 祁承㸁:《澹生堂集》卷21《吏牍·核贡三》,第5册,第505页。
⑥ 李昭祥:《龙江船厂志》卷6《孚革志·造船之弊》,第98页。这是记载龙江船厂成造快船的情况,马船应当与之类似。

万历十四年之前,马船由水夫原籍各州县修造,具体情况尚不清楚,而快船则由锦衣卫等四十卫官修,因此政书中记载了快船的修造情况。南京兵部车驾司编纂的《船政》云:

> 嘉靖九年,本部右侍郎万镗题奉钦依,快船每二十年一造,十年一大修,五年一中修,每年造船四十只。①

此外快船又有"每年小修"②,加上造船又分为"成造"和"拆造"二等,因此快船修造共分五等。③ 共计20年完成一个修造周期,也意味着快船使用寿命为20年。根据嘉靖初快船额数约800只,因此每年额造船只:800/20＝40只。当然,实际上每年造船的数量视船只损坏多寡而异,"惟取足原额,不必拘定四十只之例"④。随着快船数量的减少,每年造船数也在减少,嘉靖二十一年,快船额数减为750只,岁造快船也改为35只。⑤ 修造工期上,"造者仍限以二个月工完,大、中修者限以一个半月工完,小修者不得过二十日"⑥。

万历十四年船政改革之后,马、快、平船船制趋同,修造规则也完全一致。倪涷《船制新书》记载:

> 今将进京马、快、平船,每年造修壹半,每半分为两案,定于正、七月中旬,将轮该船只,提出估验等则,依期完工,不许迟至叁个月。⑦

马、快船每年修造一半,即意味着每只船每两年一修,恰与两年一次的差使频次匹配。每年春、秋二案,计两年四案。其中"案"指的是马、快船的修造登记案卷,逐船记载了字号,如江淮卫小马船从"泰"字第1号至第150号。马、快船只在春、秋每季,按照一案字号,依次修理并差使贡运。除了大马

---

① 南京兵部车驾司编:《船政》不分卷《题例》,第331页。根据万镗任职南京兵部的时间来看,嘉靖九年的记载或许有误,应为嘉靖八年。
② 南京兵部车驾司编:《船政》不分卷《题例》,第337页。
③ 南京兵部车驾司编:《船政》不分卷《修造事宜》记载:"南京锦衣等四十卫造修船只,有成造、拆造、大修、中修、小修五项。"(第379页)
④ 万历《大明会典》卷158《兵部四十一·南京兵部·车驾清吏司》,第2216页。
⑤ 万历《大明会典》卷158《兵部四十一·南京兵部·车驾清吏司》,第2217页。
⑥ 南京兵部车驾司编:《船政》不分卷《告示》,第416页。
⑦ 倪涷:《船政新书》卷3《造修船只之法》,第192页。

船外,小马、快、平船共计 600 只,每案修造 600/4 = 150 只。具体修造等则上,与嘉靖时类似,分为成造、拆造、大修、中修、小修五项,其中大、中、小修又根据船只勘验情况分为上、中、下三等,称为"三等九则"。上等表示船只整体情况优于下等,所需料价也要更少,如小马船大修下等该工料银 78 两,中等 72 两,上等 66 两,①快、平船亦然。修造周期上,倪涷主张以船只两年一差,两差一修,大致上保持了嘉靖以来二十年一造,十年一大修的频次。②

倪涷"三等九则"的修造方法过于细碎,导致勘船之时官役容易上下其手,耗费钱粮。因此到了万历二十七年,船政主事武之望更定修造等则,称为"一造十四修",具体方式为:

> 自成造、拆造之后,一次油舱、二次略修、三次小修、四次中修、五次大修,造后五等挨次,十二年一周。及大修之后,比造不同,免其油舱,自略修等而上之,至二十年,再大修之后,又自略修等而上之,至二十八年,三经大修矣,再一小修,即准拆造。③

修船的周期改为两年一修,每年春、秋二案,两年四案。"一造十四修"的轮修方式可总结如表 2-2 所示:

表 2-2　明代马、快船轮修周期

成/拆造	油舱	略修	小修	中修	大修
第 1—2 年	第 3—4 年	第 5—6 年	第 7—8 年	第 9—10 年	第 11—12 年
		第 13—14 年	第 15—16 年	第 17—18 年	第 19—20 年
		第 21—22 年	第 23—24 年	第 25—26 年	第 27—28 年
			第 29—30 年		

资料来源:范景文《南枢志》卷 155《奏疏部·重订修船规则疏》,第 3885—3886 页。

也就是说,在一个修造周期中,每船在成造之后,需要经历 1 次油舱,3 次略修,4 次小修,3 次中修,3 次大修,因此共计 1 次成造、14 次修理,两年一间

---

① 倪涷:《船政新书》卷 3《造修船只之法》,第 197—198 页。
② 倪涷:《船政新书》卷 3《造修船只之法》,第 193 页。
③ 范景文:《南枢志》卷 155《奏疏部·重订修船规则疏》,第 3885—3886 页。按《南枢志》或将"拆造"刊刻为"折造",现统一写作"拆造",下同。

隔,因此一个完整修造周期,即马、快船使用寿命延长为30年。修造程限上,"凡成造、拆造定限三月完工,大、中修定限两月完工,小修以下,定限一月完工"①。

  按照武之望的五等轮修之法,马、快船每年一半在船坞维修,一半出差贡运,有条不紊。然而遇到短时间内大量用船的情况下,修造的次序就要被打乱了。万历四十一年福王之国,随行家眷、伴当、行李浩繁,"拨船四百二十只,又截留见差在京船只"②,一时间内,六百余只马、快船尽数拨出。原本贡差至京的马、快船不及修理,就便留用;南京先年修理在坞的船只,随即再次修理差拨,前者需要补修,而后者需要减修。针对这一情况,天启元年八月,船政主事乔拱璧统计万历四十一年(1613)至天启二年(1622)共计十年间各船的修造情况,将各船"截长补短,不失十年五修之数"③,即根据十年间各船修造次数的多寡来增减料价银,达到各船均衡,使各马、快船回归到一修一差的稳定次序。具体"截长补短"的方法,简单概括为:

    凡前此越修一等者,今扣还原等;前此预修一年者,今减其工价;
    前此失修一次者,今加其一等;前此欠修一年者,今量加料价。④

根据乔拱璧的分类,马、快船修造紊乱可分为四种情况,分别是:越修、预修、失修、欠修。前两种指的是十年内多修,后两种指的是缺修。即按照两年一修的原则,十年内每船应当轮修五次,若"十年之内,止经领修二次、三次者为失修""凡修后三年方修者,谓之欠年"⑤,可以理解为十年之间,马、快船少修了二次以上是失修,即四年以上未曾修理;船只少修了一次是欠修,因为三年共计六案,"修后三年方修"指的是第一案和第七案修理之间共间隔了五案,故南枢志云:"假如实修越过五案,方为实欠一年。"⑥预修分为"豫修两案及前案重修"两种情况,也就是说船只在两年内维修了两次,因此导致两案之间只间隔一年或半年。越修指的是越案重修,即挨越案

---

 ① 范景文:《南枢志》卷63《职掌部·车驾司·船政科·造修等则》,第1712页。
 ② 范景文:《南枢志》卷63《职掌部·车驾司·船政科·造修等则》,第1711页。
 ③ 范景文:《南枢志》卷63《职掌部·车驾司·船政科·造修等则》,第1706页。
 ④ 范景文:《南枢志》卷155《奏疏部·重订修船规则疏》,第3887页。
 ⑤ 范景文:《南枢志》卷63《职掌部·车驾司·船政科·造修等则》,第1706—1707页。
 ⑥ 范景文:《南枢志》卷63《职掌部·车驾司·船政科·造修等则》,第1708页。

卷、提前额外修理,包括越修三四年者、越修两年者。可见预修和越修异同在于,预修是提前一年修理,而越修是提前两年以上修理,都导致了十年内马、快船修理次数多于五次。以上四种情况可用表2-3展示:

表2-3 明代马、快船截长补短修造方式

时间	案数	船A 失修加等	船B 欠修加料	船C 预修扣银	船D 越修减等
万历四十一年	1案				
	2案		△大修		
万历四十二年	3案				
	4案	△大修		△中修	△中修
万历四十三年	5案				
	6案		△略修		
万历四十四年	7案				
	8案	△略修		△大修	△大修
万历四十五年	9案				
	10案		△小修		
万历四十六年	11案				
	12案	△小修		△略修	△略修
万历四十七年	13案				
	14案		△中修		○小修(多修)
万历四十八年	15案				
	16案	(缺修)		△小修	△中修
天启元年	17案				
	18案		(缺修)	○中修(多修)	
天启二年	19案				
天启二年八月	20案	△本应中修,改为大修	△大修,加木料银10—15两	△大修,减木料银10—15两	△本应大修,改为中修

说明:马、快船两年一修,一年两案,按照略修、小修、中修、大修等则依次轮修。△表示依序修船,○表示额外多修。

明代贡运制度研究

天启二年八月，时值秋案，紊序各船无论此时是否轮该修理，都要加入秋案，修船料价截长补短。首先看船 A，万历四十八年本该中修，结果缺漏，因此到了天启二年秋已经 4 年未修，十年内只修理了 3 次，属于失修，故量与加一等，"船失修四年以上，序应油艌、略修者，改与小修，小修者改中修，应中修者改大修"①。其次船 B，天启二年秋本非轮修之年，但由于天启元年失修，距离万历四十七年第 14 案，已经越过 5 案，属于欠修，理应量加料价，"大修者加料十两至十五两，中修者加料六两至十两，小修者加料二三两"②。对于船 C，由于在天启元年第 18 案额外多修一次，较第 20 案轮修之时，提前了两案，属于预修。倘若第 20 案不修，只能等到 2 年之后（第 24 案）再修，这样会导致越过 5 案欠修，因此在第 20 案仍与修理，但扣减料价银，"大修扣十两至十五两，中修扣六两至十两，小修者改略修"③。最后船 D，在万历四十七年第 14 案额外多修一次，相比于天启二年秋第 20 案，属于越修 3 年，量与减等，"序应大修，当减作中修，中修减作小修，小修减作略修"④。与船 C 预修相比，虽然船 D 也是额外多修了一次，但是由于越修时间较早，导致万历四十八年第 16 案本应小修，却加等为中修，浪费工料银，故第 20 案减等，较预修扣银截取更多。

经过船政主事乔拱璧整顿之后，宿弊顿革，但由于天启时辽东军事孔棘，财政困难，南京兵部工料银的征收也大半拖欠，为了节省部帑，南京兵部一方面题请减少贡差数量，于天启三年"停罢贡舫三十七只，计省帑金数千余两"⑤。另一方面降低船只修造频次。天启三年，南京兵部尚书陈道亨题准更定新法，自天启四年起，马、快船修造采用"三等九修"之法，疏云："自成造之后，扣定三年，方与提修。裁去油艌、略修名色，止存小修、中修、大修三等规则，将大小马、快船六百五十只，均作三案。"⑥周期改为三年一修，"均作三案"指的是三年三案，即每年一案，每案修理小马、快、平船

---

① 范景文：《南枢志》卷 63《职掌部·车驾司·船政科·造修等则》，第 1707 页。
② 范景文：《南枢志》卷 63《职掌部·车驾司·船政科·造修等则》，第 1708 页。
③ 范景文：《南枢志》卷 63《职掌部·车驾司·船政科·造修等则》，第 1709 页。
④ 范景文：《南枢志》卷 63《职掌部·车驾司·船政科·造修等则》，第 1708—1709 页。
⑤ 范景文：《南枢志》卷 155《奏疏部·重订修船规则疏》，第 3890 页。
⑥ 范景文：《南枢志》卷 155《奏疏部·重订修船规则疏》，第 3890—3891 页。

600/3＝200只,每年修船的数量减少了1/3。理论上马、快船自成造之后,分别经过三次小修、中修、大修,共计9次修理,然后拆造,因此一个修造周期为一造九修,共计30年。

与小马、快、平船不同,大马船因为无需长途贡差进京,损坏较小,因此修理频次也较低,一直保持在三年一修,共分为六案。万历十四年,除了黑楼座船2只之外,大马船48只,江、济二卫各24只,"依次提修,每年各捌只"①。天启三年题准,每年止修大马船"一十七只,以备表差、摆江"②。这里大马船是包括黑楼座船在内,共计50只,每年修理50/3≈17只。《南枢志》记载:"万历三十一年,议以六百料马船系三年一修,不比三百料船二年一修。成、拆造后,油艌、略修俱免,止小修一次。以后中修、大修各三次,再中修一次,造后共修八次,即准拆造。"③一造八修为一个修造周期,大马船使用寿命为27年。

通过以上分析可以看到,马、快船修造规则的演变除了受到差拨频次的影响之外,还与工料银多寡有关,下面就进一步分析不同时期马、快船修船料价的具体数额。

三、造船物料开销

(一)修造料价

船料本义指的是修造船只物料,包括木植、油麻、钉铜等,折银发放称为"船料银",本节"船料"指的皆是本义,即修船物料。船料开销分别包括打造和维修船只的花费,船料银和水夫工食银合称工料银。一条鞭法之后,南京兵部征收马船工料银和快船工料银,前者摊入田亩征收,后者源自编丁征银,二项总额合计约96736两(参见本书第三章),马、快船修船料价取之于此,那么一条鞭法之前船料银来源又有哪些呢?

明初马船取自江西、湖广等二省三府沿江府州县,遇有损坏,发回原籍

---

① 倪涷:《船政新书》卷3《造修船只之法》,第192页。
② 范景文:《南枢志》卷155《奏疏部·重订修船规则疏》,第3891页。
③ 范景文:《南枢志》卷63《职掌部·车驾司·船政科·造修等则》,第1657—1658页。

修造，因此船料开销由各有司船户承担，不计入南京兵部账册，具体数额无从考证。快船则由造船厂在南京统一成造，景泰前快船隶属南京工部，弘治时南京吏部尚书倪岳云：

> 及照南京各卫快船……打造之际，初年料物俱系工部出办。近年奏定：官出六分，自备四分。①

其中"近年"指的是什么时候？结合《南京工部职掌条例》所云："南京各卫快船，额设七百八十八只。宣德十年奏准，物料每船以十分为率，官给六分，军余自备四分，中府委官于造船厂督造。"②可见打造快船所需物料来源是"军四官六"，始于宣德末，南京工部负担的快船料价从100%降低到60%。那么倪岳所说的"初年"应当是洪武、永乐直至宣德初。"军四官六"的比例一直持续到明代中叶，如成化八年，南京兵部尚书程信上言："南京各卫快船修造物料，近例以十分为率，官给六分，驾船军自备四分。"③正德十二年，南京兵部尚书乔宇疏云："工部出银七十两，本部出租银二十两，并变卖原船旧板银十两，共得银一百两。为照快船成造，必得银一百五十余两，然后坚完可用。"④根据乔宇所言可见，一是成造快船需要150余两，而官方只提供90两，剩余50多两需由快船军余自备、赔补，二者负担的比例基本上接近6∶4。二是景泰之后，"官六"的部分改由南京兵、工二部共同负担。由于快船军余日益困顿劳瘵，加之逃亡导致册籍空虚，"军四"的部分难以为继，影响到了快船的如期成造，至正德十六年明世宗登极之初，南京户科给事中陈江上言："乞敕南京兵、工二部议，其初造须官给全价。"⑤快船打造的费用全部由南京兵部等官方负担。

打造快船所需料银，"军四"的数额缺少记载，而南京兵、工等部支放的具体数量则有迹可循，先将万历之前快船船料银开销列表统计如表2-4：

---

① 倪岳：《青溪漫稿》卷14《奏议·会议二》，第8a—b页。
② 刘汝勉：《南京工部职掌条例》卷3《都水清吏司·河防科》，第148页。
③ 《明宪宗实录》卷104，成化八年五月甲辰，第2034页。
④ 乔宇：《乔庄简公集》卷5《明旧章厘宿弊以图治安疏》，第576页。
⑤ 《明世宗实录》卷3，正德十六年六月癸巳，第133页。

表2-4 明代快船成造料价开销　　　　　　　　　　　　　　单位:两

组别	题请官员	时间	每船价银	每年打造	总计价银	船料银来源			底船折价
						南京兵部	南京工部	南京户部	
①	倪岳	弘治十年	100	6只	600	120	420	0	每只10两
②	乔宇	正德十二年	120	6只	720	180	540	0	0,改造匾浅船
③	陆钶	嘉靖元年	150	12只	1800	540	1260	0	
④	万镗	嘉靖八年	150	40只	6000	1080	1620	2500	每只20两
⑤	熊浃	嘉靖二十一年	200	35只	7000	2180	1620	2500	每只20两

资料来源:

组①:《南京工部职掌条例》:"弘治十年,该南京兵部奏准:改造快船一只,南京工部给银七十两,本部出草场地租银二十两,本部钉板算银十两,共一百两,本部委官督造。"①南京工部尚书吴廷举记载:"查得南京兵部原管锦衣等卫共有快船七百八十余只,弘治年间尚书倪岳奏定每年成造六只,每只南京工部出银七十两,南京兵部出银二十两,本部钉板卖银十两,以备工料。"②

组②:南京兵部尚书乔宇疏云:"奏准工部出银七十两,本部出租银二十两,并变卖原船旧板银十两,共得银一百两……合无行令工部量添银二十两,本部量添租银一十两,凑合前银成造……其底船不使变卖,存留本府,通融措办,改造匾浅船用,以为装载芦柴等项之用。"③《南京工部职掌条例》记载:"正德十二年,又该南京兵部奏行会议,原给银一百两不敷成造,南京工部添银二十两,兵部添银一十两,其底船不许变卖,存留改造匾浅舡,装载芦柴等用。除去钉板银十两,每船共银一百二十两,每年成造六只。"④

组③:《南京工部职掌条例》记载:"嘉靖元年,又该南京兵部车驾司奏议,每船一只,兵、工二部各加银一十五两,与前一百二十两,共一百五十两,每年成造一十二只。"⑤南京工部尚书吴廷举记载:"嘉靖元年,南京兵部郎中陆钶又奏添造六只,共十二

---

① 刘汝勉:《南京工部职掌条例》卷3《都水清吏司·河防科》,第148—149页。
② 吴廷举:《东湖集》卷2《区划南畿荒政疏》,第526页。
③ 乔宇:《乔庄简公集》卷5《明旧章厘宿弊以图治安疏》,第576—577页。标点较原文有改动。
④ 刘汝勉:《南京工部职掌条例》卷3《都水清吏司·河防科》,第149页。
⑤ 刘汝勉:《南京工部职掌条例》卷3《都水清吏司·河防科》,第149页。

只。每只工部出银一百五两,兵部出银四十五两。"①

组④:南京兵部侍郎万镗记载:"合无自嘉靖八年为始,本部将各卫快船,逐一勘验……将各年积贮缺官柴薪并马船料价、工食等项银两,借支应用。"②《南京工部职掌条例》记载:"嘉靖八年,南京兵部为会议重大事宜……成造快船一只,该料价银一百五十两……合无比照漕运底船例,每只定作银二十两,外给官银一百三十两。今奉钦依,岁造四十只,除底船外,每年共用官银五千二百两,宜酌量各衙门钱粮广狭,以定分数。合无以二千五百两坐派南京户部,于北新关商税余银内支给;以一千六百二十两坐派南京工部,于芦课银内支给;以一千零八十两坐派南京兵部,于缺官及扣剩柴薪银内支给。"③《船政》记载:"嘉靖九年,本部右侍郎万镗题奉钦依,快船每二十年一造,十年一大修,五年一中修,每年造船四十只。每只除旧船底心作银二十两,官给工料银一百三十两,于南京户部商税、工部芦课及本部武库司缺官柴薪银内支给。"④按嘉靖九年应为嘉靖八年之误。

组⑤:南京兵部尚书熊浃云:"仍查照本部右侍郎万镗先年题准事例,再加损益,每年造船叁拾伍只,每船工料等项该用银贰百两。除船身作银贰拾两外,官给银壹百捌拾两,照旧于南京户部商税银内支取贰千伍百两,工部芦课银内支取壹千陆百贰十两,本部武库司缺官皂隶银内支取壹千捌拾两。余该银壹千壹百两,查得本部车驾司收贮江、济二卫歇役水夫银内,可以通融支给,以足前数。"⑤

通过上表可以看到,快船每只打造的料价不断增加,嘉靖之前南京兵、工二部承担的料价只占总数的60%,因正德十六年之后给事中陈江题请官给全价,因此嘉靖元年南京兵、工二部每船支放料价增加到150两,基本上反映了打造一只快船的全部开销。嘉靖之前快船每年只打造6只,低于每年40只的损毁速率,⑥因此到了嘉靖初"败船满坞"⑦,于是嘉靖八年南京兵部将快船成造速率提高至每年40只,基本上与损毁速率持平。

---

① 吴廷举:《东湖集》卷2《区划南畿荒政疏》,第526页。
② 万镗:《条陈因时兴革以便官民疏》,孙旬编《皇明疏钞》卷31《时政》,《续修四库全书》第464册,第64页。
③ 刘汝勉:《南京工部职掌条例》卷3《都水清吏司·河防科》,第151—152页。按原文"钦依"误抄作"钦休",今更正。
④ 南京兵部车驾司编:《船政》不分卷《题例》,第331—332页。
⑤ 南京兵部车驾司编:《船政》不分卷《题例》,第335—336页。
⑥ 按照嘉靖前快船800余只,每只使用寿命20年来看,每年的损毁数量约40只。
⑦ 南京兵部车驾司编:《船政》不分卷《题例》,第332页。

南京兵部快船料价银主要源自武库司收贮的缺官剩余柴薪皂隶银,出自南京兵部主事王积的提议。按王积为正德十六年进士,初授南京兵部武库司主事,其行状云:"每一船敝,辄责卫校士自补,破产者相望……船日以减耗。公既任武库久孰,计利弊十余事上之,部为言于朝,始以武库余羡、水衡钱治船,不以累卫校士。"①其中"武库余羡、水衡钱"指的就是南京兵部武库司缺官皂隶银和南工部都水司芦课银。至嘉靖二十一年快船料价不足的部分则取自江、济二卫歇役马船水夫银,即缺差马船水夫所扣除的工食银,在此可以见到马、快船工料银已经具有通融互补的特征。南京户、工二部协济兵部的快船料价银分别来自芦课和商税银,而这一协济制度的终结,也与马、快船工料银通融互补有关。嘉靖四十四年,南京户部尚书张舜臣言:"南京兵部造船料价,该部有水夫等银数多,宜径自成造。"②得到批准。其中"水夫等银"明显指的是马船水夫银,一年八万余两,结余部分可用于快船修造。至此之后,由南京兵部承担了全部打造快船料银。

以上是快船"造"的料价情况,关于"修"的价银,与等则有关。嘉靖九年,南京兵部尚书王廷相记载部内见行事例云:"若船大修,该银五十两;中修该银三十两,官与帮甲相半助给。"③按照嘉靖初南户科给事中陈江的题请,快船修理时,"估定价值,官给其二、军丁佐其一"④,实际上官、军各承担一半,所谓"官"指的是南京兵部,"军"主要指的是快船"帮甲"。帮甲除了需要出年例银贴与小甲出水外,还需要助银修船,导致快船帮甲困苦至极,因此王廷相题议:"除小修,帮甲每年助银十两外,其大修、中修,俱各官为处给,免其帮甲相半助给。"⑤虽然免除了帮甲大、中修的一半费用,但每年小修仍需助银10两,船只委官拘扰帮甲的情况仍时有发生,"每造船壹只,用银多至叁百余两,不足之数,俱逼令帮甲赔贻,遂至倾家荡产,鬻女卖

---

① 王世贞:《弇州山人四部稿》卷100《明故嘉议大夫南京兵部右侍郎虚斋王公行状》,《明别集丛刊》第3辑第34册,第493页。
② 《明世宗实录》卷546,嘉靖四十四年五月乙卯,第8817页。
③ 王廷相:《王廷相集·浚川奏议集》卷5《金陵稿·节省快船冗费题本》,第1268页。
④ 《明世宗实录》卷3,正德十六年六月癸巳,第134页。
⑤ 王廷相:《王廷相集·浚川奏议集》卷5《金陵稿·节省快船冗费题本》,第1268页。

男"①。造、拨二厂委官视快船帮甲为漏卮,肆意花费,成造一船花费比额定官价多出了一百余两,而多出部分仍由帮甲负担。针对这一弊病,南京兵部采取两点解决措施,一是确定快船修、造料价的具体额数,二是各卫快船全部改为官修官造,将帮甲彻底与船只的修造剥离开。嘉靖二十一年,南京兵部尚书熊浃云:

> 其拾年大修,官给银柒拾伍两,伍年中修给银伍拾两,每年小修,亦各呈请委官验估合用工料银两,俱于前银及扣追违限月粮并前歇役水夫银内支用,不许再令帮甲赔累。②

大修的价银较王廷相时增加了25两,中修增加了20两,小修则临时验船估算料价,并不固定。疏中"前银"指的是年例银,每船帮甲十名,每年每分出银一两,每年共计出银十两,收贮在部作为快船贴差和修造的资金。南京兵部车驾司郎中王问墓志记载:"留都额设马、快船七百八十余艘,岁役卒修造至四千余人,谓之帮甲。帮甲费不赀,贫军坐累,转徙无告,有自杀者。时先生在南京兵部……出疏袖中,请官自出年例银督造。议上,报允。"③经过王问的题请,最终全部改用年例银维修快船,帮甲并不再参预其中,困苦得以缓解。

快船修造料价既然全部改由官给,应保证官给价银和实际开销尽量一致。为了能够更好把握实际开销,车驾司郎中王问于嘉靖二十五年修、造了7只样船,以此作为衡量官给价银的标准。具体各项船料价银开载,如表2-5所示:

表2-5 明代快船修造料价开销　　　　　　　　　　单位:两

船只	快船	平船1	平船2	快船	平船	快船	平船
修造等则	拆造	拆造	拆造	大修	大修	中修	中修
楠木桅	0	4.64	4.43	0	3.91	1.85	1.13

---

① 南京兵部车驾司编:《船政》不分卷《题例》,第333页。
② 南京兵部车驾司编:《船政》不分卷《题例》,第337页。
③ 王锡爵:《王文肃公文集》卷9《广东按察司佥事仲山王公墓志铭》,《明别集丛刊》第3辑第63册,第212页。

(单位:两)(续表)

船只 修造等则	快船 拆造	平船1 拆造	平船2 拆造	快船 大修	平船 大修	快船 中修	平船 中修
楠木	90.94	98.00	90.89	42.31	26.82	16.18	18.86
杉木	1.53	1.08	2.27	0.34	0.76	0.45	0.37
钉	8.40	9.76	8.32	3.20	2.72	1.60	1.60
锔	1.71	2.20	1.49	0.44	1.22	0.08	0.19
桐油	5.08	5.66	5.49	5.98	6.33	4.94	5.73
黄麻	2.78	3.59	3.44	2.43	2.66	3.08	3.04
苘麻	1.36	1.36	1.36	1.36	0.12	1.36	1.36
料物	16.27	19.24	17.52	8.57	14.56	15.27	11.97
各匠工食	34.83	29.70	31.12	23.29	22.33	14.59	15.66
小工	12.42	10.26	10.50	8.19	8.34	6.06	5.10
锯木、识字工食	1.52	1.56	1.54	0.64	0.64	0.48	0.64
小甲盘费	0.90	0.90	0.90	0.60	0.60	0.60	0.60
总计	177.72	187.94	179.26	97.36	90.99	66.56	66.24

资料来源:南京兵部车驾司编《船政》不分卷《造修样船完报工料银两数目》,第426—451页。

说明:各数据皆精确到小数点后两位,因此总和之后会与"总计"一项略有误差。

可以看到,各项物料开销,以楠木料价最高,拆造楠木料价达到总数的约50%,而大、中修因只需更换旧板,所需楠木较少,占总数的25%—30%。同样是大修,快船样船用过楠木42.31两,而平船样船用过楠木26.82两,可见所需楠木视船身情况而定,波动范围较大,故车驾司郎中王问并未再严格规定大、中修楠木料的数量,而是"照船身损坏大小,计合用板片"①。其中"小甲盘费"一项指的是修船小甲在坞看守船只、钱粮物料,每日领银0.015两,根据这一标准可以计算,拆造工期为0.9/0.015=60天,大修和中修的工期为0.6/0.015=45天,这与车驾司规定的修造程限完全符合。从总数

---

① 南京兵部车驾司编:《船政》不分卷《造修银两则例》,第456页。

上来看,快、平船拆造每只用过银约180两,加上底船折旧20两,每只料价共计200两,这与嘉靖二十一年定下的价银基本符合。快、平船样船大修花费皆在90两以上,中修在65两以上,这比嘉靖二十一年的官给价银标准都多出了15两。车驾司郎中王问根据样船情况也调整了快船修理的物料发放,由于楠木价格不固定,大、中修具体的官给料价还需视船身损坏程度而定。

如此一来,似乎快船无论大、中、小修,都需要临时验估合用工料银数了,这种不确定性给了委官、匠役侵吞、冒破钱粮的可乘之机,在制度上是不能允许的。到了万历十四年倪涷改革船政,马、快船一体修造,倪涷设置"三等九则"之法,即每一修又分为上、中、下三等,以此将船身损坏情况的验估精细化和定额化。具体每一等则的料价数额,如表2-6所示:

表2-6 明代马、快船修造三等九则料价 单位:两

大马船	下等	中等	上等	小马、快、平船	下等	中等	上等
成造		250		成造		215	
拆造	180	170	160	拆造	145	138	130
大修	92	85	78	大修	78	72	66
中修	55	48	43	中修	50	43	38
小修	37	32	27	小修	33	29	24

资料来源:倪涷《船政新书》卷3《造修船只之法》,第193—199页。

值得注意的是,倪涷改革之后,马、快船两年一差,一修一差,有差之年水夫工食用于出水,无差之年所领工食自然用于修造船只。换言之,修造船只的料价银无需南京兵部额外支付,而是由马、快船募夫从各自工食银中支取,称为"包封银"。《船政新书》记载:"旧例,每年止修造马船玖拾只,皆各夫自备工食。"[1]又云:"各夫又有包封之助,即旧职掌所刊自备工食银若干两者是也。"[2]按"包封"原义指的是包裹钱粮品物所需竹箬、苇席等物,用于遮蔽雨水,防止散落,这里则引申为水夫修造船只的自费。无差之年随船水夫散回原籍,将包封银贴与看船小甲,一般数量"不得过肆两"[3]。但

---

[1] 倪涷:《船政新书》卷4《会计银米》,第228页。
[2] 倪涷:《船政新书》卷4《虑后》,第247页。
[3] 倪涷:《船政新书》卷3《夫役工食之法》,第211页。

水夫一旦领银到手,花费无存,导致无银可贴,耽误船只修造,如船政主事祁承爜所云:"近年以来,当事者因见造修之时,各夫未免有奸良,出银未免有迟蚤,或一时缺乏,不应于用,追征告扰。乃议将工食扣留在库,通候临差之年,方行支给。"① 扣留在总库的是无差之年的工食银,所谓"近年以来"则指的是万历十八年之后,《南枢志》记载:"万历十八年,本部题准:马船水夫月粮、花布,照旧领给。其工食遇有差拨,照例给银。空闲年分,扣留在库,以作修理等费。"② 这里的"马船水夫"指的是江淮、济川卫募夫,也就意味着水夫不再贴与小甲包封银,而是由南京兵部发放修船料价。万历二十七年,船政主事武之望更定五等轮修之法,如表2-7所示:

表2-7 明代马、快船五等轮修料价开销

船型	修造等则	铁钉	铁锔	桐油	黄麻	苘麻	钉锔油麻合计	楠木	杉木	匠作工食	什物	总计
		单位:斤(斤重)					单位:两(价银)					
黑楼船	成造	1100	150	550	600	200	43.6	139.2	26.2	67.8	20	296.8
大马船	成造	1000	130	500	500	200	39.1	127.3	23.6	64.8	20	274.8
	拆造	550	110	500	350	200	28.35	82.45	19.2	64.8	10	204.8
	大修	250	80	450	350	200	21.55	30.05	8.4	34	10	104
	中修	160	30	370	300	200	16.9	10.5	4.6	23	8	63
	小修	90	0	290	220	200	12.56	2.84	3.6	12	5	36
小马船（快平船同）	成造	800	110	400	400	180	31.7	112.9	20.4	55	20	240
	拆造	500	90	400	300	180	24.4	63.4	17.2	55	10	170
	大修	180	50	370	300	180	17.36	16.74	7.9	32	10	84
	中修	170	20	350	300	180	16.26	9.54	4.2	26	8	64
	小修	150	0	280	240	180	13.48	2.52	3	20	5	44

① 祁承爜:《澹生堂集》卷21《吏牍·核贡五》,第5册,第524页。
② 范景文:《南枢志》卷65《职掌部·车驾司·工料科·水夫沿革》,第1870页。

(续表)

船型	修造等则	铁钉	铁锔	桐油	黄麻	苘麻	钉锔油麻合计	楠木	杉木	匠作工食	什物	总计
		单位:斤(斤重)					单位:两(价银)					
	略修	30	0	180	120	180	7.92	1.08	2	14	4	29
	油舱	10	0	70	100	180	5.5	0	1.5	13	0	20

资料来源:范景文《南枢志》卷63《职掌部·车驾司·船政科·造修等则》,第1665—1678页。

说明:黑楼座船本由大马船改装,除了成造比大马船多费银22两外,其他修造等则和料价与大马船完全一致。

已知马、快船的数量和修造等则,结合上表,便可计算出南京兵部每年修造马、快船的开销。将一个修造周期中马、快船修造次数和料价列为表2-8:

表2-8　明代马、快船修造料价开销计算　　　　　　　单位:两

小马、快、平船	修造等则	次数	料价	计算
修造规则:一造十四修,两年一修 修造周期:30年 数量:600只	拆造	1	170	∑(次数×料价)= 897 年均 = (897×600)/30 = 17940
	油舱	1	20	
	略修	3	29	
	小修	4	44	
	中修	4	64	
	大修	3	84	
大马船	修造等则	次数	料价	计算
修造规则:一造八修,三年一修 修造周期:27年 数量:50只	拆造	1	204.8	∑(次数×料价)= 804.8 年均 = (804.8×50)/27 ≈ 1490
	小修	1	36	
	中修	4	63	
	大修	3	104	

说明:由于各船只皆按照固定周期轮修轮造,因此将打造全部视为拆造,忽略由于船只漂没等意外因素导致的成造情况。黑楼座船除了成造外,修造规则和料价与大马船完全相同,因此并入大马船项下一起计算。

由上表可见，万历中期，南京兵部马、快船修造的年均船料开销为 17940+1490=19430 两，即每年在二万两左右。具体的例子，如南京兵科给事中欧阳调律在查盘万历四十五年至四十七年间南京兵部库贮钱粮后，记载道："三年造修过江、济二卫船厂马快平船九百四十五只，动支工料、快船等银四万七千四百三十五两七钱三分，动支收买楠木价银一万五千五百三十七两七钱。"① 三年间船料开销共计 47435.73+15537.7=62973.43 两，平均每年花费约 2.1 万两，故欧阳调律感叹开支不为不多。好景不长，辽东事起，举国悬罄，马、快船工料银征收不齐，大半拖欠。为了节流，天启三年船政主事乔拱璧将修船规则调整为"三等九修"，三年一修，去除油舱、略修二等外，保留大、中、小修，大修、小修料价银照旧，"而中修恤其上岸烦苦，加楠木六两"②。根据乔拱璧统计，"三十年共节省帑银一十六万九千七百七十两"③，平均每年节省船料 5659 两，比例接近 30%，足见实心任事。然而二十年后，明廷覆灭，马、快船工料银或裁革，或挪作他用。

（二）物料收买

修造马、快船只所需物料包括木植、钉锔、油麻等，最重要的是木植，其材质直接决定船只的坚固程度。除了船桅、橹、舵等结构使用杉木、栗木等杂木外，船身打造必须采用材质更为致密的楠木，如船政主事祁承㸁所云："杂木造船，朽弊立见，永远不收"④，因此料价中楠木所占的比例最高。楠木按照要求锯成一定厚度的木板，通过钉、锔拼接组装到一起，油麻则用于舱塞船缝以防水。这些物料的收买涉及单价多少和收买方式，以下分为这两个方面讨论。

南京兵部船厂设有楠木坞，用以收贮木植，在厂木植皆编有字号，如船政主事朱正色记载："照册查对，数内少商人陈谊等生七号、荒五号、余二号（南）〔楠〕木三根。"⑤ 其中"字"是按照千字文分类排序，"号"则用以表示

---

① 范景文：《南枢志》卷 155《奏疏部·查盘船政以清弊窦疏》，第 3918—3919 页。
② 范景文：《南枢志》卷 155《奏疏部·重订修船规则疏》，第 3894 页。
③ 同上书，第 3892 页。
④ 祁承㸁：《澹生堂集》卷 21《吏牍·核贡三》，第 5 册，第 508 页。
⑤ 朱正色：《查参造船厂委官奏》，载王兆荣等编《明朝贤臣朱正色》，第 408 页。

木植大小等级。① 根据工部《木政规则》,楠杉木材从一号(也称"头号")开始,随着字号增加,长短、粗细逐级递减,"壹号楠木长柒丈,径柒尺至陆尺伍寸……肆号楠木长伍丈,径肆尺……伍号楠木长肆丈伍尺,径叁尺伍寸至叁尺"②。

字号只能反映木植的大致围圆,却无法体现木植的长度,因此无法精确计算木植的体积,这样同一字号的木植可能长短不一,价格悬殊。为了便于计算木植料价,"嘉靖二十四年,南京兵部尚书宋公(景)始立单板"③。关于单板法的具体计算方式,《龙江船厂志》卷5记载:"单板之法,每长一丈、阔一尺、厚一寸为一个。个者,片也。即今算板之一丈也。"④将单板视作长方体,体积为1立方尺。《南枢志》指出:"凡楠木围圆尺寸,积板计片,每丈一钱三分二厘。"⑤单板一个(丈)折银0.132两,根据木植体积,折算成单板数量,即可计算出木植的价格。如果将木材视作简单圆柱体的话,木材体积=(围圆/2π)^2×π×长,其中π取3,⑥则木材体积=(围圆^2/12)×长,折合单板数=木材体积/单板体积=(围圆^2/12)×长,那么可以得到楠木价格的通用计算公式为:

料价 = (围圆^2/12) × 长 × 0.132

说明:料价单位:两;围圆、长单位:尺⑦

---

① 明代史籍中亦存在"字"和"号"混用的情况,如《南枢志》记载成造小马船所需楠木"陆字一根、伍字三根、肆字五根、叁字五根"。实际上指的是楠木从三号到六号不等。(范景文:《南枢志》卷63《职掌部·车驾司·船政科·造修等则》,第1672页)
② 张问达:《抚楚疏抄》卷1《议留钱粮并协助采买大木疏》,第15b—16b页。
③ 李昭祥:《龙江船厂志》卷2《舟楫志·图式·快船》,第63页。
④ 李昭祥:《龙江船厂志》卷5《敛财志·单板》,第91页。
⑤ 范景文:《南枢志》卷64《职掌部·车驾司·船政科·收买楠木》,第1807—1808页。
⑥ 湖广巡抚张问达记载:"大木规则,每径壹尺,计围叁尺。"即木植的直径1尺,折合周长3尺。可见π取近似值3。(张问达:《抚楚疏抄》卷1《议留钱粮并协助采买大木疏》,第34b页)
⑦ 关于单板法的计算,亦详见于何国卫《明代造船木料计价和木材体积计算》,载《何国卫船史研究文选》,第249—261页。本书计算公式与何文略有不同,计算结果完全一致,何文发表在先,更具开创性。需要说明的是,此公式主要适用于常材,对于围圆一丈以上的大木,颇为稀见,单位体积价格自然更高。

一般木植"长以三丈二尺为率"①,如三尺围圆的楠木,折合单板 = (3^2/12)×32 = 24 个,共银 24×0.132 = 3.168 两,这与《船政》的记载完全符合。②这只是一种粗略的估计方法,因为一根大木的粗细并不均匀,靠近根的头部粗,而树干顶端的梢部细,那么究竟测量头、梢哪个部位的围圆呢? 南京兵部嘉靖二十四年告示云:"先经禀奉裁定,俱于头长五尺处,下篾围量……今拟于木大头、中身、末梢三处,各围计尺寸,仍以中身一处,准折头梢,将宽补窄,计算板片。"③可见嘉靖中期之前南京兵部选择在距离木材头部五尺的地方用竹篾测量围圆,之后采用头、中、梢三处围圆的平均值。在围量木植的同时,船厂把总、匠役还要观察和辨别木材的疵病,木材表面如有皮裂、宽扁、弯曲、斧口尖削等问题,直接肉眼可见,倘若木材内部空心或麻腐,则需要通过用斧头敲击的声音判断。最后再用斧头将大小字号以及把总和匠人的姓名,凿刻在木材之上,以防欺诈舞弊。每一根木材的大小、疵病等各项信息要登记入册,《南枢志》云:"置立格式簿一扇,印发该厂,将买到各商木植,查算明白,照式填注,送司给价。商人＿＿,某字某号楠木一根,围＿尺＿寸,长＿丈＿尺,疵病＿,减银＿,实银＿。"④每一种疵病都要按照固定比例扣减折合的单板数,这样就得到了木植的单价。

明代楠木主要产自西南四川、贵州、湖广三省,如船政主事祁承㸁云:"贡舫所资,全在楠木,然楠木惟取给于楚蜀。"⑤朱棣营建北京时就曾派遣宋礼在四川马湖等处采伐楠木,正德、嘉靖年间,明廷工部遣侍郎一员,兼都察院宪衔,驻扎湖广,往来巡历,催督大木采运。西南采伐的楠杉大木供宫廷、陵寝营建之需,除此之外,围圆(周长)在一丈以下的常材,则由商人贩卖,供应民间建造以及官办造船业之需。木商将木植编成木簰,沿长江经荆州,顺流而下至南京。隆庆六年漕运总督王宗沐记载:"至于每岁市木,责于商人,始者报名在官,给批赴湖广市。而东也经过南京,则已择其

---

① 范景文:《南枢志》卷64《职掌部·车驾司·船政科·收买楠木》,第1793页。
② 南京兵部车驾司编《船政》不分卷《买木事宜》云:"楠木折单板价银数目:围叁尺、长叁丈贰尺,壹根折单板贰拾肆丈,每丈折银壹钱叁分贰厘,共银叁两壹钱陆分捌厘。"(第356页)
③ 南京兵部车驾司编:《船政》不分卷《告示》,第412—413页。
④ 范景文:《南枢志》卷64《职掌部·车驾司·船政科·收买楠木》,第1813页。
⑤ 祁承㸁:《澹生堂集》卷21《吏牍·核贡三》,第5册,第505—506页。

佳者为黄、马船料,更下瓜、仪,则又市其佳者于民间造作,而其中空不堪者,始萃于清江。"① 可见在收买楠木上,南京贡船厂与清江漕船厂存在竞争。尤其是万历二十七年播州杨应龙之乱后,川蜀道路梗阻,楠木时常不至,南京兵部为了招徕木商,只能提高收买价格。

万历三十六年,南京兵部议得"宽商加二",即将楠木折算单板的价格提高20%,"故每丈一钱三分二厘,今算至每丈一钱七分六厘"②。然而单板增价20%应当是每个(丈)0.1584两,为什么会算至0.176两?这或许是由于南京兵部在收买楠木时,"恐心有麻腐,乃扣价十一"③,即 $0.176 \times 0.9 = 0.1584$ 两,可见南京兵部是按照单板每个0.176两的价格报价,而按照0.1584两每个的价格支付给木商。楠木价银增加20%的部分,由南京兵部和马、快船小甲各自负担一半。《南枢志》云:"加二买木,加一给价,是实认一分。"④南京兵部"加给"的对象是小甲,只增给木料银的10%,剩余的10%则需要小甲自己贴补。天启七年,南京兵部议得"今加五买木,酌以官、甲,仍各认二分五厘"⑤。可见楠木短缺更甚,价格较"每丈一钱三分二厘"提高了50%,增加部分依然由南京兵部和小甲各自负担一半。

与楠木相比,其他修造物料的价格较低,计算也较为简单。《南枢志》记载:"万历十八年,本部题准:杉木给银小甲,自买应用。每杉木桅稍一根,给银一两四钱;橹木一根,给银一两;头桅一根,给银六钱;跳木一根,给银五钱。"⑥钉、镉、油、麻等物料,一般按斤称重计价,时估存在变化,现将不同史籍中记载的物料单价列为表2-9:

表2-9 修船物料单价 单位:两

时间	嘉靖二十五年之前	嘉靖十二五年之后	万历十四年	万历末至天启初
铁钉	1.5	1.6	1.8	1.8
铁镉	2.5	2.2	2.0	2.0

① 佚名:《漕乘》卷2《船》,第136页。
② 范景文:《南枢志》卷64《职掌部·车驾司·船政科·收买楠木》,第1809页。
③ 倪涷:《船政新书》卷1《题稿部咨·厘正五议疏》,第115页。
④ 范景文:《南枢志》卷64《职掌部·车驾司·船政科·收买楠木》,第1812页。
⑤ 同上。
⑥ 同上书,第1817页。

(单位:两)(续表)

时间	嘉靖二十五年之前	嘉靖十二五年之后	万历十四年	万历末至天启初
桐油	1.45	1.6	1.4	1.4
黄麻	0.8	0.8	1.0	1.0
苘麻	0.8	0.8	1.2	1.2

资料来源:南京兵部车驾司编《船政》不分卷《买木事宜》,第368—369页;倪涷《船政新书》卷3《买给料价之法》,第192页;范景文:《南枢志》卷64《职掌部·车驾司·船政科·钉锔油麻》,第1820页。

说明:表格所列是物料每百斤的价银。

值得注意的是,《船政新书》和《南枢志》中记载的数据完全相同,然而四五十年过去,各物料时估不会毫无变化。马、快船修造的料价皆有定额预算,而物价有贵贱,会导致在计算船料开销时忽高忽低,因此南京兵部在给发小甲料价银时,"皆定常价,以便计价扣额"①。因此官方册籍上登记的都是小甲支领的物料价格,而非市场价格,因此钉锔油麻的数据才会一直不变。

收买方式上,楠木簰筏沿江而下,汇于南京,由南京兵部招商采买。楠木的采买具有季节性,《龙江船厂志》云:"夫大筏之来俱在春、秋水涨时,至秋冬则商贾屏迹。"②短时间内楠木并非随买随有,颇为难得。且楠木供给受西南三省易局势影响,如天启元年永宁奢崇明之乱后,温璜记载:"天启三年,楠商不至,遂连木植给价小甲自备修造,于是兼用杂木,而船易坏。今欲船坚,必楠杂兼用,欲兼用,仍召商采办。"③南京兵部在召商不至的情况下,一度采用小甲自行买办的权宜之计,但是难以保证物料品质。为了保证楠木的供应,南京兵部在"豫议召商"④采购的同时,采用"计数派买"⑤的方式,具体流程如船政主事祁承爜所云:

---

① 倪涷:《船政新书》卷3《给买料价之法》,第192页。
② 李昭祥:《龙江船厂志》卷6《孚革志·收料之弊》,第96页。
③ 温璜:《温宝忠先生遗稿》卷9《杂著·客谈》,第436—437页。
④ 范景文:《南枢志》卷63《职掌部·车驾司·船政科·造修则例》,第1716页。
⑤ 倪涷:《船政新书》卷1《题稿部咨·厘正五议疏》云:"楠木颇为难得,系查工部税单,计数派买。"(第115页)

每月查抄芜湖分司抽税数目,照依刊定职掌,派令商人运木上厂,厂官围量册报,然后呈堂,会同本司或郎中或员外郎,共同验收,此近来定例也。①

其中"芜湖分司"指的是南京工部都水司芜湖分司。明代自成化七年之后,南京工部差主事至荆州、芜湖、杭州三处,设立竹木抽分厂,将沿江经过的木簰按照一定比例抽税,称为"工关"。木商在到达南京之前,皆须至芜关挂号,由工部分司主事监督将木簰丈量定税,木商根据税单纳银过关。船政分司每月将经过芜关木商税银的数目抄报至南京,根据税银数目按比例摊派各木商运木上厂,南京兵部督验收买,称为"计数派买"。这里涉及连续的两层比例关系,第一层是芜关抽分征收税银的比例,第二层是南京工部计税银派买楠木的比例。关于楠木抽分的比例,根据《芜关榷志》的记载,对于木簰是按照"每根抽银贰钱壹厘"②,对于大小不等或者零散的楠木,则是照依"淮规","每十分抽一"③。所谓"淮规",指的是淮安清江漕船厂所规定的楠木价格,与之对应,南京兵部按照折单板法收买楠木的价格称为"部规",淮规略高于部规,二者对比如表2-10所示:

表2-10 楠木单价

楠木围圆(单位:尺)	淮规(单位:两)	部规(单位:两)
2	1.82	1.364
3	3.42	3.069
4	6.12	5.456
5	9.65	8.525
6	13.86	12.276
7	18.613	16.709
8	22.872	21.824

---

① 祁承爜:《澹生堂集》卷21《吏牍·核贡三》,第5册,第506页。
② 刘洪谟:《芜关榷志》卷2《抽江簰则》,第30页。
③ 刘洪谟:《芜关榷志》卷2《抽江簰则》,第30页。

(续表)

楠木围圆(单位:尺)	淮规(单位:两)	部规(单位:两)
9	27.765	27.621
10	34.2	34.1

资料来源:范景文《南枢志》卷64《职掌部·车驾司·船政科·收买楠木》第1809—1812页。

说明:楠木的长度皆按照淮规,以长三丈一尺为准。木簰经长江顺流到达南京后,北上沿漕河过淮安,运输路程更远,故淮规高于南京部规。

关于计数派买的比例,《船政新书》记载:"税银壹两,派木陆分,不及壹根,免派,至贰两方派。壹根从叁字起,贰根则壹叁、壹肆,以外皆叁肆字均派。"① 其中"六分"指的是银数还是比例?结合万历年间工部都水司主事周之龙所云:"随将商人姓名、木数,移会南中二部,船政分司漕木到彼,止照《船政要览》书册,兵部每抽银十两,上纳正派叁、肆字头围圆楠木陆根……此自永乐年间以来成规,遵行依旧。"② 可见"六分"指税银1两,派买楠木0.6根,那么税银10两就派买楠木6根。根据"壹叁、壹肆"均派的原则,派买的六根楠木中,三字号三根,四字号三根。又根据《船政新书》所载,税银每十两额外派买五字号楠木一根,四十两以上再额外派买六字号楠木一根。③ 按照以上两层比例关系,我们可以做出如下计算:假设有一楠木簰筏共计100根,芜关报税21两,南京兵部派买三、四字楠木21×0.6≈12④ 根,外加五字2根,共派买楠木14根。倘若只有10根四字号楠木,按照淮规,芜关报税6.12两,南京兵部派买楠木共6.12×0.6≈3根。当然南京兵部终究是收买,仍需按照部规支付木商相应木料银两。

杂木和钉鲳油麻产地广泛,容易收买,因此南京兵部直接给银小甲,令其自行收买应用。杉木系"各甲照例领银买办"⑤,关于钉鲳油麻,万历十四

---

① 倪涷:《船政新书》卷3《买给料价之法》,第190页。
② 周之龙:《漕河一覝》卷8《载请速咨急漕》(目录作"卷2"),第431页。
③ 倪涷:《船政新书》卷3《买给料价之法》云:"壹拾两者,内派伍字壹根……肆拾两者,陆字壹根,伍字肆根。"(第190页)
④ 由于不及1根,免派,故舍去小数点以后的数据。
⑤ 范景文:《南枢志》卷64《职掌部·车驾司·船政科·收买楠木》,第1817页。

年倪涷议"令铺商办纳"①,至万历三十四年,南京兵部"议定钉锔油麻照例给银,小甲自应买用"②。给银的方式,起初是南京兵部给银与船厂委官,"委官计用酌银而支给于小甲",后因把总、委官通同侵冒,遂"改为给银小甲,自行买修"③。至崇祯时期,温璜记载:"钉锔油麻,给甲自办。"④由此可见,船料可以分为召商采办、计数派买和给甲自办三种采买方式。

　　综上所述,明代贡船修造呈现出精细化"数目字"管理的特点。在修造规则上,万历十四年三等九则;万历二十七年改为五等轮修,两年一修,一造十四修;天启三年,马、快船修造改为三年一修,三等九修。遇到修差紊乱,南京兵部采用失修加等、欠修加料、预修扣银、越修减等的方法截长补短,清理归整。这种修造规则的调整,既是与马、快船的差拨频率相适应,也是出于修造料价成本最优化的考虑。船只修造所需的船料包括楠木、杂木、钉、锔、油、麻等。楠木采用招商采买和计数派买两种方式,杂木和钉锔油麻皆是给银小甲,令其自行收买。船料在收买上采用了定额预算的办法,木材价"单板法"的出现,更是为木料统一计算提供了量化的开端。南京兵部将船只量化计算和制度适应性调整相结合,呈现出明代造船业精密而复杂的一面。

---

① 祁承㸁:《澹生堂集》卷21《吏牍·核贡二》,第5册,第493页。
② 范景文:《南枢志》卷64《职掌部·车驾司·船政科·钉锔油麻》,第1819页。
③ 祁承㸁:《澹生堂集》卷21《吏牍·核贡五》,第5册,第526页。
④ 温璜:《温宝忠先生遗稿》卷9《杂著·客谈》,第436—437页。

第三章
贡运夫役的编佥

南京官办造船业的兴盛,保障了贡船的成造和维修。在此基础上,明廷面临的问题是,驾驶贡船的水夫从何而来?此即贡运制度的"审甲"问题。其复杂性在于,黄、马、快船水夫来源各异。

学界研究多集中于马船夫役。其中马船起取自湖广、江西和南直隶安庆、宁国、太平三府水夫、船只,隶属于南京兵部江淮、济川二卫管辖,故南京兵部马船水夫也称为"江济水夫"。作为起运至南京的特殊夫役,江济水夫在编佥、折银以及征收的方式上,与明代地方上驿传役表现出类似而又完全不同的特征。最早关注到这一问题的是李龙潜,氏著《明代南京马快船考释》一文中,指出马船户从造船所在府县民户中佥充,水夫的编佥分为两种,分别是"垛集而来"的和"计粮佥充的"。① 这一点可以与明代驿传役的永充和税编相对应。杨泉同样注意到了马船水夫役编佥方式的不同,在充分发掘南京兵部尚书王廷相奏议的基础上,梳理了弘治以后马船水夫工食、修船料价的折银征收过程,指出明代驿传夫役并非只按照粮佥原则编佥。② 这些研究又可以启发进一步的思考,马船夫役是按照什么标准垛集和计粮佥充的?折银化之后,二省三府马船工料银的具体数额是多少?又是如何解送至南京的?在明清地方志中有大量关于江济水夫的记载,尚未被学界注意,利用这些材料可将研究深入。

---

① 李龙潜:《明代南京马快船考释》,第215—216页。
② 杨泉:《明代南京马船水夫役问题探析》,《中国社会经济史研究》2020年第4期。

快船军役研究相对不多,李龙潜指出马船水夫从民户中编佥,快船水夫从军户中编佥,体制不同。快船除了小甲和水夫外,还设有垛甲和帮甲。李龙潜主要依据《船政新书》的记载,并首次引用了《条议船政拨差事宜书册》等南京兵部档案,考证了马、快船的一条鞭法改革,分析马、快船"从力役改为征银,雇役应差"的特征,指出了快船编审的"计力派丁"是以贫富为准则。① 那么一条鞭法前后,快船军役的力役如何佥派?编派丁银数量多少?雇役水夫又如何召募?《船政新书》《南枢志》《司舫蒭言》等明代政书中有着详细记载,可进一步解答以上问题。

因此本章在已有研究的基础上,分为马船夫役、快船夫役、黄船夫役三个方面,针对贡运夫役编佥的演变过程展开研究。

一、马船水夫佥派

(一) 马船夫役起源

马船原指运输马匹的船只,早在南宋时期,官方在长江沿线设厂建造马船,运送军马。② 明代马船可追溯至开国之前的水军战船,俞本《纪事录》记载朱元璋亲征九江之时,船队中有"平口浅船俱载马匹、粮赏、军器"③,或可为证。洪武年间,明廷于沿江递运所修造马船,运输马匹。沿江递运所大规模修造马船是在洪武十七、十八年间,在此之后,明廷大规模将沿江一带递运所的马船和随船水夫佥取至南京,隶属于江淮、济川二卫。

南京江淮、济川二卫专管马船水夫,一般认为设置于洪武二十八年。如《明太祖实录》记载:"(洪武二十八年正月)戊午,置济川、江淮二卫指挥使司,辖各处马船。"④《实录》在此只是对二卫的设置情形加以总括,然而江淮、济川二卫各自设立的时间或许并不相同。正统时南京礼部侍郎陈琏记载:"(洪武)二十四年,改辟驿道,始设江淮卫于县西南二十里许,矿口山

---

① 李龙潜:《明代南京马快船考释》,第 214—219 页。
② 参见刘义杰:《马船考》,第 70—71 页。
③ 俞本著,李新峰笺证:《纪事录笺证》卷上,至正二十一年七月,第 139 页。
④ 《明太祖实录》卷 236,洪武二十八年正月戊午,第 3445—3446 页。

之阳,遂迁县与卫俱。"①迁县治之事,亦见于《南畿志》。② 江浦县治与江淮卫共城,修建于洪武二十四年(1391)。万历《应天府志》卷3记载:"(洪武二十四年)七月……拨江淮卫马船于江淮、浦口二渡。"③可见晚至该年七月,江淮卫已经设立了。之所以设置在这个时间,与明初垛集军户有关。按江淮、济川二卫所管马船水夫,尤以来自湖广最多,嘉靖《湘阴县志》记载:

> 南京江淮卫马船六,此系免军垛籍者。
> 垛军自洪武二十二年始,法以三户为一军。④

所谓"免军垛籍"指的是垛集佥取的人丁免充军役,而改充江、济马船水夫。洪武二十二年,傅友德大军分驻湖广各府,李新峰指出,此举是"在各府州统一佥发"军丁⑤,其中自然就有一部分是免军充马船夫。故不久之后,就设置了江淮卫管理水夫和停泊马船。洪武二十七年,由于水马驿递夫役轻重不均,户部奏请,除了湖广垛充依旧外,其余水夫照税粮均派,并重新制订了编佥标准,⑥江西等处马船夫役,按照税粮多少编佥,或许就源于这一次均派,因此洪武二十八年又设置了济川卫,来收管新增水夫。

江淮、济川二卫皆因收管马船水夫而设,因此在职掌和职官设置上,基本相同,每卫设中、左、右、前、后五所,每所千户二员。江、济二卫与其他军卫最大的区别在于千户下没有"总旗—小旗—旗军"的设置,这是由于江济水夫或是按税粮编佥,或是免军充夫,都属于民户。每船设夫头一名,称为"小甲",因此江、济二卫各千户分管下,构成"小甲—水夫"序列。总的水夫数量,随着马船数量而变动,永乐八年实在16548名⑦,宣德八年实在14800

---

① 陈琏:《琴轩集》卷15《江浦县重修儒学记》,第762页。
② 嘉靖《南畿志》卷5《应天府·郡县志》记载:"江浦县治,在矿口山阳。旧治在浦子口城西二十里,洪武二十四年移治于此。"(第91页)
③ 万历《应天府志》卷3《郡纪下》,第322页。
④ 嘉靖《湘阴县志》卷2《食货》,第505页。按原刻本"始"字残缺,据国家图书馆藏抄本补。
⑤ 李新峰:《明前期军事制度研究》,第245页。
⑥ 《明太祖实录》卷231,洪武二十七年二月丁亥,第3381—3382页。
⑦ 《明太宗实录》卷110,永乐八年十一月戊子,第1412页。

余名①,嘉靖时额定 19877 名②,可见江淮、济川每卫水夫数量都在七千以上。江、济二卫本质上并无正军,亦"别无军马钱粮"③,并非真正意义上的军卫。正如南京兵部尚书潘季驯指出:"但查江淮卫止有水夫,而无军伍。"④江济水夫专管驾运物料,也没有操备、漕运等军役,但是水夫属于卫所,在食粮应役和逃亡清勾方面,仍然是比照正军事例,如南京兵部主事林文华言:"额设马船夫甲,隶在卫所,食粮应役,与营军、运军相同。"⑤江、济马船水夫的身份具有军、民的双重属性。

江淮、济川二卫地位比普通军卫要高,属于亲军卫。这是由于江、济马船在洪武设置之初,职能本是"操习水战""江防专赖"⑥,关系南京安危,因此与锦衣卫等卫一同被列入了上直的亲军卫,理论上直属皇帝,事实上船只调拨、官员举荐,皆由南京兵部负责,因此南京兵部郎中冯时可一再申明,江、济二卫"不属各衙门""专属南京兵部掌管"⑦。万历中,虽然有南京科道官题议将江、济二卫改由应天抚按考察,但最终被南京兵部驳回,本质上还是因为江、济二卫关乎南京兵部造船,难以别属,其重要性随着船厂的变革而愈益增加。

明初以业为籍,马船水夫被编入"马船户",世代承袭,承担贡运差役,如湖广乡试程文云:"若江(淮)、济(川)马船之夫役,国初编之民间而用其人,遂以为户。"⑧明代科举录中亦有士子户籍记作"马船籍",如嘉靖八年(1529)进士夏宝,"贯湖广长沙府益阳县,马船籍"⑨。马船水夫从原籍至

---

① 《明宣宗实录》卷 107,宣德八年十二月戊寅,第 2405 页。
② 万历《大明会典》卷 158《兵部四十一·南京兵部·车驾清吏司》,第 2215 页。
③ 《明宪宗实录》卷 43,成化三年六月乙巳,第 879 页。
④ 潘季驯:《兵部奏疏》卷 1《条陈部司紧切事宜疏》,第 281 页。
⑤ 《明世宗实录》卷 118,嘉靖九年十月壬戌,第 2799 页。
⑥ 萧镃:《尚约文钞》卷 1《论武备疏》,第 5 页;沈启:《南船纪》卷 2《快船图数之四》,第 83 页。
⑦ 冯时可:《冯元成选集》卷 60《覆南京江济二卫辖属疏》,《四库禁毁书丛刊》补编第 63 册,第 538—539 页。
⑧ 佚名:《嘉靖二十二年湖广乡试录》,龚延明主编《天一阁藏明代科举录选刊·乡试录》,第 5725 页。
⑨ 佚名:《嘉靖八年进士登科录》,龚延明主编《天一阁藏明代科举录选刊·登科录》,第 403 页。

南京江淮、济川卫应役,"多远年在营,生长子孙,住成家业"①。与军户类似,马船户也可分为原籍船户和卫所船户。② 那么原籍和卫所船户之间有什么样的联系? 又是如何分担差役的? 为回答以上问题,需要厘清马船夫役究竟是如何编佥的。

(二) 马船水夫编佥标准

马船夫役可以分为永充和粮佥两种,其中粮佥水夫按照户下税粮多寡佥派,每十年审理更换;永充水夫"直至年老,才得疏放"③。倪涷《船政新书》记载:

> 湖广、太平二处水夫,系垛名永充,原无工食,故设有赡夫田,听各夫回籍取讨田租及户丁津贴。江西、宁国、安庆三处,以民粮审编,十年一换,悉照解军事例,佥妻发解,遇缺清匀,而各夫工食仍自回取讨。④

湖广布政司和南直隶太平府马船水夫系永充,其来源可以分为"钦取夫船"和"免军充役"两种。⑤ 太平府作为朱元璋率军渡江后第一站,心腹所在,马船水夫源自钦取,如嘉靖时太平知府林钺云:"所属当涂县额充南京江淮卫马船水夫……系洪武初年原选取沿江渔户惯熟水手,佥充撑驾马船。"⑥湖广水夫主要是免军充役,包括垛集和归附。垛集的具体方式为三户抽取一

---

① 王廷相:《王廷相集·浚川奏议集》卷5《金陵稿·定拟各省府马船料价工食题本》,第1280页。
② 关于明代军户的分类,李龙潜划分为郡县军户和在营军户。参见李龙潜:《明代军户制度浅论》,《北京师范学院学报》1982年第1期。于志嘉则称为原籍军户和卫所军户。参见于志嘉:《明清时代军户的家族关系——卫所军户与原籍军户之间》,《"中研院"历史语言研究所集刊》第74本第1分,2003年。以上两种说法所指对象基本一致。本书参照于志嘉的说法,将马船户划分为原籍船户和卫所船户。
③ 陆容:《式斋先生文集》卷33《浙藩文稿下·封事》,第514页。
④ 倪涷:《船政新书》卷2《船政弊害缘由》,第151页。
⑤ 《明武宗实录》卷5,弘治十八年九月甲午,第165页。
⑥ 王廷相:《王廷相集·浚川奏议集》卷5《金陵稿·定拟各省府马船料价工食题本》,第1277页。

丁,如前引嘉靖《湘阴县志》所云"免军垛籍""三户为一军"。① 所谓"免军垛籍"指的是垛集抽取的人丁免充军役,而改充江淮、济川卫马船水夫。归附则来自陈友谅水军,湖广华容籍孙宜云:"南京水夫……以洪武初伪陈归附习水战者充之。"②湖广作为陈友谅政权大本营,归附人数不少,因此江淮、济川水夫绝大部分源自湖广。陈友谅水军亦多出自抽丁,俞本《纪事录》记载:"陈氏之兵……于湖潭荆襄等处征田夫市子,三丁抽一为军,号曰'蓬合'。"③可见无论是垛集或归附,湖广马船水夫都可总结为抽籍而来,因此也有将永充水夫的编佥方式称为"丁佥",与"粮佥"相对应,康熙《永康县志》云:"明初,驿站之役皆点充,所谓丁佥也。其后渐乏,通验田粮朋补之,所谓粮佥也。"④

江西布政司和南直隶宁国、安庆二府马船水夫系粮佥,最重要的特点是"以粮不以丁"⑤,即在编审户等时,只计算税粮多寡,不考虑人丁的因素。隆庆《岳州府志》又云:"上户佥马驴头,中、下户佥各驿水夫并江(淮)、济(川)水夫。"⑥可见江淮、济川水夫的粮佥标准,应当与驿递水夫一致。洪武元年(1368)规定,驿递水夫"于民粮五石之上、十石之下者充之",至洪武二十七年,将粮佥标准"增至五倍"。⑦ 那么马船水夫应当是由税粮25—50石的人户佥充,然而事实上各地差异较大,如江西临江府"南京江淮卫水夫一百七十五名,每名编粮一百三十石"⑧,瑞州府"大马船夫每名派正米二百六十四石五斗……小马船夫每名派正米三百三十一石"⑨。税粮在百石以

---

① 嘉靖《湘阴县志》卷2《食货》,第505页。
② 孙宜:《洞庭集》卷53《岳州府诸志绪论·邮传》,第462页。
③ 俞本著,李新峰笺证:《纪事录笺证》卷上,至正二十三年三月,第176页。
④ 康熙《永康县志》卷6《役法·驿传》,第201页。
⑤ 康熙《南城县志》卷3《驿传》云:"江、淮卫之夫……凡十年而一编,皆以粮不以丁。"(第46a页)
⑥ 隆庆《岳州府志》卷11《食货考·差徭》,第36页。
⑦ 《明太祖实录》卷29,洪武元年正月庚子,第501页;《明太祖实录》卷231,洪武二十七年二月丁亥,第3382页。
⑧ 嘉靖《临江府志》卷4《田赋志第四·驿传》,第289页。
⑨ 正德《瑞州府志》卷3《财赋志·杂役》,第739—740页。由于大马船相比小马船宽阔,难以进入河窄水浅的闸河,因此大马船只供沿江近差,不拨京长运,负担较轻,税编标准自然低于小马船。

上的大户毕竟是少数，因此地方上常将多户朋合充役，将税粮多者编为头户或首户，少者编为贴户，十年编审之时，"遇有消乏，宜如旧佥替"①，即将家庭财力消减贫乏的改为贴户，重新选取税粮多者为头户。江西安福人邹守益云："南京马船水夫……旧例以粮多者为首，少者为朋。"②因此在方志中记载的马船户数量，往往指的是马船头户。③

马船水夫粮佥和永充的划分不是绝对的。湖广巡抚席书云："查得湖广地方，洪武年间水马驿递皆是永充人户充当……至正统、景泰间有逃绝、消乏，奉例将净民之家，消乏者编朋，逃绝者佥补。"④将家力贫乏的永充水夫改为朋充，其编朋的方式自然也是按照每户税粮的比例。如果水夫逃亡，原籍马船户下无丁可以佥补，为保证原额，地方上往往按照田粮的多寡来朋补夫役。如南京兵部侍郎万镗云：湖广马船水夫"果系永充，丁尽户绝者，量减原额十分之二，余仍验粮佥补"⑤。余下原额十分之八的永充水夫，仍需按税粮佥派补足。孙宜《岳州府诸志绪论》云："南京水夫……及后减耗也，乃复有粮佥云……征户有存亡，率以朋辖者，共纳且代焉。"⑥因此存在着永充马船水夫转变为粮佥水夫的趋势。笔者以岳州府为例，将江淮、济川马船水夫数量，列举如表3-1。

表3-1 岳州府江淮、济川马船水夫数　　　　　　单位：名

	巴陵县	澧州	平江县	安乡县	临湘县	华容县	总计
永设	537	307	386	21	154	114	1519
税编	441	0	344	159	41	252	1237

资料来源：隆庆《岳州府志》卷11《食货考·差徭》，第36—40页。

湖广岳州府永充和粮佥水夫兼而有之，府志中将粮佥水夫称作"税

---

① 《明武宗实录》卷5，弘治十八年九月甲午，第165页。
② 邹守益：《东廓邹先生遗稿》卷7《书类·简郑双溪大参》，第425页。
③ 嘉靖《铅山县志》卷4《贡赋·徭役》记载："马船水夫头户，南京江淮卫四十八名。"（第86页）
④ 席书：《元山文选》卷3《计处天下驿传以一政令疏》，第423页。
⑤ 万镗：《条陈因时兴革以便官民疏》，孙旬编《皇明疏钞》卷31《时政》，《续修四库全书》第464册，第66页。
⑥ 孙宜：《洞庭集》卷53《岳州府诸志绪论·邮传》，第462—463页。按"征户"即征发马船户。

编",占总数将近二分之一。粮佥标准亦各不同,如岳州府安乡县"每夫朋米二十三石一斗九升六勺",黄州府罗田县马船水夫"每名朋米三十五石七斗四升"。①

无论是永充还是粮佥,马船户都表现出军户、民户双重性。江淮、济川二卫皆因收管马船水夫而设,并无旗军,正如南京兵部尚书潘季驯指出:"但查江淮卫止有水夫,而无军伍。水夫专管驾运物料,轮流差遣,并无着伍之士。"②江淮、济川卫马船水夫贡运时鲜品物,并不承担漕运、营操等项军役,③故《南枢志》注明江淮、济川卫"无运"。④ 马船户属于民户下叠加的次生户籍,马船水夫并非旗军,不入军籍,一般没有行月粮支领,因此在原籍设有赡夫田,需要各夫每年回籍自行取讨户丁津贴和工食,用于贡运沿途开支。这便是卫所船户与原籍船户的联系之一。

马船户与军户的类似之处体现在两个方面,即按照解军事例,原籍清勾和佥妻起解。⑤ 由于江淮、济川二卫作为亲军卫,由南京兵部掌管,因此马船水夫清勾也由南京兵部负责。除了江西等处粮佥水夫"佥妻发解,遇缺清勾"外,永充水夫亦然。如太平府"遇有逃亡,该卫册勾,若原充户有丁者拘解,无丁者另于别户佥补"⑥。湖广"原编南京济川卫马船水夫……逃者既追歇役银两,又拘佥妻解,于是一夫非数十金不能起解"⑦。为了方便水夫在卫所安家立户,防止逃亡,原籍马船户下补役人丁"必以妻孥从夫"⑧。若是无妻,原籍马船户还需帮助娶买妻室,花费不赀。为了节省开支,应付解役,还可雇募或典当妻室,如成化时应天巡抚彭韶就指出,江淮、

---

① 康熙《安乡县志》卷3《赋役志上·役法》,第248页;祝珝等修:嘉靖《罗田县志》卷2《食货志·贡赋》,第82页。
② 潘季驯:《兵部奏疏》卷1《条陈部司紧切事宜疏》,第281页。
③ 如南京兵部郎中冯时可指出,江淮、济川二卫"不操、不运、不屯"。(冯时可:《冯元成选集》卷60《覆南京江济二卫辖属疏》,《四库禁毁书丛刊》补编第63册,第538页)
④ 范景文:《南枢志》卷58《职掌部·武选司·升调科·官员制额》,第1446—1447页。
⑤ 关于明代佥妻研究,参见张志军:《何处买军妻?——明代佥妻制度研究》,《古代文明》2020年第3期。佥妻制度发轫于明代军制,就笔者目前所见,仅存在于军户。
⑥ 王廷相:《王廷相集·浚川奏议集》卷5《金陵稿·定拟各省府马船料价工食题本》,第1277页。
⑦ 同上书,第1273页。
⑧ 《明世宗实录》卷192,嘉靖十五年十月甲申,第4055页。原文作"妻挐",误,据校勘记改。

济川卫水夫"其解到者,中间多系雇典男妇"①。这是卫所与原籍马船户的联系之二。

马船贡运遇有损坏,需要发回原籍修理。② 因此地方志中记载了相应坐派马船数量,如嘉靖《应山县志》记载:"济川卫马船一只,水夫永充七名。"③明代中期马船每船水夫共20名,④地方志中额编的马船数和水夫数并不对等,如应山县额编水夫只有7名,远少于一船水夫20名的额数,可见存在一船坐派多县的情况,船只的修造自然也由多县一同承担。马船发回原籍修造给当地带来了沉重负担,如弘治元年(1488)湖广巡按姜洪言:"湖广连年荒旱,民穷特甚,而所司方督造马、快船,乞暂停止,以苏民困。"⑤可见除了帮贴工食外,原籍马船户还需参与船只修造,这是卫所与原籍马船户的联系之三。

马船水夫既要驾船贡运,又要修造船只,但"其家徭役仍又不免",户下人丁并不享受徭役优免,因此负担繁重,"但闻编充马船人夫,俱各畏如当军,逃亡相继"。⑥ 马船头户多营求躲避差役。

南京兵部车驾司郎中吴遴墓志记载:"马船头陈某恃赀干公卿避役,君不可……令兵马司定诸船户差遣,以贫富为籍。"⑦反映出卫所船户因兼具民籍性质,故由南京五城兵马司参与编审。富裕船户遇有贡运差使,亦转雇南京本地民户应役,而土民往往得银之后脱逃,南京兵部仍要行文州县,至原籍船户清勾,"徒取行文勾摄之扰"⑧。卫所与原籍马船户虽然共同承担差役,但各自承担比例没有定额,帮补津贴多少取决于卫所与原籍马船户的强弱,容易引发诉讼。迫于清勾和诉讼的压力,成化二十一年(1485)

---

① 彭韶:《陈言军民利病事》,佚名辑《皇明经世考》卷65《南畿中》,原书无页码。
② 倪涷《船政新书》卷2《船政弊害缘由》记载:"凡船只朽坏,皆发回修造。"(第151页)
③ 嘉靖《应山县志》卷1《驿传》,第17页。
④ 南京兵部尚书湛若水云:"每船小甲一名,随船水夫一十九名。"(湛若水:《参赞事略》不分卷《请复快船月粮以除帮甲困苦疏》,第113页)
⑤ 《明孝宗实录》卷21,弘治元年十二月庚戌,第494—495页。
⑥ 彭韶:《陈言军民利病事》,佚名辑《皇明经世考》卷65《南畿中》,原书无页码。
⑦ 罗洪先:《罗洪先集》卷21《明故四川按察司副使云泉吴君墓志铭》,第855—856页。
⑧ 王廷相:《王廷相集·浚川奏议集》卷5《金陵稿·定拟各省府马船料价工食题本》,第1275页。

应天巡抚彭韶提议,将马船夫役折银,摊入民田征收,解送南京雇役。① 于是马船夫役开始了自上而下的折银进程。

(三) 工料银的征收与解送

明代马船夫役折银始于弘治年间,分为水夫工食和修船料价两方面,合称"工料银"。折银最早从南直隶宁国府开始,《南枢志》记载:"弘治八年,准巡抚衙门议,将宁国一府水手,每名每年追工食银四两,解部给发。此水夫编银之始。"②在此之前,正德《大明会典》记载:"弘治七年,命定协济水夫则例。每船一号,夫十名,岁征工食、过关银一百二十两,每三年加修理船只、铺陈银四十两。"③作为"协济"南京的江淮、济川水夫,可能受此则例影响,也开始折征工食银解部。《南枢志》中并没有记载宁国修船料价的情况,根据《会典》则例来看,应当也是折银征收了。由于工食是一年一解,而马船数年一修,因此料价起初并非每年追征,故《南枢志》中没有记载具体额数。

马船折银之所以从宁国府开始,除了因为宁国府水夫数量少、距离南京较近之外,可能还与宁国府粮佥方式有关。万历《宁国府志》记载:江淮卫水夫"十年一审,田一千亩审一名"④。宁国府已经将税粮换算成田亩编佥,每1000亩佥夫一名,这样为马船工料摊入田亩征收奠定了基础,像宁国县"每民田一亩,征粮七合,支给江淮卫等处水马驿夫"⑤。那么问题在于宁国县每亩七合的工料津贴究竟是摊入全县田亩,还是税编的一千亩呢?史籍中缺少明确记载,只能根据工料银数目推测。起初马船水夫每名每年折征工食银 4 两,到了嘉靖七年(1528),南京兵部侍郎万镗疏云:"查得宁国

---

① 应天巡抚彭韶疏云:"将民田总计顷亩,通融算粮若干,随田多寡,增减征收,逐年解于应天等府,雇倩水手,送卫应当夫役。"(彭韶:《陈言军民利病事》,佚名辑《皇明经世考》卷65《南畿中》,原书无页码)

② 范景文:《南枢志》卷65《职掌部·车驾司·工料科·工料专管》,第1863—1864页。

③ 正德《大明会典》卷119《兵部十四·驿传一·水驿》,第3册,第5页。

④ 万历《宁国府志》卷8《食货志》,第911页。

⑤ 嘉靖《宁国县志》卷2《政事类·粮赋》,第620页。

府,每夫一名,岁征银十两,以八两贴工食,二两备船料。"①工食银翻了一番,可能由此导致马船工料银从摊入税编一千亩,扩大到全府的所有地亩。如果按照每一千亩佥夫一名、每亩征粮 7 合的比例,那么每夫贴粮 $1000×0.007=7$ 石,每石征银 $10/7≈1.43$ 两,折银比例较高,马船户负担沉重,因此马船水夫才改为摊入全县地亩征收。

太平府马船水夫折银始于弘治十七年(1504),太平知府周进隆奏准:"各夫工食,递年于原籍户内人丁取贴。其修船料价,议将当涂、芜湖二县万春圩草场租银,每年征银七百三十一两九钱四分,解南京兵部,转发江淮卫修造船只,不派水夫出办。"②与宁国府有所不同,太平府只将修船料价折银,水夫工食仍是采用原籍自行取贴的方式。船料银并没有摊入田亩征收,而是转从草场租银中支取。

安庆府马船夫役折银始于正德末。安庆知府罗英云:"正德年间,本府张知府议将六县田亩,每十亩纳银九分七厘,类收解部交纳。"③按张知府指的是张文锦,正德十一年至十四年间(1516—1519)任安庆知府。④ 关于马船工料银具体数量,万镗云:"将安庆府比照宁国事例,工食、料价,一起征解,官民称便……安庆府每夫征银五两,以四两贴工食,一两备船料。"⑤可见安庆府马船夫役折银是比照宁国府事例,每夫工料银 5 两。

江西、湖广由于马船户众多,民情不一,存在水夫折银或亲身应役的反复。湖广折银始于正德十三年,湖广巡抚秦金将全省驿传水马夫役核算,摊入田亩征收,"各驿递夫役,除原系先年免军额充见在者,难以更动,其余粮佥者……将各州县田粮,通融审派银两,雇募夫役"⑥。马船工料银也随之摊入田亩折征,具体数额不详。然而由于官府催征,骚扰乡里,再加上永

---

① 万镗:《条陈因时兴革以便官民疏》,孙旬编《皇明疏钞》卷31《时政》,《续修四库全书》第464册,第66页。
② 王廷相:《王廷相集·浚川奏议集》卷5《金陵稿·定拟各省府马船料价工食题本》,第1277页。
③ 同上书,第1278页。
④ 嘉靖《安庆府志》卷20《宦迹传》,第1395页。
⑤ 万镗:《条陈因时兴革以便官民疏》,孙旬编《皇明疏钞》卷31《时政》,《续修四库全书》第464册,第65—66页。
⑥ 秦金:《安楚录》卷5《文移·计处驿传以便官民疏》,第425页。

充水夫无法变更折银,因此在正德末,湖广又恢复了水夫亲当应役的办法。如《南枢志》记载:"嘉靖元年,本部奏将湖广夫役,有不愿起解者,每夫一年,征银四两或五两解部。"①"不愿起解"说明解送水夫应役的现象仍广泛存在。因此至嘉靖之后,水夫工食与料价的征解分离,即水夫亲身应役,修船料价折银征解。如嘉靖十一年(1532),湖广驿传道副使朱佩云:"船料价银俱有司征解,水夫工食俱各令民自相津贴。"②

江西马船夫役折银演变存在类似的反复过程,正德《瑞州府志》记载:"南京江淮卫大小马船夫共二百一十七名,大马船夫每名派正米二百六十四石五斗,每石征银三分二毫二丝;小马船夫每名派正米三百三十一石,每石征银三分二毫二丝。"③按《府志》刻于正德十年(1515),可见江西马船水夫折银应在此之前。江西是将马船折银摊入税编田亩中,大马船水夫每名折银 $264.5\times0.03022\approx8$ 两,数量较多的小马船每名折银 $331\times0.03022\approx10$ 两,其中水夫工食银8两,修船料价银2两,数额较高,因此江西马船水夫折银推行未久,就遭到了江西巡抚孙燧的反对。《孙忠烈公(燧)年谱》云:"(正德)十一年夏四月,议处济、淮水夫。济川、江淮二卫水夫,询之土俗,揆诸人情,执议以为不可概征工食,而仍拟勾丁为便。"④孙燧主张恢复马船水夫亲身应役的老办法,恐怕是与工食折银数量过高有关。孙燧并没有提到修船料价的情况,由于料价数额不高,应当是仍然折银解部,因此至嘉靖初年,江西与湖广类似,水夫工食和修船料价的征解分离,"江西、湖广工食银两,征给不由官司"⑤,由卫所船户自行向原籍船户取讨;修船料价银"则候明文派征转解"⑥,即由官府征解。

---

① 范景文:《南枢志》卷65《职掌部·车驾司·工料科·工料专管》,第1864页。
② 王廷相:《王廷相集·浚川奏议集》卷5《金陵稿·定拟各省府马船料价工食题本》,第1274页。
③ 正德《瑞州府志》卷3《财赋志·杂役》,第739—740页。
④ 孙燧:《孙燧集》附录《孙忠烈公年谱》,第165页。按:原文作"济、涯水夫",难以释读,应系刊刻之讹,根据文意改为"济、淮水夫"。
⑤ 万镗:《条陈因时兴革以便官民疏》,孙旬编《皇明疏钞》卷31《时政》,《续修四库全书》第464册,第65页。
⑥ 王廷相:《王廷相集·浚川奏议集》卷5《金陵稿·定拟各省府马船料价工食题本》,第1273页。

嘉靖十一年（1532），南京兵部尚书王廷相题准，将江西、湖广，南直隶太平、宁国、安庆二省三府马船夫役，自嘉靖十二年为始，工食、料价一体折银，于秋粮内派征，解送南京兵部，由官方雇役。根据万历《大明会典》记载，具体数量如表3-2所示。

表3-2 马船水夫每名工料银数　　　　　　　　　　　　单位：两

	湖广	江西	宁国	安庆	太平
工食银	3.5	4	6	4	3
料价银	1.05	1	1	1	1
总计	4.55	5	7	5	4

资料来源：万历《大明会典》卷158《兵部四十一·南京兵部·车驾清吏司》，第2215页。

至此，马船水夫工食和修船料价折银有了定额标准。嘉靖十五年，户部先是申明："将江西额编江淮、济川二卫水夫，比照湖广例，无论见在、逃故，一体征银解募。"①继而兵部覆江西巡抚秦钺疏云："近乃更法，必令徭者亲行……官民交病，宜复如旧制便。"②户、兵二部奏疏反映出，嘉靖十二年后江西仍有水夫亲身应役的情况，导致官民皆受扰害。最终马船水夫役征银雇募得到圣旨支持，马船夫役折银趋势不可逆转。

工料银解送方式上，嘉靖十一年王廷相已经题准："责令部运南粮官员解部交纳。"③嘉靖十六年，南京兵部重申"将南京江淮等卫马快船只工料银两，每年付部解南粮参政等官，与同户部钱粮，一同交纳"④。其中"南粮"指的是南直隶、浙江、江西、湖广四省直解送至南京户部税粮，主要支给南京卫所官军俸月粮。有南粮府县涵盖折征马船工料银的二省三府，故工料银由部运南粮官员顺赍。南粮官设置上，嘉靖三年南京户部题准："应解南京各仓库粮料等项，布政司于参政、参议内，各府于通判内，定委一

---

① 《明世宗实录》卷191，嘉靖十五年九月壬午，第4043页。
② 《明世宗实录》卷192，嘉靖十五年十月甲申，第4055页。
③ 范景文：《南枢志》卷65《职掌部·车驾司·工料科·工料专管》，第1866页。
④ 嘉靖《条例备考·兵部》卷2《南京马快船料付部南粮官解》，第199页。按工料银两不包括快船，"快"字衍文。

员,总部钱粮。"①其中江西和湖广各额设管粮参政(或参议)一员,南直隶太平、安庆、宁国三府各设管粮通判一员。工料银两以府为单位,由各州县南粮官带解,如湖广澧州和黄冈县工料银皆是"解府,附部运南粮官并解"②。隆庆四年(1570),江西巡抚题准:"该省各府州县工料等银,俱解布政司贮库,类总差官解部。"③即要求各府县工料银皆解送到省,汇总一起解送至南京,但可能由于批文倒换不便,至万历三年(1575),"照旧随粮解纳"④,又恢复到类府解部的旧制。

至万历九年,兵部接南京兵部咨文云:

> 本部马船工料银两,原随南粮解部,近来多不带解,以致拖欠日积,支用不敷,相应设法严催,庶免匮乏。备咨前去,希即转行布政司,今后凡遇各属南粮起解之时,务要查有前项工料额数银两,本布政司方与出给南粮批文,赴京解部交纳。如无南粮州县,亦要尽付同府有粮县分解官带解,永为定例。⑤

虽然制度上规定马船工料银官收官解,但是由于南粮本折不一,加上工料银征收不齐,难以保证南粮、工料一同解送,因此出现了南粮起运时多不能顺带马船工料银的情况。尽管南京兵部重申南粮官带解工料银,但各地实际解送情况各异,"该府县有佥官解者;有佥户长解户部钱粮,复佥次丁解工料银者"⑥,出现了民户解运的情况。万历时江西人章潢云:"及江淮、济川二卫水夫马船工料银两……每差解户,逐项转解。"⑦崇祯时湖广应山知县冒日乾云:"独江淮、济川水夫银一十六两。《全书》注载:'解府,附部运南粮官并解。'法至便,乃近岁俱单批独解,远赴陪都。"⑧可见晚明时普遍采

---

① 谢彬:《南京户部通志》卷18《征收志上》,第15b页。
② 高守泉等整理:《明万历〈澧纪〉校注》卷11《贡赋》,第480—481页;万历《黄冈县志》卷3《驿传》,第18页。
③ 范景文:《南枢志》卷65《职掌部·车驾司·工料科·工料专管》,第1868页。
④ 同上。
⑤ 万历《增修条例备考·兵部》卷5《运官带解马船工料》,第24a—b页。
⑥ 范景文:《南枢志》卷157《奏疏部·工料弊窦多端谨陈查核厘剔之法疏》,第4047页。
⑦ 章潢:《图书编》卷90《江西差役事宜》,第43b页。
⑧ 冒日乾:《存笥小草》卷2《江济水夫银附司解部议》,第577页。

用民解的方式。由于路途远,加上南京歇家、书吏的欺诈,花费不赀,解户负担沉重,因此地方官员多要求恢复官解的旧制,如崇祯中湖广临武知县徐开禧就要求马船工料银按照南粮官带解的事例,"类府解司,类司解部"①。

嘉靖十二年之后,马船水夫改由南京兵部"就近召募"②,主要面向南京城内外的土著民户。原籍马船户交纳工料银,卫所马船户应募充当水夫,支领工食银,原籍和卫所船户之间不再有直接联系,随着世代繁衍,日渐隔阂。马船水夫按照各县册籍额数雇募,工食银发放原则是"随县支取",即"必欲以本县解到银两,给所补该县水夫"③,土著民户应募充当的是哪个州县水夫,便可以支取该府州县解送到部的工食银,因此马船募夫工食银发放标准各异,湖广每夫每年工食银 3.5 两、江西 4 两、安庆 4 两、宁国 6 两、太平府 3 两。各县马船工食银在收、支上一一对应,导致了新的问题:雇役的水夫并非来自湖广、江西原籍解送,没有远近之分,但是支取工食却有高下之别,必然会有不均平的争议。因此至万历十四年(1586),船政主事倪涷将募夫工食银统一定为每年 6 两。④

除了工食银外,应募的马船水夫还可发放月粮。嘉靖十五年(1536),南京兵部尚书秦金题准:"南京江淮、济川二卫马船应该着役水夫,移文户部,即与支粮,免其重复结勘。"⑤《南枢志》注云:"此水夫食粮之始。"⑥自此之后,马船随船水夫可以分别从南京户部、兵部支取月米和工食银,如嘉靖十八年南京兵部尚书湛若水云:"(水夫)与正军相同,每月支米一石,又有原籍工食银两。"⑦马船水夫既然"给以月粮,优以雇直"⑧,待遇已经非常优厚,故贡运差使不再额外发放行粮。⑨

---

① 徐开禧:《韩山考》卷1《详文·覆申兴革事宜详》,第 63a 页。
② 倪涷:《船政新书》卷2《船政弊害缘由》,第 152 页。
③ 倪涷:《船政新书》卷1《题稿部咨·厘正五议疏》,第 114 页。
④ 倪涷:《船政新书》卷2《调度大纲》云:"即以四两为准,凡进京者增(三)〔二〕分之一,为六两。"(第 156 页)
⑤ 万历《大明会典》卷158《兵部四十一·南京兵部·车驾清吏司》,第 2215 页。
⑥ 范景文:《南枢志》卷65《职掌部·车驾司·工料科·水夫沿革》,第 1867 页。
⑦ 湛若水:《参赞事略》不分卷《请复快船月粮以除帮甲困苦疏》,第 113 页。
⑧ 《明世宗实录》卷440,嘉靖三十五年十月丙戌,第 7541 页。
⑨ 南京兵部主事朱正色《船务三事奏》云:"查得本部马船甲夫,原有月粮工食,临差不支行月粮。"(载王兆荣等编:《明朝贤臣朱正色》,第 406 页)

马船水夫工食和修船料价统一折银,摊入田亩随粮带征,官收官解,工料银解送南京兵部,由南京兵部采用雇役法,召募水夫,修造船只。南京兵部马船夫役税制改革的特点,无不体现出一条鞭法的特征,如江西兴国知县海瑞所言:"马船编矣,正户有名矣,止征银官给,禁募人私自征取,量加南京路费,佥人赍解,是亦一条鞭法也。"①马船的条编折银也成为万历十四年南京兵部快船一条鞭法改革的先驱和成例,而富足的工料银也使得马船和快船经费可以通融衷益,为快船的条编丁银奠定了基础。

明代一条鞭法的推行,一般认为是嘉靖末从江西开始,尤其以嘉靖三十九年成书的《江西赋役纪》为代表。而南京兵部马船夫役折银始于弘治八年,最终确立于嘉靖十二年,发生在一条鞭法之前。由于缺少统一的赋役核算,导致了徭役摊派不均的问题。将马船水夫工料银摊入田亩征收,对于粮佥水夫而言,是摊入税编的田亩还是州县全部田亩,会导致民户负担不同。对于永充水夫,夫役本应只由马船户自办,现在要让全县其他民户下田土共同承担,势必会引起其他民户的不满,如嘉靖二十二年湖广驿传道副使项乔所云:"江淮、济川二卫马船水夫……各夫工食银三两五钱,行令各户自办;其船料银一两五分,派于通省于粮。虽于马船水夫不无忧恤之意,然思各户亦自有户差,何以当此重复之累?"②这也导致了湖广等处马船水夫折银屡有反复。摊派不均问题的解决要到了一条鞭法施行,将府县各户的差役全部通融核算,也就不会再有重复之累了。由此可见,南京兵部马船夫役的折银化作为明代一条鞭法的先驱,其改革成果又是因一条鞭法而稳固下来,两者互相补充。

(四)工料银与水夫额数

马船水夫数量有两个层面含义,一是着船水夫数量,二是水夫户口册所登记的额数。嘉靖十二年之前,水夫亲当应役,二者所指对象一致,由于水夫逃亡会导致着船水夫数低于登记额数。嘉靖十二年折银募夫之后,马船夫名成为工料银征收的单位,额数保持不变,而着船水夫则改为募夫,随

---

① 海瑞:《海瑞集》上编《兴国八议》,第 207 页。
② 项乔:《项乔集》卷 10《政类下·湖广行·议定赋役规制疏》,第 646 页。

马船数量而变动,水夫额数和着船水夫数分离。

由于马船夫役在嘉靖十二年之前征解不由官司,因此嘉靖之前的方志几乎没有相关记载。至于嘉靖时期的地方志中,除了记载水夫数量外,还记载了额派马船数量,列举如下:

> (嘉靖)《应山县志》:"济川卫马船一只,水夫永充七名。"
>
> (嘉靖)《罗田县志》:"马船六只,水夫永充一十五名,粮佥七十三名。"
>
> (嘉靖)《大冶县志》:"南京济川卫,武字八等四号马船四只。"
>
> (嘉靖)《黄陂县志》:"武字二十八等号水夫一百二十六。"
>
> (嘉靖)《蕲水县志》:"南京济川卫马船九只,水夫二百一十二名。駛字四十四号水夫三十四名,駛字四十五号水夫三十名,駛字四十六号水夫三十二名,駛字四十七号水夫三十一名,駛字四十八号水夫三十二名,騤字号水夫三十名,骚字号水夫一十八名,骡字号水夫一十名,騷字号水夫五名。"①

这是由于马船折银之前,皆发回原籍修造,料价由地方有司负担,因此方志中载有马船数量。地方志中额编的马船数和水夫数并不对等,如应山县额编水夫只有7名,远少于一船水夫20名的额数,可见存在一船坐派多县的情况,船只的修造自然也由多县一同承担。各州县马船皆有原编字号,共同点在于皆以马字旁汉字编号,如駛、騤、骚、骡等字号,尤以駛字号为多,有48只以上,《南枢志》记载:"俱随各夫原来船号当差,并不借拨别船。"② 可见马船起取至京,仍保持原有字号,各船水夫也继续按原编字号随船当差。随着马船折银,水夫名数成为徭役征收单位,因此嘉靖以后方志中不再记载船只数目。万历十四年以后,马船重新按照"国泰民安、风调雨顺"字号编入江、济二卫,原有编号被取缔,如《船政新书》记载:"(济川卫)右

---

① 嘉靖《应山县志》卷1《徭役·驿传》,第17a页;嘉靖《罗田县志》卷2《驿递》,第82页;嘉靖《大冶县志》卷2《田赋志·驿传》,第140页;嘉靖《黄陂县志》卷1《徭役·驿船》,第20页;嘉靖《蕲水县志》卷1《驿传》,第35b页。

② 范景文:《南枢志》卷65《职掌部·车驾司·工料科·水夫沿革》,第1873页。

后所安字一百五号,即旧右所骚字号。"①

关于嘉靖十二年之后各省府马船水夫和工料银额数,《南枢志·车驾司·工料科》中有着详细记载,可视作中央南京兵部所掌握册籍的情况。而地方志、赋役全书中记载江济水夫的数量,则反映了地方上在赋役征收中所登记的册籍情况。将两者加以对比,一方面可以看到中央和地方的对应关系,以校正错讹数据,另一方面也可追溯工料银额数的演变。经考证后将各府州水夫和工料银数据详细列举如附录1所示。根据附录1可见,万历与崇祯时期的工料银数目基本一致,偶见个别府内部调整,现将万历之后各省府水夫和工料银总数总计如表3-3:

表3-3　明末各省府马船水夫和工料银数　　　　　单位:名、两

	水夫数	工料银	每夫编银
湖广	12068	50646.96	4.196798144
江西	3140	14130	4.5
太平	1730	2884.574	1.667383873
安庆	2170	9850.5	4.539400922
宁国	480	3024	6.3
总数	19588	80536.03	

资料来源:附录1。

值得注意的是,附录1中万历后工料银数目与嘉靖时数目差别较大,减少了十分之一,这种减少普遍存在于二省三府,可见是经过奏准统一裁减。嘉靖《江西赋役纪》记载:

> 减编南京马船工料之由。故额江淮、济川二卫水夫,凡叁千壹百肆拾役,每年解夫赴部。嘉靖拾贰年,改征工料,每役银伍两,附部运南粮官赍解。叁拾捌年,御史林奏行,于原数拾分内,减征壹分,嗣后岁减银壹千伍百柒拾两。②

---

① 倪涑:《船政新书》卷2《调度大纲》,第166页。
② 嘉靖《江西赋役纪》卷15《驿传》,《天一阁藏明代政书珍本丛刊》第9册,第626页。

按"御史林"指的是林腾蛟,福建永安人,嘉靖二十六年进士,万历《永安县志》记载:"召拜监察御史。时三殿毁,欲新之,财大诎,简书督南直隶、江西、湖广逋负,所至悉心规画,逋几完,余不完者奏免之。"① 三大殿火灾发生在嘉靖三十六年,林腾蛟出巡正是在此后不久。林腾蛟减免的逋负工料银成为定例,载入万历《大明会典》。② 然而地方上在裁减工料银原额时,有两种不同的计算方式,一是将水夫名数减去 1/10,如万历《江西赋役全书》和万历《江西省大志》所载,由此导致水夫数额出现小数点的情况(参见附录1),更说明夫名已经成了赋役征收单位。另一种方式是保持水夫额数不变,将每名水夫工料银减少 1/10,如嘉靖《江西赋役纪》和《南枢志》所载,发生了如下变化(表3-4):

表3-4 马船水夫每名额编工料银数 单位:两

	湖广	江西	宁国	安庆	太平
嘉靖三十八年之前	4.55	5	7	5	2
嘉靖三十八年之后	4.095	4.5	6.3	4.5	1.8

资料来源:参见附录1。

说明:太平府每夫工料银存在着变化,嘉靖十二年题准工料银4两,至嘉靖二十一年,改为"每一两二钱五分作料价,七钱五分作工食",即每夫工料银。因此,嘉靖三十八年裁减一分时,以每夫2两作为原额。

为方便讨论,此处皆采用《南枢志》的计算方式。根据表4可以看到,江西严格符合工料银/水夫=4.5两,宁国每名水夫编银6.3两,安庆和太平的每夫编银数接近4.5两和1.8两,这与表4中的数据完全相符。湖广一省中除了监利、浏阳、宁乡、湘阴四县外,皆符合工料银/水夫=4.095。其中监利、宁乡、湘阴三县,是由于代编、协济的存在,导致夫额编派工料银与实征数目不符,根据崇祯《长沙府志》的记载,将代编情况如图3-1所示:

---

① 万历《永安县志》卷7《名贤》,第1019页。
② 万历《大明会典》卷149《兵部三十二·驿传五·马快船》记载:"其水夫,太平、宁国、安庆三府,及湖广、江西查原编分数,以十分为率,量减一分。"(第2086页)

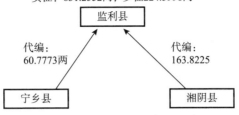

图 3-1　长沙府马船工料银代编情况

资料来源：崇祯《长沙府志》卷 5《赋役》，《湖南图书馆藏稀见方志丛刊》第 2 册，第 121 页。

至于浏阳县，按照夫额编派 251 名×4.095＝1027.845，实征银 2256.345 两，多征 1228.5 两，然而在岳州府中工料银并未见到有缺额，可能是协济了岳州府其他驿传项目。总之，湖广、江西等二省三府的工料银数皆是以水夫数为计量单位，按照每夫折银数相乘得到。

明代江济水夫额数近两万名，是继承了嘉靖时的水夫额数，并固定下来不再变动。南京兵部工料册和地方册籍中登记的夫名只是马船工料银的征收单位，并不能反映实际的马船募夫情况。万历十四年倪涑更新船政之后，马船裁减为 350 只，募夫共计 5550 名。[①] 水夫额数和募夫数的完全分离，即雇役法下收和支的分离。征收额数和支出募夫数的差额，使得工料银有大量的结余，马船工料银约 8 万两，成为南京兵部额收款目最重要的一项收入。如万历时南京兵部尚书黄克缵云："南京兵部每岁江西、湖广派有江、济二卫马、快船料银八万两。"[②] 南京兵部库银丰富也主要得益于马船工料银的征收。

[①] 其中大马船 50 只，每船募夫 15 名；小马船 300 只，每船募夫 16 名，共计马船募夫 50×15＋300×16＝5550 名。

[②] 黄克缵：《数马集》卷 9《题议减差船疏》，第 148 页。

二、快船军役编佥

军户作为明代的重要世袭户籍之一,其户下军余承担的军役历来受到关注,吴晗、王毓铨、李龙潜、于志嘉、张金奎等学者对于军户和军役的种类和划分都进行了深入研究。在明代军役演变上,学界已经达成一些基本共识,即明代军役可分为操备守城和屯田正差,以及杂泛差役。除了正军之外,永乐之后卫所舍余也开始佥派军役,最终扩大到卫所军户下所有人丁。军役的佥派以户等为原则,为了避免轻重不均,明中期之后军役也仿照民役采用均徭法和一条鞭法改革,逐步折银摊入丁田征收。于志嘉指出江西南昌卫一条鞭法始于万历初,适用范围仅限于余丁。[①] 张金奎指出:"实际上,在南昌卫之前,一条鞭法已经在江南操驾快船、马船的卫军中实行。"[②] 如前所述,马船水夫折银始于嘉靖十二年,而快船推行一条鞭法要到了万历十四年。李龙潜指出在此之前快船采用"十年一次编审夫甲"的方式轮役,而之后则改编审为召募,指出快船"从力役改为征银,雇役应差"的特征[③]。雇役上,由于马船和快船均由江、济二卫一体募夫,李龙潜认为二卫"在册水夫即马船水夫"并不准确。

南京设有四十九卫,[④]军役种类繁多,其中快船军役为南京军卫所特有,且最为沉重。如南京兵部尚书阴武卿指出南京军役"凡十八等,要之快船独当七八,别差共居二三"[⑤]。也就是说对于南京城人户而言,最值得关心徭役负担的便是快船军役。与以往研究某一卫所的诸多军役不同,本节

---

① 于志嘉:《卫所、军户与军役——以明清江西地区为中心的研究》,第186—188页。
② 张金奎:《明代卫所军户研究》,第209页。
③ 李龙潜:《明代南京马快船考释》,第203、215页。
④ 南京设四十九卫二所,除了江淮、济川、锦衣等十七个亲军卫外,其余三十二卫分隶南京五府。参见正德《大明会典》卷108《兵部三·职方清吏司殿·城隍一》,第2册,第470—471页;万历《大明会典》卷124《兵部七·职方清吏司·城隍一·都司卫所》,第1788—1789页。但是明代史籍中常有南京四十八卫的说法,最早出自贝琼《游山诗序》云:"洪武九年……时宫阙未营,朝市之位已定。四十八卫,列营左右。"(贝琼著,李鸣点校:《贝琼集》卷26《中都稿·游山诗序》,长春:吉林文史出版社,2010年,第157页)系明初时人对于驻京主力的雅称,并非实指。相关研究参见李新峰:《纪事录笺证》卷上,至正二十七年六月,第229页注释三。
⑤ 《明神宗实录》卷192,万历十五年十一月丙戌,第3607页。

选取南京军役中最重要的快船役作为研究对象,军役的类型更加具体,通过快船军役的演变又可以引起进一步的思考,如与民户的里甲和均徭役相比,快船军役是如何轮差的?一条鞭折银下正军和余丁有何不同,又是如何摊派的?快船军余的行月粮和雇役法下募夫工食之间有什么样的关系?这些问题所体现出南京兵部对于快船军余的管理和军役改革,也一定程度上反映了南京的历史地位和作用。

(一)快船军余行月粮

快船系南京锦衣卫等四十卫"拨军撑驾"①,主要以水军卫所的在营余丁着船出水。"余丁不足,多将营操正军挈补"②,因此快船水夫包括正军和余丁③在内,统称为快船军余。一船之中多佥派正军一人为首,称为"小甲"或"军甲"。快船随船军余的数量不同时期亦有变化,明初快船水夫数和小马船一样,都是20名,如正统十四年礼科给事中李实疏云:"南京马、快驾船……额设水夫二十名。"④成化二十三年,礼部主客司主事王云凤上言:"国初马、快船本装运官军马匹,及迁都北平,装一应荐新品物,及南京回还物件,一船例用水夫二十。"⑤需要说明的是,成化二十一年南京御史邹霁疏云:"(南京各卫)驾马快舟者不过一万八千。"⑥卫军驾驶的是快船而非马船,并且成化时快船九百余只,每船水夫20名,故快船军余总计"一万八千",邹疏中"马"字为衍文。

至弘治十二年,南京吏部尚书倪岳云:"其船每只虽原设小甲、余丁共二十名,其实有名无实,反成弊端。宜照粮船人数,量为增减,若得十五名

---

① 范景文:《南枢志》卷63《职掌部·车驾司·船政科·厂卫建置》,第1657页。
② 南京兵部车驾司编:《船政》不分卷《题例》,第334页。
③ 余丁与正军相对,指的是军户下除了正军以外的所有人丁。相关概念辨析参见李新峰:《明前期军事制度研究》,第282页。
④ 李实:《礼科给事中李实题本》不分卷《安抚军民等事》,第13页。
⑤ 王云凤:《虎谷集·行实录》卷1《明都察院右佥都御史前国子监祭酒虎谷先生王公墓志铭》,第406页。
⑥ 范景文:《南枢志》卷65《职掌·车驾司·工料科·收补夫役》记载:"(江淮卫万历)三十三年议定每船夫十名……(济川卫万历)三十一年议定每船甲夫十名。"(第1874—1875页)

的实亲丁驾船,庶免欺弊。"①经过倪岳建议,每船甲夫从 20 名裁减为 15 名,成为定例,正德《大明会典》记载:"南京锦衣等卫快船九百五十八只,每船小甲一名,军余十四名。"②此后数十年内,快船甲夫保持每船 15 名的额数不变。③ 万历七年,船政主事朱正色云:"盖马、快、平船,每只各设小甲一名,随船在马船水夫十五名,在快平船军余十四名。"④然而万历《大明会典》记载:"今实存快平船五百只,每船小甲一名,军余四名。"⑤短短数年,快船余丁不可能大幅度裁革,与正德《大明会典》相比,万历《大明会典》定是遗漏了"十"字。万历十四年至十六年间船政主事倪涷更新船政,小马、快、平船一体募夫差拨,在此之后,马、快每船甲夫数量完全一致,万历十六年每船 16 名,万历三十三年后减为 10 名。

与马船水夫"原无工食"不同,快船军余系食粮水夫,从南京户部支取行月粮。明代卫所正军一般月粮一石,余丁月粮则或有或无,较正军为少。行粮则是资给快船运途所需口粮,又因长差、短差而异。快船长差始于正统初年,《明英宗实录》记载:"(正统元年六月)南京装运胡椒、苏木马、快船一百艘至京,上命留五十艘备用。"⑥正德《大明会典》:"正统六年,令编排南京马、快船,以五十号为一班,轮赴北京听用,半年一替。合用口粮,于南京总领。"⑦长差船只到京之后要在张家湾守候半年,以备不时差遣,与随

---

① 倪岳:《青溪漫稿》卷 20《与兵部论快船事宜书》,第 16b 页。
② 正德《大明会典》卷 125《兵部二十·南京兵部·车驾清吏司》,第 3 册,第 99 页。
③ 正德十六年,南京户科给事中陈江疏云:"南京除孝陵、江淮、济川等数卫外,余卫各有快船二十只,或十七八只,每船轮编看守军甲、余丁十四五名。"万历《大明会典》记载:"(嘉靖)八年议准,各船小甲一名,余丁十四名。"嘉靖十年,南京兵部尚书王廷相云:"照本部见行事例,快船一只,余丁十四名。"嘉靖十八年,南京兵部尚书湛若水云:"每船一只,随船余丁一十四名。"嘉靖二十一年,南京兵部尚书熊浃疏云:"(快平船)每船小甲一名……送船余丁十四名。"(《明世宗实录》卷 3,正德十六年六月癸巳,第 133 页;万历《大明会典》卷 158《兵部四十一·南京兵部·车驾清吏司》,第 2216 页;王廷相:《王廷相集·浚川奏议集》卷 5《金陵稿·节省快船冗费题本》,第 1267 页;湛若水:《参赞事略》不分卷《请复快船月粮以除帮中困苦疏》,第 112 页;南京兵部车驾司编:《船政》不分卷《题例》,第 331 页)
④ 朱正色:《船务三事奏》,载王兆荣等编《明朝贤臣朱正色》,第 404 页。
⑤ 万历《大明会典》卷 158《兵部四十一·南京兵部·车驾清吏司》,第 2215 页。
⑥ 《明英宗实录》卷 18,正统元年六月乙巳,第 355 页。
⑦ 正德《大明会典》卷 121《兵部十六·驿传三·马快船》,第 3 册,第 59—60 页。

到随返的短差船只相比,行粮自然要优厚。《南京户部通志》记载:"正统年间,令南京锦衣等卫所驾驶快船军余,每名月支米一石。差出驾船,支行粮四斗。"①这是目前所见关于快船甲夫食粮的最早记载,②自然是包括正军和余丁而言。"行粮四斗"指的是出差时每月4斗,但文中并没有提及长、短差行粮各支几个月。景泰元年,经过土木之变以及平定邓茂七、麓川等战役,军兴浩繁,为减少财政支出,南京户、兵部开始题议裁减军余食粮。是年八月,南京户部会议题准:"南京锦衣等卫,驾使快船,正军既已月支米一石,及遇差遣,又支行粮四斗,实为冗费,今后正军出差,不与行粮。"③自此之后,快船正军每年只能领取12石粮米。

南京户部会议并没有提及余丁的情况,《南京户部通志》记载:"景泰元年,令驾驶正军,止支月粮一石,不许再支行粮。余丁差拨送船者,许支行粮。"④既然余丁差拨可以支取行粮,而余丁食粮一般低于正军,可以推测应当是将快船余丁的月粮全部裁革,只保留了每月4斗的行粮。景泰三年的制度规定证实了这一猜测,《南京户部通志》云:"(景泰)三年,令送船余丁,两个月回还者,每名共支食米八斗。北京听候半年回还者,每名共支米二石四斗,其余空闲月日住支。"⑤将快船余丁的行粮额数固定下来,每月行粮4斗,长差守候半年故支6个月,短差只支取2个月。事实上,就算是短差,往返于南、北二京的时间也远不止2个月,正军食粮12石尚不足用,更不用说短差余丁每差只有区区8斗,导致"其往返计逾十月,率多匮乏,弃船以逃"⑥。

到了成化时,南京户、兵二部不得不增加快船军余食粮。成化二年,户部会议云:"南京各卫差拨运粮并驾使马、快船只官军,例应支与行粮。"⑦题

---

① 谢彬:《南京户部通志》卷10《经费志·行粮》,第21b页。
② 南京礼部尚书姜宝记载:"快船夫国初取诸京军,无所资给而应役。后来正军不足,则滥及于军余。"(姜宝:《姜凤阿文集》卷29《船政新书序》,第207页)然而作为锦衣卫等卫军士,不可能没有口粮资给,姜宝可能指的是没有南京兵部的资给。
③ 《明英宗实录》卷195,景泰元年八月壬申,第4111页。
④ 谢彬:《南京户部通志》卷10《经费志·行粮》,第21b页。
⑤ 谢彬:《南京户部通志》卷10《经费志·行粮》,第21b—22a页。
⑥ 《明宪宗实录》卷245,成化十九年十月乙丑,第4149页。
⑦ 《明宪宗实录》卷34,成化二年九月丙子,第675页。

准之后,应当是恢复了快船正军的行粮,仍是每月一石。成化十九年南京兵部奏:

> 正统间,马、快船岁以五十艘北上听差,半年一更,驾船军粮于南京官仓尽给与之。尔后快船余丁,仅支两月行粮六斗……乞仍旧例,应月支一石者,内除家小米四斗,按月支用,其听守六月,每月六斗,共三石六斗,并余丁止支两月凡六斗者,今加再倍,为六月,共一石八斗,尽数给之,庶船运无误。事下户部,以为军夫守役于北,而粮月给于南,诚为非便,余丁粮给诚少,宜如所请,一一预给,或逃则如数追之。报可。①

此奏疏显然是专门针对快船余丁而言,相比于景泰时,快船余丁行粮从每月4斗降到了每月3斗,那么正军的行粮应当也保持一致是每月3斗。南京兵部所说正统年间"尽给与"的驾船军粮,指的是行粮和月粮全部发放,故"乞仍旧例"因袭的是正统初年快船军余月粮1石以及支取行粮的事例。

成化十九年南京兵部奏准之后,余丁又回复到了行月粮并支,但南京兵部采取了折中的办法,即将月粮1石拆分成两部分,其中家小米4斗,每月于南京仓支取,其余6斗和行粮3斗一起,按照长差守候6个月的标准随船预支,总的来说快船余丁一岁可得粮米:$0.4 \times 12 + 0.6 \times 6 + 0.3 \times 6 = 10.2$ 石,较正统时每年12石以上的行月粮仍为节省。然而这里计算的是长差的情况,快船短差两月行粮仍是6斗,如弘治十四年,南京吏部尚书林瀚云:"内府两京供用库起运钦取降真等香八十三万斤零十段……装运马、快等船五十余只,行粮四百余石。"②临时取用木香显系短差,若按照每船甲夫15名、每名行粮6斗计算,50余船总共行粮约450石,与林瀚所言相符。弘治十六年,南京户部侍郎郑纪云:"送船军余,旧例每船二十名,差拨之时,余丁每名月支行粮三斗,听守半年者,每名该一石八斗,短差两月者,每名该六斗,行之已久,并无废事。今则俱照马船、粮船事例,每月支米一石,差拨之时,又支行粮,诚为重迭滥费……其送船余丁,合无每船照旧名数,比照守

---

① 《明宪宗实录》卷245,成化十九年十月乙丑,第4149—4150页。
② 林瀚:《林文安公文集》卷2《灾异陈言事》,第740—741页。

门、修仓事例,不拘在家、差拨,每月俱支米三斗。"①可见至弘治末,快船余丁保持着行月粮并支的局面,郑纪认为食粮过多,建议将余丁食粮统一改为每月只支米3斗,但似乎未能题准通行,因为正德初南京兵部尚书柴升疏云:"南京锦衣等卫快船……每船夫甲一十五名,取于京储者,食米、行粮约有一百九十余石。"②如若每夫月支米3斗,不可能达到每船190余石之多。"食米、行粮"分别指月粮和行粮,其中月粮:$1×15×12=180$ 石,行粮短差 $0.3×2×15=9$ 石,长差则 $0.3×6×15=27$ 石,长短差平均十余石,因此柴升计算出一船甲夫行月粮"一百九十余石"。

嘉靖改元,快船余丁月粮再次被裁革。嘉靖四年,南京兵部尚书李充嗣条陈快船夫甲事云:"垛甲、余丁,劳费比于正军,而独无月粮,非便。乞照运粮余丁事例,每月给与米一石,或八斗。"③可见在此之前快船余丁1石的月米已经停支,然而兵部部覆以为"余丁给饷,非旧制,且留储告匮,亦难处给"④。在节省国储、优恤余丁的折中之下,最终圣旨批允恢复余丁月粮5斗。这一判断的依据在于嘉靖八年兵部尚书李承勋的记载:

> 各船小甲一名,余丁十四名,月支米五斗……每船行粮,人各六斗,共折银三两六钱,买米不勾一月食用,其余俱是小甲赔补。⑤

14名余丁每月月粮5斗,此外,短差行粮仍是每月3斗,发放2个月,共计6斗,通船行粮共计 $0.6×15=9$ 石,每石折银0.4两,共折银3.6两。尽管如此,仍入不敷出,贡运沿途工食开支,仍需小甲贴补。同年,南京礼部侍郎顾清因见快船甲夫"每以缺饷为患"⑥,议准:"各船小甲一名,余丁十四名。长差以一年为限,给行粮六个月。短差以八个月为限,给行粮四个月。每人一月该米三斗,折银一钱二分。"⑦军余食粮折支的情况,虽然在嘉靖前已

---

① 郑纪:《东园郑先生文集》卷4《奏革制外滥支官粮疏》,第8b—9a页。
② 柴升:《题为陈言救时弊以弭寇盗事》,陈子龙等辑《明经世文编》卷107《柴司马奏疏》,第1060页。
③ 《明世宗实录》卷53,嘉靖四年七月辛未,第1319页。
④ 同上。
⑤ 李承勋:《会议重大事宜请圣裁以裨修省事》,佚名辑嘉靖《本朝奏疏·兵部》,原书无页码。
⑥ 《明世宗实录》卷99,嘉靖八年三月辛亥,第2345页。
⑦ 万历《大明会典》卷158《兵部四十一·南京兵部·车驾清吏司》,第2216页。

有发生①,但是快船食粮折银发放,始见于此,折银标准为0.4两/石。顾清将短差的行粮从发放2个月提高到了4个月,但是长差仍给6个月行粮,于缺饷无补,推测应当同时恢复了余丁月粮,这可以得到南京兵部尚书王廷相的题本印证。嘉靖十年,王廷相疏云:"为照本部见行事例,快船一只,余丁十四名,每名月支米五斗……通计一船,岁支米八十四石。其出差之时,每名月支行粮三斗,折银一钱二分;短差四月,共该银七两二钱;长差六月,共该银十两四钱四分……合无今后差回,无差之年,其原派驾船余丁,俱各退出,回卫听差。其在船月粮、行粮,转行南京户部通行住支。"②快船余丁虽然重新支取月粮,但南京兵部采取了折中的办法,余丁每名月支米5斗,低于正军的1石。然而由于快船三年一差,余丁空歇两年,仍岁支月粮6石,王廷相认为实属滥给,因此要求空歇年份将余丁月粮住支,尔后题奉钦依,载入《大明会典》之中。③

事实上,就算是无差之年,快船余丁也需要在船坞看守、修造船只,全无月粮支给,余丁受累困苦,日不聊生,余丁月粮的发放又出现了反复。嘉靖十八年,南京兵部尚书湛若水题请恢复快船月粮,疏云:"合无于未差之时,准照旧例,于南京户部支取月粮,换折银两,积贮司库,不使一时坐食浪费。候该差轮到,即以库中所积本船月粮折银,分别远近差遣,定数支给之,亦不使浪费。"④题议恢复快船余丁月粮,但为了避免余丁平日肆意花费,临差之时无力贡运,改为行月粮通于差拨之时支给。月粮发放标准仍是正军1石,余丁5斗,如嘉靖二十一年南京兵部尚书熊浃云:"每船小甲一名,月米一石,送船余丁十四名,月各支米五斗。"⑤嘉靖二十五年,南京兵部尚书宋景正式为快船军余月粮作出了制度性规定:

---

① 如"成化十二年,令南京官军人等俸月等粮,每年俱于五月、十一月全支小麦",谢彬:《南京户部通志》卷9《经费志·月粮》,第5a页。
② 王廷相:《王廷相集·浚川奏议集》卷5《金陵稿·节省快船冗费题本》,第1267—1268页。按长差应该折银15×0.12×6=10.8两,然而疏云10.44两,似乎计算有误。
③ 万历《大明会典》卷158《兵部四十一·南京兵部·车驾清吏司》记载:"(嘉靖)十年奏准,快船无差之年……在船月粮转行南京户部住支。"(第2216页)
④ 湛若水:《参赞事略》不分卷《请复快船月粮以除帮甲困苦疏》,第114页。
⑤ 南京兵部车驾司编:《船政》不分卷《题例》,第331页。

一快船一只,小甲一名,系正军者月支米一石,余丁月支米五斗。送船余丁一十四名,每名月支米五斗,出差之时,每名俱月支行粮三斗。

一长差甲余,俱支行粮六个月,每名支行粮三斗,折银一钱二分,共支银七钱二分。

一短差甲余,俱支行粮四个月,每名支行粮三斗,共支银四钱八分。①

直至万历十四年倪涷更新船政采用雇役法之前,快船军余的行月粮一直按此标准发放。值得注意的是,快船余丁关支月粮皆"以领船日为始,以交船日住支"②,也就是说快船三年一差,三年内长差月粮按 12 个月发放,短差月粮则是"以八个月为限"③,而无差之年则依然不支分文。这样就可以解释船政主事倪涷所说的"(快船)惟正甲有安家月粮十二石,长差行月粮一百一十一石,短差则行月粮七十四石而已"④。除了正军小甲每岁月粮 12 石外,快船余丁长差月粮 14×0.5×12=84 石、军余行粮 15×0.3×6=27 石,合计 111 石。快船余丁短差月粮 14×0.5×8=56 石、军余行粮 15×0.3×4=18 石,合计 74 石。按照宋景题准的事例,快船军余月粮一般发放本色,⑤而行粮则一律按照每石 4 钱折算,分别于南京户部银库、官仓领取。至万历七年,船政主事朱正色题请"将余丁月粮,比照行粮事例,一体每名改折银四钱"⑥。如此一船余丁长差月粮可得银 84×0.4=33.6 两,短差月粮折银 56×0.4=22.4 两,故朱正色云:"长差一船军余可得三十余两,短差一船军余可得银二十余两,既免别项亏损,分毫俱得实用。"⑦

万历十四年更新船政前夕,南京兵部尚书顾章志会计快船食粮云:"查

---

① 谢彬:《南京户部通志》10《经费志·行粮》,第 23a 页。
② 万历《大明会典》卷 158《兵部四十一·南京兵部·车驾清吏司》,第 2216 页。
③ 朱正色:《船务三事奏》,载王兆荣等编《明朝贤臣朱正色》,第 406 页。
④ 倪涷:《船政新书》卷 2《船政弊害缘由》,第 152—153 页。
⑤ 其中"若遇二月、十月折色,一例支银,每石五钱"(谢彬:《南京户部通志》10《经费志·行粮》,第 23b 页)。
⑥ 朱正色:《船务三事奏》,载王兆荣等编《明朝贤臣朱正色》,第 406 页。
⑦ 朱正色:《船务三事奏》,载王兆荣等编《明朝贤臣朱正色》,第 406 页。

得先年快平船原设捌百只,守船有月粮,而出差有行粮,每岁所支约米叁万石。自嘉靖、万历等年,裁减船粮,见支贰万石。"①此一岁快船行月粮之大概。那么岁支二万石是如何得出的呢?按嘉靖初年快船800只,万历二年减为500只,隆庆六年题准"十年内量编三差"②,即每年差拨150只。内100只以每50只为一帮,分上、下半年于张家湾守候长差,其余50只则系短差。因此每年正军小甲月粮$500×1×12=6000$石,快船军余长差行月粮$100×111=11100$石,短差行月粮$50×74=3700$。在不考虑折银的情况下,一岁合计支米$6000+11100+3700=20800$石,即为顾章志疏中所言"见支"之数。万历十四年之后快船采用雇役法,一切正甲、帮甲、余丁等名色,尽行除豁,行月粮通行住支。

综上所述,快船军余的行月粮变化较大,往往因困苦而题增,又以靡费粮米而议减。从总的趋势来看,明初南京户、兵二部争论的焦点在正军小甲是否支取行粮,然而余丁数量远较正军为多,因此成化以后,部议的焦点在于快船余丁是否支取月粮,经过多次反复,最终嘉靖二十五年之后,采取了折中的办法,即快船余丁只发放出差在外相应月份的行月粮。现将快船军余不同年份的行月粮演变,总结如表3-5所示:

表3-5 明代快船军余行月粮

时间	月粮		行粮		
	小甲	余丁	小甲	余丁	折银
正统年间	1石/月	1石/月	0.4石/月	0.4石/月	
景泰元年	1石/月	0	0	0.4石/月	
景泰三年	1石/月	0	0	0.4石/月,长差支6个月,短差支2个月	

---

① 倪涷:《船政新书》卷1《题稿部咨·快船雇募疏》,第121页。
② 万历《大明会典》卷158《兵部四十一·南京兵部·车驾清吏司》,第2216页。

(续表)

时间	月粮		行粮		
	小甲	余丁	小甲	余丁	折银
成化二年	1石/月	0	0.4石/月,长差支6个月,短差支2个月		
成化十九年	1石/月	1石/月,内0.6石/月按出差月份支放	0.3石/月,长差支6个月,短差支2个月		
弘治十六年	1石/月	1石/月	0.3石/月,长差支6个月,短差支2个月		
嘉靖四年	1石/月	0.5石/斗	0.3石/月,短差支2个月		0.4两/石
嘉靖八年	1石/月	0.5石/斗	0.3石/月,长差支6个月,短差支4个月		0.4两/石
嘉靖十年	1石/月	0.5石/斗	同上	0	0.4两/石
嘉靖二十五年	1石/月	0.5石/斗	0.3石/月,长差支6个月,短差支4个月		0.4两/石
万历七年	1石/月	0.5石/斗	0.3石/月,长差支6个月,短差支4个月		行月粮一体折银,0.4两/石
万历十四年	1石/月	0.5石/斗	0.3石/月,长差支6个月,短差支4个月		

(二)船甲的编审与轮差

根据表3-5可见,快船小甲的行月粮一直比较稳定地发放,这与快船小甲职责繁重有关。所谓小甲,如南京兵部尚书顾章志所云:"因船无定主,易于朽坏,乃佥有力者,使总一船之事,而名之为小甲。"[①]小甲作为一船

---

① 倪涷:《船政新书》卷1《题稿部咨·快船雇募疏》,第119页。

夫头,总领一船的事务。小甲率领快船水夫驾船出差,运送贡品,称为"出水";无差之年则守船维修。余丁只是"随船帮驾"①,根据其职责,可以分为水手、舵手、拦头等。② 快船出水期间的水夫饮食、过闸过坝、贡品搬运脚价等开销,自然主要由小甲承担,再加上运河的阻滞、沿途内官和关津的勒索,往往"一船京差往回,动经费银四五十两,不勾花销"③。因此快船军役中以小甲的任务最为繁重,如弘治中南京吏部尚书倪岳云:"亲见一新佥小甲,初颇殷实,一年两差,房产随尽,遂为贫户。"④面对军役的繁难,快船军余往往通过买嘱书吏,免派甲役,或者窜入南京势要衙门,充当吏役以躲避船差,甚至弃船逃亡,遗下船差又进一步加重了现存快船军余的负担。为了稳定军户、保证贡运不被延误,南京兵部试图通过改变编审方式来均平军役负担。

  明中叶以后,快船军役演变中,出现了垛甲和帮甲的设置。垛甲指的是将若干名军余编为一垛,共同承担甲役,也称"垛名"或"朋充"。帮甲则是帮贴、资助小甲,帮助其出水。快船小甲的朋充和帮贴出现于正德年间,如正德六年,南京兵部尚书柴升疏云:"贫难之家,二三朋名,四五帮贴。"⑤南京兵部尚书熊浃云:"正德八年,因差繁难,每船佥取军余三五名,名曰垛甲,照分出银,帮助小甲出水。"⑥有如马船水夫逃绝改为按粮编朋,快船也出现了朋充,垛甲和帮甲的设置自此固定下来,并载入《大明会典》中。⑦

  快船小甲垛名的方式,嘉靖初南京兵部武选司主事林炫云:"迩来每船

---

  ① 柴升:《题为陈言救时弊以弭寇盗事》,陈子龙等辑《明经世文编》卷107《柴司马奏疏》,第1060页。
  ② 船政主事祁承爍云:"自今以后,差银先给(小甲)一半,赴厂即令水手、头、舵人役,眼同齐买什物柴米等件。"(祁承爍:《澹生堂集》卷21《吏牍·核贡二》,第496页)按,其中"头"指的是拦头,负责把守船头;"舵"是掌舵的舵手。"小甲"二字为笔者所加。
  ③ 柴升:《题为陈言救时弊以弭寇盗事》,陈子龙等辑《明经世文编》卷107《柴司马奏疏》,第1060页。
  ④ 倪岳:《青溪漫稿》卷20《与兵部论快船事宜书》,第16a—b页。
  ⑤ 柴升:《题为陈言救时弊以弭寇盗事》,陈子龙等辑《明经世文编》卷107《柴司马奏疏》,第1060页。
  ⑥ 南京兵部车驾司编:《船政》不分卷《题例》,第331页。
  ⑦ 万历《大明会典》卷158《兵部四十一·南京兵部·车驾清吏司》,第2216页。

小甲,三家朋当。"①即在南京卫所快船军户中,每三户共同推选一丁承担甲役,或是仿照"三户垛一"的垛集法②而来。帮甲的设置则是将甲役朋充的范围进一步扩大,如嘉靖十八年南京兵部尚书湛若水疏云:"快船小甲,当苦不过,其势不得不尽城中之余丁稍有衣饭者帮之,其名为帮甲,于是十年一次审编之例起矣。"③可见帮甲与帮丁(正军户下帮贴的余丁)类似,都是出资帮补军役,但帮甲并非仅来自快船小甲本户,而是编审、佥派南京锦衣卫等四十卫不同军户中家境殷实的余丁。随着甲役有增无减,帮甲的员数也越来越多,嘉靖初只是"一二名帮甲"④,嘉靖二十一年时已是"每船或四五名,或七八名"⑤,到万历十四年时,每船"每年正甲一名,帮甲十名,余丁十四名,而又有数人垛一名者"⑥。帮甲的数量达到 10 名。南京兵部将众多正军、余丁编成一个大的朋充单位,共同分担快船甲役,以此减轻每名军余的负担。其中领船出水,亲身应役的小甲则称为正甲。

与民户里甲役十年一轮类似,快船甲役的编审也是以十年为一周期。正德《大明会典》记载:"凡马、快船夫甲,每十年审实重编。"⑦南京兵部审验快船军余"户则高下"⑧,从而"佥有力者"⑨。其中"户则"指的就是户等,"力"也称作家力、丁力,指的是各军余家庭资产与财力状况,而非人丁的多寡,最终承担快船军役的当然是户等高的殷实人户。如果十年之内,小甲家庭资产消减贫乏的话,"听其自行举报相应之人"⑩,待到下次造册替换。

---

① 林炫:《林榕江先生集》卷 11《兵曹处置事宜状》,第 176 页。
② 王毓铨将"垛集法"总结为:"集民户三户为一垛集单位,其中一户为正户,应当军役。其他二户为贴户,帮贴正户。"(王毓铨:《明代的军户——明代配户当差之一例》,《王毓铨史论集》,第 654—655 页)
③ 湛若水:《参赞事略》不分卷《请复快船军粮以除帮甲困苦疏》,第 114 页。
④ 万历《大明会典》卷 158《兵部四十一·南京兵部·车驾清吏司》,第 2216 页。
⑤ 南京兵部车驾司编:《船政》不分卷《题例》,第 329 页。
⑥ 倪涑:《船政新书》卷 2《船政弊害缘由》,第 153 页。
⑦ 正德《大明会典》卷 125《兵部二十·杂行·车驾清吏司》,第 3 册,第 98 页。
⑧ 万镗:《条陈因时兴革以便官民疏》,孙旬编《皇明疏钞》卷 31《时政》,《续修四库全书》第 464 册,第 71 页。
⑨ 倪涑:《船政新书》卷 1《题稿部咨·快船雇募疏》,第 119 页。
⑩ 万镗:《条陈因时兴革以便官民疏》,孙旬编《皇明疏钞》卷 31《时政》,《续修四库全书》第 464 册,第 71 页。

考虑到十年太过久远,万历七年,南京兵部"改定五年一编"①。

无论垛甲还是帮甲,都是"照分出银",帮贴小甲出差。其中"分"就是根据各军余的户等高下确定的。如嘉靖二十四年(1545)南京兵部主事李迁云:"查得快船帮甲之设,当初审编殷实人户,止照分数出办年例、贴差银两。"②可见"分"指分数、比例,即垛甲、帮甲等军余各自的家庭资产比例。

快船军余按照比例应当出多少银两?嘉靖十年,南京兵部尚书王廷相疏云:"帮甲银二十两,减去十两,仍供办银十两,给与小甲,以为不时舱船及置买什物看守船只之用。遇差之年……帮甲仍照旧全贴银二十两,以便往回之费。"③帮甲出银时既然减去10两,怎么又要全贴20两?前后文看似矛盾。对此,嘉靖二十一年南京兵部尚书熊浃有更为清晰的解释:

> 各该帮甲,仍照先年编定事例,每年每分出银壹两,本卫照数征收解部,存贮该司官库。但遇出差年分,照例将前银支出壹拾两,再令各甲出银壹拾两,共贰拾两,以助小甲出水费用。④

"先年"即指的是嘉靖十年王廷相题准事例。快船帮甲实际上每年都出银10两,但是名目不同,无差之年帮贴的银两称作"年例银",收贮南京兵部总库;有差之年,帮甲出银10两,称为"贴差银",与库储年例银凑足20两,交与小甲,贴补出水费用。众帮甲以"十分"为标准,每年共出银10两,因此从数量上来说,快船军余"一分"资产,每年需要帮贴一两银子,即"每年每分出银一两"。也就是说,每名军余资产占总数的十分之几,便出银几两。

不独帮甲出银,快船余丁亦然。快船余丁理论上需要驾船出水,但实际上往往"困穷畏祸,往往雇觅积年走差之人,代为出水"⑤,称为"外水"。快船余丁于是每年贴银小甲,作为私雇外水即代役的费用。万历初年,船政主事朱正色言,快船"军余不论有差无差,每名每年出银五钱三分,小甲

---

① 《明神宗实录》卷88,万历七年六月乙未,第1826页。
② 南京兵部车驾司编:《船政》不分卷《禁约》,第340页。
③ 王廷相:《王廷相集·浚川奏议集》卷5《节省快船冗费题本》,第1268页。
④ 南京兵部车驾司编:《船政》不分卷《题例》,第337页。
⑤ 倪涷:《船政新书》卷2《船政弊害缘由》,第154页。

收领,雇人看守撑驾,通不上船"①。到了万历十四年,余丁贴银的数目增长为五钱七分,船政主事倪涷云:"军家快船,上者身亡家破,而最下者亦岁办银伍钱柒分。"②当然如果余丁自愿跟随船只出水,便不用贴银,因此快船余丁可分为"随船"和"贴差"两种。快船军余私自雇役的行为,在南京兵部看来,并不可靠,雇募的外水往往生事害人,南京兵部仍然希望余丁亲身应役,朱正色就坚决主张快船余丁"每年免其纳银五钱三分,当作自己出外盘费"③。

除了帮甲和垛甲,快船小甲似乎还有不同的类型。万历《大明会典》记载:

> 嘉靖元年题准,南京各卫快船……每年审编惯熟河道者为随船小甲,管领船只出差。家道颇过,或二三家垛名为修船小甲,令在家听候修理。一遇拨差,开具在船什物,告给印信批单,交付随船小甲领驾赴京……若修船小甲,情愿随船出差者,听。④

似乎小甲在职能上有出水或修船的划分,即熟悉河流水道的军余充当随船小甲,而家境颇为殷实的军余朋充修船小甲,但是修船小甲又可出水,那么编审为修船小甲与随船小甲有什么区别?随船小甲是否垛名呢?为了回答以上问题,先需注意《大明会典》关于小甲船只交接的记载,这是由于"快船系轮役也"⑤,即随船小甲出水结束回到船坞后,需将船只交与修船小甲修理。那么如果搞清楚快船的轮差方式,也就能理解《大明会典》中记载的小甲种类。

如果快船小甲的数量,与每年出水船只总数吻合,那么每年各军余按照对应编号船只出水即可,一船一甲,并不需要轮役。但是由于垛甲的存在,甲役的数量要多于快船的数量,也就出现了轮差。

---

① 朱正色:《船务三事奏》,载王兆荣等编《明朝贤臣朱正色》,第405页。
② 倪涷:《船政新书》卷4《客问》,第238页。
③ 朱正色:《船务三事奏》,载王兆荣等编《明朝贤臣朱正色》,第405页。
④ 万历《大明会典》卷158《兵部四十一·南京兵部·车驾清吏司》,第2215页。其中"家道颇过"指家庭条件说得过去、尚可。
⑤ 倪涷:《船政新书》卷1《禀揭文移·郭堂翁禀帖》,第139页。

与民籍一里十甲每年轮充里甲正役不同,快船军役约三年一差。① 在不同年份中,军余或出水运送贡品,或在船看守歇役,负担极不相同。那么南京兵部如何保证轮役的公平和均衡?万历《大明会典》记载:"隆庆六年题准,快平船小甲,劳逸不均,议于十年内量编三差,其业厚者则定以全差,稍次则二差、一差,又次则二三人朋合一差。"② 可见由于军余贫富不同,垛甲情况也不尽相同。户产殷实的可以十年内独领数差,无须垛名;但绝大部分军余家境贫难,只能朋充。《船政新书》云:"十年总定三差,每差朋有数役,其间分上、中、下三甲,而又某人分帮某人几个月,又某人系当出水,某人系当贴差。"③ 这样的话,在一船垛甲各夫中,势必又存在着多个小的垛集单位。为了方便理解,我们假设一船小甲6名军余朋充,按照贫富不同分为上、中、下三甲。十年之中,快船分别在第3、6、9年出水,轮役方式如表3-6所示:

表3-6 快船军余轮役方式

船只状态		修	修	差	修	修	差	修	修	差	修
时间		第1年	第2年	第3年	第4年	第5年	第6年	第7年	第8年	第9年	第10年
上甲	军余1	守船	守船	出水							守船
中甲	军余2				守船	守船	出水				
中甲	军余3				年例	年例	贴差				
下甲	军余4							守船	守船	出水	
下甲	军余5							年例	年例	贴差	
下甲	军余6							年例	年例	贴差	
帮甲	10名	年例10两	年例10两	贴差10两	年例10两	年例10两	贴差10两	年例10两	年例10两	贴差10两	年例10两
余丁	14名	随船出水,或者每名每年贴银0.57两									

---

① 万历十四年,南京兵部尚书傅希挚云:"本部原设进京快平船五百只,马船三百六十四只,共船八百六十四只,十年三差。"(倪涷:《船政新书》卷1《禀揭文移·移内守备禁约出差各监局官员帖》,第141页)平均每3.3年一差,三年一差系简称。万历十四年后改为两年一差。

② 万历《大明会典》卷158《兵部四十一·南京兵部·车驾清吏司》,第2216页。

③ 倪涷:《船政新书》卷2《船政弊害缘由》,第153页。

可以看到,军余 1 作为上甲,可以独领一差。军余 2、3 产业次之,作为一个垛集单位,承担第二次差拨。一般不会两人同时出水,所以假定军余 2 出水的话,军余 3 势必出银贴差。同理,下甲构成一个更大的垛集单位,朋充一差。由于快船的修差原则是一差一修,军余 2 从军余 1 手中接过船只之后,不可能立马出水,首先需要对船进行修理,因此在第 4 和第 5 年,军余 2 需要看守在船,而军余 3 则交纳年例银,如《船政新书》云:"有差既当出水,无差又纳年例。"①那么,同样在无差的第 1—3、7—10 年间,军余 3 需要交纳年例银吗?答案是否定的。如果需交纳年例银,那么军余 3 和帮甲便没有了区别,都是有差之年出贴差银,无差之年出年例银。如此一来,只需要将小甲垛集单位不断扩大即可,何必额外设置帮甲?且十年内军余 3 朋领一差,已经是按照资产量力编佥后的结果,倘若无差年份再交纳年例银,势必难以承受。当然也可以是军余 3 看守在船,军余 2 交纳年例银,这便是小的垛集单位内部的商议分配了。总之,快船小甲的轮差,指的是在每船甲役朋充范围内,又划分为多个小的垛集单位进行轮役。

厘清快船小甲的轮差方式,前引《大明会典》中的疑问就可以得到解释了。概括来讲,并不存在职责上分开的随船小甲和修船小甲,对于小甲而言,有差随船、无差修船,只是不同时间承担的职责不同而已。前一任小甲领船完差回坞之后,便交与下一任小甲接管修理。小甲的垛名既可以指所有的朋充军余,也可以指每差中小的垛集单位。

事实上,无论是帮、垛还是轮差,都没有从本质上减轻军余的负担。除了差遣任务繁重之外,每当编审甲役的时候,书吏从中需索,快船军余无不受其骚扰,"一船所累,毋虑数十百家,总之殆六七万家"②。所谓的编佥有力者也是有名无实,家资富饶的有力者百计贿买官吏,营求脱免船差,"及贫穷愚弱之辈,无不领船当差"③,以至于时人感叹:"快船小甲,系南京第一苦差。"④快船军余被迫卖妻鬻子、投河自尽。除了令人悲悯之外,在南京兵

---

① 倪涷:《船政新书》卷 2《船政弊害缘由》,第 153 页。
② 倪涷:《船政新书》卷 1《题稿部咨·快船雇募疏》,第 120 页。
③ 倪涷:《船政新书》卷 1《禀揭文移·郭堂翁禀帖》,第 139 页。
④ 万镗:《条陈因时兴革以便官民疏》,孙旬编《皇明疏钞》卷 31《时政》,《续修四库全书》第 464 册,第 71 页。

第三章 贡运夫役的编佥

部官看来,锦衣卫等四十卫这些走投无路的军余,万一揭竿而起,一呼百应,后果不堪设想,会严重威胁留都的治安。因此,推动快船军役的进一步改革,减轻基层军余负担,便势在必行。

(三) 快船军役的一条鞭法改革

快船军役改革的核心在于施行一条鞭法,即"以近时之条编,而行宋世之雇役"①。南京卫所军役冗杂,多达十余种,如漕运总督王宗沐所云:"查得南京各卫军士,上户殷实者,尽佥黄、马、快船小甲,其次为帮甲,再次为营操、屯田、听继等差,选剩方佥运役。"②理论上讲,每一名军余只承担一种差役,"并不许别差扳扯,别差亦不许夤缘混入"③,以防止差役混淆、官吏营私舞弊。因此,快船军余并不需要参与屯种、漕运等任务,一般也就没有官给屯田。与民役摊入丁、田征收不同,快船军役一条鞭法改革,"无田亩、粮籍可凭"④,那么应当按照什么标准摊派军役? 折银数量又是多少?

快船军役改革始于万历十四年(1586)五月,南京兵部右侍郎顾章志题准:

> 以次年为始,各卫通免审甲,革去前日小甲之名,悉用有司条编之法。每船一只,编银叁十两,审照贫富,以为差等,征银解部,募夫应用。⑤

鉴于快船编审时有垛甲、帮甲之分,出水、年例、贴差之别,名目繁多。因此南京兵部将审甲改为编银,全船军余按照同一标准,只编派银两,帮甲、年例等诸多名目全部革去。同时对快船征银作出定额预算,每船30两。这样,500只快船,则共征银1.5万两。每卫编银数额则因船数而异,详情如表3—7。

---

① 倪涷:《船政新书》卷2《船政弊害缘由》,第155页。
② 王宗沐:《敬所王先生文集》卷23《条列议单款目永为遵守疏》,第487页。其中"马"字为衍文。
③ 祁承㸁:《澹生堂集》卷21《吏牍·核贡四》,第5册,第517页。
④ 倪涷:《船政新书》卷4《客问》,第237页。
⑤ 倪涷:《船政新书》卷1《题稿部咨·快船雇募疏》,第121页。

表 3-7　南京锦衣等四十卫快船条编丁银数

序号	卫分	快船数量（只）	编银（两）	序号	卫分	快船数量（只）	编银（两）
1	锦衣卫	37	1110	21	龙江右卫	18	540
2	旗手卫	6	180	22	沈阳左卫	2	60
3	金吾前卫	15	450	23	沈阳右卫	5	150
4	金吾后卫	10	300	24	龙虎卫	7	210
5	羽林左卫	8	240	25	龙虎左卫	5	150
6	羽林右卫	15	450	26	留守右卫	15	450
7	府军卫	15	450	27	水军右卫	11	330
8	府军左卫	17	510	28	虎贲右卫	16	480
9	府军右卫	18	540	29	武德卫	8	240
10	府军后卫	17	510	30	留守前卫	12	360
11	留守中卫	8	240	31	龙江左卫	20	600
12	神策卫	5	150	32	豹韬卫	6	180
13	广洋卫	16	480	33	天策卫	12	360
14	应天卫	9	270	34	豹韬左卫	9	270
15	和阳卫	3	90	35	龙骧卫	7	210
16	留守左卫	11	330	36	留守后卫①	13	390
17	水军左卫	15	450	37	鹰扬卫	17	510
18	骁骑右卫	15	450	38	兴武卫	18	540
19	镇南卫	8	240	39	江阴卫	17	510
20	虎贲左卫	15	450	40	横海卫	21	630

资料来源：范景文：《南枢志》卷 64《职掌部·车驾司·船政科·快船编丁》，第 1743—1750 页；倪涷《船政新书》卷 2《调度大纲》，第 155—156 页。

说明：1.快船总数 502 只，编银 15060 两。2.留守左卫快船数，《南枢志》载 11 只，《船政新书》载 12 只，今两存之，表中按《南枢志》数据计算。

---

① 《南枢志》卷 64 原作"留守右卫"，与序号 26 重复，显系刊刻之误，今据《船政新书》改。

具体到每只快船,30两又是如何编派的?船政主事倪涷云:"富者或以壹人而派叁丁、伍丁,以至拾丁、贰拾丁,贫者或壹人止壹丁,或贰人共壹丁,或叁人共壹丁,尽壹船户内人数,扣派壹百丁,每丁编银叁钱,共足叁拾两。计丁编银,计力派丁,人多不增,人少不减,名曰快船工料银。"①征收银两用于支付水夫工食和修船料价,故名"工料银"。其编派对象,是时下所有的快船军余,包括所有垛甲、帮甲和余丁。由于快船军役无法摊入田亩征收,只能"计力编银",所以李龙潜指出,"所谓'计力派丁',就是派丁以贫富为准则"②。明代南京名士顾起元曾将快船编丁之法总结为:"止计物力,不计人口,富者或一人而认二三十丁,贫者或二人而共一丁,大约如田土条编之法而制加详。"③此种编审的原则和一条鞭法改革之前是一致的,实际上就是把快船军余本来的"户等",定量化成"丁银",这也大大简化了一条鞭法的编审工作。快船工料银的编派以"丁"为单位,所以也称为"丁银"。由此"丁"具有了双重含义,既可以指征课对象,即纳银的快船军余,称为"快丁",也可以指快船军役折银征收单位,一丁就是3钱。家产富裕的军余可以一人摊派数十丁,而家境贫难军余,也可以垛名,如三人朋充一丁,每人每年只需缴纳1钱即可。④ 从总数上看,一船百丁,502只快船约有五万快丁。

与民户不同,快船军余除了交纳丁银之外,每船还需征派正军油舱银和听继银,这与军户身份世袭有关。船政主事倪涷云:"或先曾审有听继人户,亦照例派丁,每丁亦照例纳派银叁钱;或系正军者,以其食粮免操,除量力派丁外,仍征油舱银贰两,不在叁拾两之数。"⑤一条鞭法并没有改变快船正军的户籍身份,快船正军仍登入军籍册中。正军既然不承担操备、驾船军役,又领取月粮1石,自然要有额外输纳,即每年输油舱银2两。"听继"

---

① 倪涷:《船政新书》卷3《派丁编银之法》,第184页。
② 李龙潜:《明代马快船考释》,第215页。
③ 顾起元:《客座赘语》卷2《快船》,第53页。
④ 至万历四十三年,船政主事祁承爜进一步将朋编丁银的范围缩小,限定为"止许两人间朋一丁,然每船不得过五名",这样可以避免过多军余窜入朋丁,来躲避快船丁银负担(祁承爜:《澹生堂集》卷21《核贡四》,第5册,第516页)
⑤ 倪涷:《船政新书》卷3《派丁编银之法》,第184页。

有"替补"的含义,对于不堪卫所官占用、役使的军余,倪涷准许他们"赴告本部,随便入快船号内,或派壹丁,或贰人或叁人共壹丁,开入听继",纳银不过3钱,可以减轻负担。油舱银和听继银设置的意义,在于保证每船每年30两快丁银的足额缴纳。十年之中如果有快丁逃故,欠缺的丁银,就由正军油舱银派补,或将听继军余算作快丁,"帮入正数内"①,这也是为什么这两项征派银"不在叁拾两之数"。

为了巩固一条鞭法的改革成果,防止其他差役的牵扯混淆,南京兵部将快船丁银定为子孙世代承袭办纳。万历十五年南京兵部尚书阴武卿《请定差役疏》云:

> 军差尺籍混淆者,以军余各差,国初所未有,亦今甲所未载,故虽有分认,而亦易纷更。今快船编派丁银,比之别差,轻重相等,而又该本职逐一清理,各差俱已从一。合无题请,恭候明旨,著为定例,凡快、平船丁银,悉以今册为据,子孙永远办纳,即有消长,止于本册内增减,并不许扳扯别差,亦不许别差扳扯。②

据阴武卿统计,南京各卫军役的佥派混淆、纷更,呈现出交织的状态,如船政主事倪涷所云:"向以快船差重,每将别差户内人丁扳扯帮补,而别差临役之时,亦扯快船歇役人丁。"③本等军户余丁帮补其他军户差役,这有违明初"配户当差"的祖制。经过阴武卿清理军役,快船差役被固定下来,快丁只办纳快船工料银一项。阴武卿强调船差和别差不许互相扳认、牵扯,反映出"军差(军役)"和"尺籍(军户)"之间的一一对应关系。但是,考虑到世代繁衍,这种做法会出现三个新的问题。

第一,快丁身份具有了世袭的性质。快丁的所有子孙世世代代都是快丁,那么油舱正军的身份如何世袭呢?正军在丁银之外交纳油舱银,从根本上来讲,是源于月粮,那么油舱正军户下除了一丁继承正军身份,继续编派丁银和油舱银外,其他余丁自然都只编派丁银,也即快丁。

---

① 倪涷:《船政新书》卷3《派丁编银之法》,第184页。
② 倪涷:《船政新书》卷1《题稿部咨·请定差役疏》,第133页。
③ 倪涷:《船政新书》卷2《船政弊害缘由》,第154页。

第二,根据丁银"人多不增,人少不减"的原则,成丁代增,势必会出现许多快丁朋充一丁的情况,负担过轻,引发军役不平均的问题,导致繁重军役无人愿意承担,这是南京兵部所不愿意见到的。于是到了万历四十三年(1615),船政主事祁承爜采用了折中的办法:"于十年编审之时……于本船原编百丁之外,如向来听继之例,悬之以候。"①即将新增加的成丁编派听继银。

第三,随着人丁消长,可能会出现同一军户下,正军和余丁军役牵扯的情况。船政主事祁承爜就提到了这样的例子:"本户之内,遇有屯种、营操军缺,别无以次人丁告补,以船丁仍补祖差。"②如若正军身故、绝后,由次丁继承正军身份,理应承担军役,但是可能次丁已经投充快丁,既要承担屯、操军役,又要岁纳丁银,便出现了差役交织的情况。对此,倪涷提出的解决办法是向次丁增收正军油舱银,或者将次丁开豁,另外金派余丁补充正军。③

下面将快丁繁衍诸问题,用图 3-2 表示。

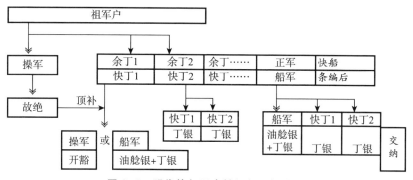

图 3-2　明代快船军户繁衍与丁银交纳

以一只快船为例,假设有一名正军和若干名余丁,一条鞭法之后余丁只纳丁银,称为快丁,正军既纳丁银,又纳油舱银,称为船军。快丁子孙皆是快丁,船军户下除一丁继承正军身份外,余丁皆编快丁。又假设图中余丁 1

---

① 祁承爜:《澹生堂集》卷 21《吏牍·核贡四》,第 5 册,第 515 页。
② 同上书,第 517—518 页。
③ 倪涷:《船政新书》卷 3《派丁编银之法》,第 184 页。

和 2 来自于同一个祖军户,若长兄去世绝后,理应由余丁 1 继承正军身份。这时候余丁 1 便有两种选择:一是回归营伍,承担操练军役,这样便开豁快船差役,遗下的丁银,由听继、油舱银弥补。二是余丁 1 继续选择承担快船差役,那么他的身份就从快丁变成船军,就需要额外再交纳油舱银。

  快丁差银编审既定,接下来需要关注的是快船工料银的收解。与民家钱粮的官收官解不同,倪涷考虑到卫所官逐户征收丁银,难免会有侵渔骚扰,于是在编审丁银时,从中选有丁力者佥充"收解"。《南枢志》记载:"逐年丁银,于各船丁役内,拣选殷实者,佥充收解,其家业最厚者一人收三四年,次者二三年,又次者二人朋收一年。"①这种轮役和朋充的方式,和条鞭法之前佥充小甲大有相同之势,故倪涷直言"壹年收解,即是壹年正甲"②。但顾章志疏中已经声明"革去前日小甲之名",所以倪涷只是站在负担、职掌更重的角度上,说明收解和小甲具有一致性。值得注意的是,虽然快丁中已经没有了小甲名色,但是快船募夫在领船出水时,仍设有小甲。倪涷云:"且拾年收解,即寓拾名甲役之意,使本役钱粮不完,次年即以此役为正甲,余玖名为帮甲,在册各丁为余丁,领船出差。"③倪涷此言针对的是收解、快丁拖欠丁银的情况,这样便可直接将收解、快丁编为快船甲夫,领船出水,一来可以警慑各军余,二来可以保证不耽误船差,这是倪涷将收解比作小甲更深层次的含义。除了出水小甲之外,在十年编审丁银之际,也能看到"甲"的设置,《南枢志》记载:"往岁编审,俱于各船旧役收解内,选举二人为首甲,共同逐年收解到卫,对众编派。"④即从每船额编快丁中,选派首甲二名来负责丁银的编派、收解的佥充。具体编审办法则是"其应换应减应增,一凭首甲之开报,各卫即据开报者,呈司唱名定役而已"⑤。不难想到其中存在许多首甲上下其手、卖富差贫的情况,因此到了万历四十三年,船政主事祁承㸁改为"从公编派",即令通船快丁"齐集阶下,逐名细询,孰为消乏,孰为殷厚,某户人力相应,某户人力单弱。其宜豁、宜仍、宜增、宜减,

---

① 范景文:《南枢志》卷 64《职掌部·车驾司·船政科·快船编丁》,第 1730—1731 页。
② 倪涷:《船政新书》卷 4《客问》,第 237 页。
③ 同上书,第 236 页。
④ 范景文:《南枢志》卷 64《职掌部·车驾司·船政科·快船编丁》,第 1738—1739 页。
⑤ 祁承㸁:《澹生堂集》卷 21《吏牍·核贡四》,第 5 册,第 510 页。

即时与众共定之"①。编审结果即时籍记,造册呈报船政分司。籍册记载每户的人数和丁数,基本格式为:"一户某人,系某所亲管百户某人下军人某人,户内军余共几名,本身几丁,长子某几丁,次子某几丁,亲弟堂弟亲侄堂侄某某各几丁。"②以此作为未来十年中快丁纳银和拣选收解的依据。

快船工料银的征收和解送流程,以图3-3表示:

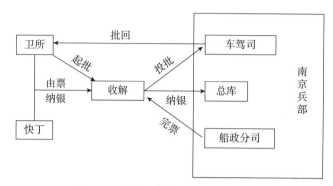

图 3-3 快船工料银征收和解送流程

其中"由票"也称为"长单"③,详细登记了各户应纳丁银数目,作为收解征收额定依据,由卫所填注后经船政分司印发。《船政新书》中记载了快船丁银由票的格式,摘引如下:

> 工料银叁拾两,油舱银____,听继银____,共银____。
> 一户____该银____,____月____日完过____,____月____日完过____,____月____日完过____,____月____日完过。后户同前。
> 右给付收解某人,准此。④

通过由票可以看到,快船工料银分四限(即一年四季)解纳,收解如数填入票内,拖欠者则空缺不填。"每季中月望以前,陆续赴卫领批,解部总库"⑤,

---

① 祁承㸁:《澹生堂集》卷21《吏牍·核贡四》,第5册,第511页。
② 范景文:《南枢志》卷64《职掌部·车驾司·船政科·快船编丁》,第1741—1742页。
③ 祁承㸁:《澹生堂集》卷21《吏牍·核贡四》记载:"今收解每年催征之时,给有长单,中间已备开通船人丁银数,印付收解收执矣。"(第5册,第520页)
④ 倪涷:《船政新书》卷3《派丁编银之法·丁银由票式》,第188页。
⑤ 倪涷:《船政新书》卷3《派丁编银之法》,第187页。

批文除了作为收解身份证明之外,也起着挂号登记的目的,"不得卫所之批,则姓名不能以登簿,而姓名不能以登簿,则交库杳然以无期"①。收解赴车驾司投批,然后赴南京兵部交银,登记在收簿上,经车驾司核对无误,一方面批文发回卫所,作为卫所官年终考核钱粮完欠的依据,另一方面,"填注小票,赴船政分司佥判印发"②,即出给收解完票作为执照。事实上,南京兵部所关心的是快船工料银能否按时足额缴纳,并不关心登记在簿解送者的身份,批文似为虚设。再加上起批、领完票时守候日久,卫官、书吏需索,因此至万历四十三年,经船政主事祁承爜题准,收解纳银,"即刻投单,赴库自纳,不必更待卫批,亦不必更待登簿,而向时逐名之批与小票之给,俱尽行裁革"③。将完票附刻在丁银由票之后,船政分司直接在由票上佥判,同时各卫只需通卫船只、银数总列一批备照,收解纳银的程序得到了充分简化。

条编丁银之后,快船军余的负担得到了极大的缓解,"卫之应快船役者,家家如脱汤火,愿子孙世世祷祠倪君"④,后世明人对于倪涷也是极尽赞美之词,这除了与倪涷之子倪元璐地位尊崇有关外,也与倪涷的悉心稽核厘剔密不可分。然而快船负担减轻又引起了新的军役不平衡问题,对于那些朋垛的快丁,每年只需缴纳一二钱,便可终岁没有差役之扰,高枕无忧,负担甚至还要低于军役最轻、"纳钱月不过二十五文"的修仓余丁。因此多有其他军丁涂改籍册,或投充仓丁,或窜入快船名下,朋充一丁,影射差役,统称为"窜丁"。如万历四十四年,南京兵部尚书黄克缵就清出水军左卫等三十三卫窜丁3618名,包括"快船窜丁严德信等三千零二十名,修仓余丁柳继章等五百零八名,种屯垛名军余黄长等九十名"⑤,负担最轻的快船窜丁占了绝大多数。数量巨大窜丁的存在,影响了其他差役的进行,首当其冲的便是漕运。因此万历末,又出现了"掣丁帮运之论"⑥,即将繁衍众多的快丁,掣出运粮,使得快船船差又似有粘带、扳扯之势,幸南京兵部未能俞允。

---

① 祁承爜:《澹生堂集》卷21《吏牍·核贡四》,第5册,第519页。
② 倪涷:《船政新书》卷3《申明职掌之法》,第226页。
③ 祁承爜:《澹生堂集》卷21《吏牍·核贡四》,第5册,第522页。
④ 顾起元:《客座赘语》卷2《快船》,第53页。
⑤ 黄克缵:《数马集》卷7《请掣卫军疏》,第120页。
⑥ 顾起元:《客座赘语》卷2《快船》,第53页。

总而言之，倪涷对于船政的一条鞭法改革，之所以能够为军余所接受，推行下去没有反复，不仅在于折银雇役、诸费名目合一等方面，减少了官吏掯勒的无名之费，根本原因在于将条编丁银标准定得很低。条编之前，快船小甲每差出水，来回所费不下百两，余丁每岁最低贴银 0.57 两。现在有力军余就算编派 50 丁不过纳银 15 两，朋垛快丁每岁只需要交纳一二钱，快船军余的负担大大减轻了。然而这种负担的减轻，本质上是来自财政的转移支付，即财政缺口的部分，改由马船工料银通融酌补。① 这也意味着，明代船政在募夫雇役上，呈现出马、快船一条鞭的特征。

三、马、快船水夫雇役

（一）私自与官为雇役

马、快船一条鞭的基础在于都是官为雇役、官为修造，马船始于嘉靖十二年折征工料银解部，快船则是万历十四年之后"改佥差为雇役"②，编丁缴纳快船工料银。在此之前，马、快船就存在私自雇募的情况，方式各有不同。马船水夫因为起取自原籍，畏惧路途窵远，往往"转雇彼处土人，而受雇人一得工食就便脱逃者；有一人顶雇二三役，而彼此射利者"③。快船军余生活在南京及周围，本地应役，没有跋涉之险，但因于差遣繁难、内官需索，多是贴银于小甲，代为雇役出水，南京兵部尚书王廷相甚至直接建议将通船甲夫行月粮"听小甲关领，或余丁自运，或雇人驾送，听从两便"④。水夫、军余私自雇役，除了是为徭役所困外，另一重要原因在于撑驾船只需要善习水性，有一定技术要求。虽然明初马、快船夫分别来自于沿江递运所

---

① 如南京兵部尚书阴武卿指出："快船每只工食、米价，通计应派银贰百余两，而今所派止叁拾两者，则因马快船只数多，而事又归一，故得以通融调度。"（倪涷：《船政新书》卷 4《黄籍续集》，第 260 页）快船工料银每船 200 余两，快丁银止征派 30 两，其余 170 两的缺口则借助马船工料银补足。
② 倪元璐：《倪文贞公文集》卷 18《书牍·与钱大鹤允鲸》，第 547 页。
③ 王廷相：《王廷相集·浚川奏议集》卷 5《金陵稿·定拟各省府马船料价工食题本》，第 1274 页。
④ 王廷相：《王廷相集·浚川奏议集》卷 5《金陵稿·节省快船冗费题本》，第 1268 页。

和南京水军卫所惯识风水的水夫、军余,但是随着世代繁衍,时过境迁,承役的子孙并不懂得如何驾船,专业的"水工、柁手俱系军甲、余丁雇募供给"①。这些雇募自南京、湖广、江西等处出水之人,统称为"外水"。万历七年,船政主事朱正色云:

> 盖马、快、平船,每只各设小甲一名随船,在马船水夫十五名,在快平船军余十四名。小甲正身出水,夫余则临期雇觅惯识风水者,谓之外水。②

马、快船小甲作为总领一船之人,当然必须亲身应役,不得代役,水夫、余丁则私雇惯识风水者。在船政官眼中,外水都是一些"江湖游食之人""积年走差之人"③,往往相倚为奸,甚至中途弃船而逃。事实上,船政官所担心的在于这些私雇外水"无所管辖"④,即都是没有登记在册的"无籍之徒",作为管理者自然不会允许这些法外之人的存在。朱正色所采取的对策是清夫余、革外水,即将马船水夫户口册、快船军余岁报册"从新核实,俱作一条编点发。如原船不足,通融拨补。不得如往年,坐视私家转雇"⑤。马、快船的一条鞭差拨在此已经初见倪端。朱正色以为只要提高夫余待遇,"正身既行,外水自革"⑥,却没有考虑到夫余不识风水的因素。既然夫余正身难以亲当,外水又难以掌控,官为雇役也就顺理成章了。

马、快船出水募夫,除了外水之外,还有前站、经手等人。朱正色云:"奉使人员,又必有五六辈前站、经手、班头名色,亦与外水无异,及有无籍棍徒投充听事者,每船分俵三四人,以外水合伙抵作随船人数。"⑦所谓奉使人员指的是管运内官,其手下前站、经手等人"抵作随船人数",也算作雇

---

① 《明世宗实录》卷3,正德十六年六月癸巳,第133页。
② 朱正色:《船务三事奏》,载王兆荣等编《明朝贤臣朱正色》,第404页。按原文标点有误,引文予以更正,下同。
③ 朱正色:《船务三事奏》,载王兆荣等编《明朝贤臣朱正色》,第404页;倪涷:《船政新书》卷2《船政弊害缘由》,第154页。
④ 朱正色:《船务三事奏》,载王兆荣等编《明朝贤臣朱正色》,第404页。
⑤ 同上书,第407页。
⑥ 同上书,第407页。
⑦ 同上书,第404—405页。

役,小甲需要照数给予工食。前站负责提前到沿途驿递准备好食宿,俗称"打前站",内乡县《三院禁约碑文》云:"窃照使车经临必有前站,盖为催备夫马而驱之使前。"①虽然指的是驿站的情况,但马、快船前站设置也是一致。经手指的是光禄寺厨役,对于鲜笋、菜薹、鲥鱼等时鲜和加工食品,经由厨役之手造办,作防腐处理,同时经手厨役随船扛抬贡运,如弘治时光禄寺"做造菜薹,俱于每年二月分起手,采取晒晾做造,每三日一换厨役……起拨马、快船只,差拨经手、官厨,解送在途。"②至万历十八年,南京光禄寺卿沈节甫指出:"采取成造品物,以备贡献之用,此真厨役事也。至于抬送装载,则不必厨役事也。"③为了节省厨役,沈节甫题准庖食贡品由"厨役、水夫相兼抬送"④。

  前站、经手等人皆系管运内官手下听事之人,倚仗内官权势,出水时常凌虐甲夫、沿途骚扰驿递、阻滞河道,船政官虽难以痛革,但要将其纳入管辖,登记在册。万历七年,南京兵部题准:"凡进新品物等项钱粮,所用前站、经手若干名……行五城兵马司,备造花名文册申报。仍设立差簿一扇,其有差前站,(门)〔关〕领勘合,将经手钱粮,到京交明,回日本役仍赴部销缴勘合。"⑤车驾司一方面行文五城兵马司"选报诚实无过者"⑥着役,另一方面通过投、销勘合制度来保证钱粮顺利运送至京。同年题准,前站、经手需要"每月初贰日赴车驾司点卯,查其有无坏法"⑦,防范不可谓不周。万历十五年马、快船改由官为雇役之后,船政分司对每船前站、经手的人数进行了限制,"议将前站、经手,投充水夫,俱准入册,每船拨人一名,以便制驭"⑧。

  马、快船改由官为雇役之后,表现出明显的收、支分离。虽然表面上征收和招募的对象都是水夫,但在实际含义和数量上已经完全不同。倪涷更

---

① 易三才:《三院禁约碑文》(万历三十九年刻),载内乡县地方史志编纂委员会编《内乡县志》附录《碑文·历史碑文》,第866页。
② 倪岳:《青溪漫稿》卷14《奏议·会议二》,第14b—15a页。
③ 沈节甫:《大朴主人文集》卷1《议处光禄寺事宜疏》,第18a页。
④ 徐大任:《南京光禄寺志》卷4《厨役》,第31a页。
⑤ 祁承爜:《南京兵部车驾司职掌》卷1《递发科·前站厨役》,第319页。
⑥ 同上书,第323页。
⑦ 倪涷:《船政新书》卷3《看守禁约之法》,第224页。
⑧ 祁承爜:《南京兵部车驾司职掌》卷1《递发科·前站厨役》,第320—321页。

新船政之后,万历十五年募夫共计 10508 名。① 万历三十三年之后马、快船改为每船甲夫 10 名,实在水夫 6214 名。② 值得注意的是,内快船 300 只,内 90 只系马船代编,实际则是按照 210 只募夫,而快船条编折银时,是以 500 船见在军余编丁,船数并不吻合。倪涷对此有一段精彩的论述:"盖派丁征银之船,如民家田亩;募夫出差之船,如有司差役,原不相蒙,不必其相合也。"③ 征收上,马船水夫约两万额数,快船军余数万家编审五万快丁,马船水夫和快丁额数保持每年稳定不变,成为徭役征收单位。而募夫则只有一万余名,并随着船只数目的裁减而减少,就是说,雇役法的出现,使得"役"的数量减少了。这是由于在一条鞭法定额财政预算下,量入为出,减少雇役数量可以增加财政结余。这也就是为什么分别在嘉靖十二年和万历十四年马、快船条编折银之后,船只数量出现大幅度降低——这样便可减少支出的水夫工食和修船料价,如万历中船政主事俞汝为就秉承"夫役有缺,不尽补,垂七十年,库积至数十万"④。马船工料银出自田亩,快船工料银源自丁银,来源不同,但在支出上则马、快船通融支放,一体募夫,因此江淮、济川二卫登记在册的水夫概指马、快船而言。马、快船收和支分离还体现在车驾司和船政分司掌握两套不同的册籍,如表 3-8 所示:

表 3-8 明代马、快船水夫籍册

船夫籍册		快船夫	马船夫
万历七年		快船岁报册	水夫户口册
万历十四年后	征收	快船丁银册、备照册	工料册
	召募	船夫指掌文册、召募册、补役册	

资料来源:倪涷《船政新书》卷 2《船政弊害缘由》;卷 3《派丁编银之法》《夫役工食之法》,第 152、184、207 页。

---

① 范景文:《南枢志》卷 65《职掌·车驾司·工料科·收补夫役》记载:"(江淮卫)万历十年召募应役夫五千二百五十二名……(济川卫)万历十五年召募应役夫五千二百五十六名。"(第 1874—1875 页)
② 范景文:《南枢志》卷 65《职掌·车驾司·工料科·补祖籍夫额》记载:"万历四十年,议得将两卫止实在水夫六千二百一十四名。"(第 1884 页)
③ 倪涷:《船政新书》卷 4《客问》,第 233 页。
④ 董其昌:《容台集·文集》卷 6《金宪俞毅夫传》,第 286 页。

马、快船每船募夫中仍选任小甲一名,但由于水夫皆雇役,而非按户等编佥,理论上军民市人即可应募充当小甲,如船政主事祁承爜指出:"始集市人而充水夫,既选水夫而充船甲,则船甲固市井之中一褰人子耳。"①但事实上小甲的职责不亚于雇役前,除了领船出水外,还需领银办料以修造船只,"甲殷实则船精坚"②。加之因循沿袭日久,管运内官及家人的索诈,沿河棍徒之骚扰,有增无减,小甲弃船而逃的情况仍时有发生,故船政官对小甲的身家资产仍有一定要求,祁承爜提出"选甲之法,又在乎平居计其身家,观其人物"③。同时对于小甲给予优厚待遇,"每名各给银伍两,作守船饭食"④。万历四十年南京兵部又议得"领船小甲,亲子或亲弟熟识行船者,每甲准收粮一名听帮,即作本船缺夫之数"⑤。万历四十三年,祁承爜议准,包括小甲在内,"每船军余十名,共计带土宜四十石,以充沿途柴菜神福之费"⑥。与小甲必须正身出水不同,随船募夫可以"贴银雇代"⑦,这里又出现了转雇的现象,"他人充夫者,又皆转雇惯识风水之人"⑧,这也说明募夫中仍有不识风水之人,这与募夫的初衷背道而驰,那么募夫来源又是哪些人呢?小甲的选任、帮贴,水夫雇代,这些与雇役法施行之前如出一辙,那么雇役的意义何在呢?船政官又为何会允许募夫转雇?为回答以上问题,以下试从募夫工食和夫缺顶补两个方面作进一步分析。

(二)募夫工食

雇役法之前,快船军余工食来自南京户部发放行月粮。马船水夫则回原籍取讨赡夫田租和户丁津贴,一般不支粮米。嘉靖十二年马船水夫雇役之后,工食改由官为发放,万历《大明会典》记载:

---

① 祁承爜:《澹生堂集》卷21《吏牍·核贡二》,第5册,第498—499页。
② 祁承爜:《澹生堂集》卷21《吏牍·核贡五》,第5册,第523页。
③ 同上书,第525页。
④ 倪涷:《船政新书》卷3《募夫看船之法》,第190页。
⑤ 范景文:《南枢志》卷65《职掌部·车驾司·工料科·收补夫役》,第1884—1885页。
⑥ 祁承爜:《澹生堂集》卷21《吏牍·核贡二》,第5册,第498页。
⑦ 倪涷:《船政新书》卷3《夫役工食之法》,第209页。
⑧ 倪涷:《船政新书》卷4《解悉》,第255页。

(嘉靖)十五年奏准,南京江淮、济川二卫马船,应该着役水夫,移文户部,即与支粮,免其重复结勘。①

这条事例出自南京兵部尚书秦金题准,《南枢志》中也加以引用,并在文末注云:"此水夫食粮之始。"②开始时间之所以断在嘉靖十五年而非十二年,是因为嘉靖十二年之后江西出现了水夫亲当的反复,直到嘉靖十五年,江西才完全题准一体征银解募。自此之后,马船随船水夫可以分别从南京户部、兵部支取月米和工食银,如嘉靖十八年南京兵部尚书湛若水云:"与正军相同,每月支米一石,又有原籍工食银两。"③然而问题在于,马船水夫既然已有工食,为何还要发放月米?事实上,史籍中常能见到嘉靖十五年之前马船水夫食粮的记载,如弘治末倪岳就提出了马、快船钱粮通融支放的设想,云:"因查江淮、济川二卫马船夫,逃已万人以上,皆系食粮人数,以彼拟此,不为别费。"④马船水夫食粮,起因在于随着世代繁衍,在营马船水夫与原籍日渐隔阂,赡夫田多被侵吞,册籍混乱,再加上出水在外,不便回籍取讨,于是南京兵部将马船水夫比照快船正军事例,发放行月粮;但又因为水夫本身并非旗军,于是又将行粮议革。景泰元年,平江侯陈豫言:"南京各卫马、快船军士,例支月粮外,每遇差遣,又各支行粮……乞命该部量与减省。"⑤同年,南京户部议革快船正军行粮,"江淮、济川二卫水夫,并准此例"⑥。马船水夫行粮裁革,但月米1石一直保留继承了下来,因此才出现了嘉靖十五年之后马船水夫"给以月粮,优以雇直"⑦的情况,待遇已经非常优厚,故遇差出水不再额外发放行粮。

嘉靖十二年马船雇役之后,马船水夫工食因地而异,湖广每夫每年3.5两,江西4两,安庆4两,宁国6两,太平府3两又降至0.75两,由此导致了

---

① 万历《大明会典》卷158《兵部四十一·南京兵部·车驾清吏司》,第2215页。
② 范景文:《南枢志》卷65《职掌部·车驾司·工料科·水夫沿革》,第1867页。
③ 湛若水:《参赞事略》不分卷《请复快船月粮以除帮甲困苦疏》,第113页。
④ 倪岳:《青溪漫稿》卷20《与兵部论快船事宜书》,第16b页。
⑤ 《明英宗实录》卷194,景泰元年七月甲辰,第4073页。
⑥ 《明英宗实录》卷195,景泰元年八月壬申,第4111页。
⑦ 《明世宗实录》卷440,嘉靖三十五年十月丙戌,第7541页。

一个重要的特点,即马船募夫工食随县支取,"凡补某处水夫,即支本处银数"①,因此在马船《水夫户口册》上所登记的各夫"原籍"指的并不是募夫所在籍贯,而是指顶补了哪个府州县水夫,便可以支取对应府州县解送到部的工食。各县马船工食银在收、支上——对口,导致了新的问题,一是倘若某县工料银拖欠尚未解到,该县募夫只能先从别县挪借,计日扣还,导致借支、扣补名目繁多,卷册紊乱,"至有本县银两,三年不解,遂将各夫改入他县者"②,导致府州县和南京兵部册籍不合。二是马船水夫系"就近召募"③,既非原籍解送,又无远近之分,但是支取工食却有高下之别,悬殊甚至数倍,必然会有不平之患。要解决以上的问题,将马船水夫工食通融一条鞭支放,势在必行。

万历十四年倪涷更新船政,快船比照马船采用雇役法,除了马船原有水夫仍旧外,快船重新募夫。马、快船募夫通融一条鞭差拨出水,待遇也按照之前马船水夫的标准,发放工食、月米,称为"食粮水夫",不论有差、无差之年,通支银米。月米一般1石,原本马船水夫仍旧,快船新募水夫则"每月止收粮陆斗,叁年之后加妻粮肆斗"④。水夫工食因差遣不同而异,倪涷将食粮水夫分为三类:

> 差使又有进京、下江、听事各三等,本年三月内,该南京广东道监察御史王题称,要将水夫工食,酌量适中,以四两为率。奉旨议行。于是即以四两为准,凡进京者增(三)〔二〕分之一,为六两,下江者皆四两,听事者皆三两五钱。⑤

进京指的是小马、快、平船水夫,差拨贡运至京;下江指的是大马船(包括大马船改造的黑楼座船)水夫,主要在沿江一带差使,因船体较大,无法通过闸河进京;听事指的是部司、厂卫等衙门役占水夫,充当各衙门吏役,跟随

---

① 倪涷:《船政新书》卷2《船政弊害缘由》,第152页。
② 同上。
③ 倪涷:《船政新书》卷1《题稿部咨·厘正五议疏》,第114页。
④ 倪涷:《船政新书》卷3《夫役工食之法》,第209页。
⑤ 倪涷:《船政新书》卷2《调度大纲》,第156页。

听用,不用出水。各食粮水夫的工食标准,也是根据差使的难易酌定。进京水夫工食并非平白无故加增,与之对应差拨频率也从十年三差提高到了两年一差,大致来看都是每夫每差得银 12 两,这样在提高水夫效率的同时,便可以减少募夫的数量。倪涑曾有过如下计算(表 3-9):

表 3-9　贡船募夫工食　　　　　　　　　　　　　　　　单位:两

每名水夫	每岁工食银	差拨频率	平均每差出水、修造费用	十年共得银
雇役前	4	十年三差	8	40-8×3=16
雇役后	6	十年五差	8	60-8×5=20

资料来源:倪涑《船政新书》卷 4《客问》,第 232 页。

即提高差遣频率和工食银数量之后,每名进京水夫十年内的净得银从 16 两提高到 20 两,这样就算是原本的马船水夫们也欣然接受。听事水夫源于嘉靖中裁减马船,其着船水夫部分听于各官名下跟用,因无跋涉之苦,虽工食最少,各夫反而乐得。由于各衙门繁简不同,听事水夫数量有增有减。经倪涑题准:"各衙门役占水夫凡二百九十四名……共去七十六名,留二百一十八名。"①后万历四十六年,"江、济二卫并各衙门占役旧役二百零九名。近年陆续新增二十五名,占用似太多。车驾司会同三司酌议,逐名查审,共裁去八名"②,存留 226 名。下江水夫数量与大马船数量有关,万历十四年,南京兵部将各江淮、济川卫大马船各一只,改作黑楼座船,则大马船数量减为 48 只,每船水夫 15 名,黑楼座船 2 只,每船"止留小甲一名,领工食银四两,看守本船"③。因此下江水夫共计 48×15+2×1=722 名。后黑楼船逐年递增,万历十五年增至 4 只,万历二十七年后达到 18 只。④ 进京水夫数量稳定,小马、快、平船共计 600 只,每船水夫 16 名,进京水夫共 600×16=9600 名。《南枢志》中记载万历十五年江济募夫 10508 名,则是包括进京水夫 9600 名,听事水夫 218 名,大马船 46 只计下江水夫 46×15=690 名,未将

---

① 倪涑:《船政新书》卷 1《禀揭文移·议水夫听事揭帖》,第 143 页
② 范景文:《南枢志》卷 65《职掌部·车驾司·工料科·收补夫役》,第 1885—1886 页。
③ 范景文:《南枢志》卷 65《职掌部·车驾司·工料科·水夫沿革》,第 1869 页。
④ 范景文:《南枢志》卷 63《职掌部·车驾司·船政科·马船沿革》,第 1642、1644 页。

4只黑楼座船的小甲计算在内。下面以万历十四年倪涷船政改革为例,会计马、快船工食的收支情况(表3-10):

表3-10 明代马、快船工料经费收支情况 单位:两

收	马船工料银	80536
	快船工料银	约16200①
	合计	约96736
支	工食银	6×9600+4×722+3.5×218=61251 内快平船210只,工食银210×16×6=20160
	料价银	略

支出方面除了工食银约6万两外,水夫发放月米每年共计(9600+722+218)×12=126480石,因系南京户部支放,所以未计入南京兵部会计册内。通过上表可以看到,快船募夫一岁所支,约工食2万两,另有粮米4万石②不计其内,而一岁所收丁银只有1.5万两,完全是收不抵支,故倪涷云快船"派征银两,曾不及所用十分之三"③。快船支销不足的部分,则由马船工料银弥补。马、快船工料银合计近96736两,扣除募夫工食61251两外,剩余35485两用于修船料价及结余储库。总之,马、快船工料银在征收上各自分离,但在支出上呈现出一条鞭特征,即一体募夫,一并支销。

马、快船募夫每年支领工食银,有差年份作为出水费用,无差年份用于修造船只,南京兵部并不另外发放料价银。至万历十八年,南京兵部题准:"马船水夫月粮、布花,照旧领给。其工食遇有差拨,照例给银,空闲年分,扣留在库,以作修理等费。"④这里的"马船"应包括进京小马、快、平船,即进京水夫在出差年份支领6两工食银,以资出水,无差年份则工食住支,由南京兵部用作修船料价。按照两年一差、一修一差的原则,平均每年只有

---

① 除了快丁银15060两外,还包括油舱、听继银等。如阴武卿记载:"万历拾陆年分丁银并油舱、余差共壹万陆千贰百余两。"(倪涷:《船政新书》卷1《题稿部咨·船政报完疏》,第137页)
② 倪元璐为其父倪涷所撰行状云:"快平船所留止须二百一十矣,照例募夫,增其值不过二万,岁支米四万耳。"(倪元璐:《倪文贞公文集》卷13《先考中议大夫雨田府君行述》,第494页)
③ 倪涷:《船政新书》卷4《纪事》,第250页。
④ 范景文:《南枢志》卷65《职掌部·车驾司·工料科·水夫沿革》,第1870页。

4800 名进京水夫出差。大马船和黑楼座船无差年份"止留小甲一名,领工食银四两,看守本船"①,其余下江水夫退回原籍,遇有差遣,按照地方远近发放差银给小甲,由其自行募夫出水。如此一来,南京兵部每年发放的募夫工食大为减少,进京水夫工食 4800×6 = 28800 两,下江水夫只需支付 50 船小甲工食银 50×4 = 200 两,再加上听事水夫工食 3.5×218 = 763 两,万历中期南京兵部总计每年发放募夫工食银共计 28800+200+763 = 29763 两,约 3 万两。

(三) 夫缺顶补

马、快船水夫工食筹措完备之后,下一步是如何召募水夫。看起来似乎是船政官只需要坐等军、民自愿报名,自由应募,即可水到渠成。然而事实并非如此简单,船政官最担心的是水夫中途弃船而逃,有误贡差,因此选募的水夫必须是可信之人。《南枢志》记载了水夫的收补原则:

> 两卫食粮水夫,每年春季临厂亲点一次,大约主于尽补祖籍,渐消召募。②

此句甚是费解,疑问颇多:江淮、济川卫食粮水夫既系募夫,为何还要"渐消召募"?"祖籍"又是依据什么籍册?要厘清这些问题,需要首先分析募夫的来源。嘉靖十一年,南京兵部尚书王廷相在题准马船折银募夫时,就提及募夫来源,疏云:"为照湖广水夫,原系垛名永充,内多远年在营,生长子孙,住成家业。若以所解银两尽给正夫之外,雇募余丁,以补逃亡。余丁不足,然后雇募土民。"③这里的"余丁"指的是马船水夫户下人丁,缘于马船水夫不论是粮佥还是永充,都是按照解军事例,金妻发解,因此在南京住成家业,卫所船户下在营子孙都称为余丁。江、济二卫每十年一次编审,将马船水夫和在营余丁登记在册,称为《夫余文册》,待册上夫余年满二十,即可收补着役。粮佥水夫虽然理论上每十年审编更易,但也可以选择继续着

---

① 范景文:《南枢志》卷 65《职掌部·车驾司·工料科·水夫沿革》,第 1869 页。
② 同上书,第 1880 页。
③ 王廷相:《王廷相集·浚川奏议集》卷 5《金陵稿·定拟各省府马船料价工食题本》,第 1280 页。

役,支领工食,因此所谓"雇募土民",指的就应是这种来自江西、湖广等地惯识风水的土著居民。家业在营、登记在籍的余丁和土民,显然要比招募的无籍之徒、市井中人可靠得多。

万历十四年后马、快船一体拨夫,募夫来源主要有三种,分别是马船旧夫、"派丁充夫"和新募市人。马船旧夫是延续嘉靖十二年以来所募水夫,经倪涑晓谕工食增银之利后,皆报名在册,仍旧雇募。新募市人以各衙门吏役子弟为首,倪涑认为"欲外人求充,须自衙门人始,惟衙门人知为夫之利,而外人视衙门人以为趋向也"①。即以衙门吏役家人作为模范,南京城内外居民见到必然会趋之若鹜,果然"伍日而众逾叁千,即出示停止,犹不能已"②。这些报名之人都要编造籍贯、年貌文册,称为新册应募,由于船差有限,如果拨船不及,则登记在册候补。"派丁充夫"针对的是快丁。倪涑担心贫军快丁无力缴纳丁银,将其编充水夫,领有工食、月米,可资输纳丁银。在这里又重新将收和支联系起来,征收和雇募都是同一对象,目的还是在于保证征收足额,倪涑认为:"水夫岁支工食银陆万余两,而米约拾叁万石,乃快船所纳丁银仅壹万伍千金,使以水夫叁分之壹为快船人所充,则可以使快船各户,世世无穷民,尚何输纳之不足乎?"③应募军、民也可编入《快船丁银册》内,"认派贰丁"④的丁银,然后准许充夫,称为"投派丁银",亦属派丁充夫范围内。马、快船募夫中,除了马船沿用旧夫外,派丁充夫和新募市人主要是选充快船水夫。按快船 210 只,计募夫 210×16 = 3360,扣除新募市人约 3000 名,派丁充夫"夫缺不及壹千"⑤,数万快丁自然不可能全部派充,原则上是贫军优先。

水夫转雇的出现与派丁充夫有关。快丁既纳银,又充夫领银,但二者之间存在差价。假设每夫编派 2 丁,十年间每夫工食银扣除出差花费净得银 20 两,扣除十年丁银 6 两,剩余 14 两,获利颇丰,巨额差价的存在导致了层层转包。进京水夫"其贴银小甲,雇人代役者,临行上等叁两贰钱,中等

---

① 倪涑:《船政新书》卷 4《客问》,第 239 页。
② 同上。
③ 同上书,第 240 页。
④ 倪涑:《船政新书》卷 3《募夫看船之法》,第 189 页。
⑤ 倪涑:《船政新书》卷 4《客问》,第 244 页。

叁两肆钱,下等叁两陆钱"①,每夫工食就算扣除丁银和转雇花费,仍有结余。那么船政官又为何会允许募夫转雇呢?通过马、快船募夫来源可以看到,船政官选补水夫,并不在意是否真正是惯熟风水之人,马船军余编丁本因不会驾船而起,现在快丁又充夫驾船,势必只能转雇惯识风水之人。船政官所在意的募夫原则,一是可靠,而可靠则体现在籍记在册、官方管辖,如马船在册夫余。二是对于财政收入有所裨益,派丁充夫即是此例。根据这两条原则,便可以理解本节开篇所提到的"渐消召募"。

所谓"祖籍"指的就是马、快船祖军之籍,即马船祖役和快船派编丁银者,"马船水夫,其原系江西、湖广、太平、安庆、宁国批解来京者,此为祖役。其近日招募,系快船户内派丁人数,及投派丁银者,则输纳所资"②,"祖籍者以《户口册》为准"③。除了马船原有《水夫户口册》外,快丁也仿照册式开载:"一户某人,系某所亲管百户某人下军人某人,户内军余共几名,本身几丁,长子某几丁,次子某几丁,亲弟堂弟亲侄堂侄某某各几丁。"④祖籍册内余丁顶补夫缺,按照50%的比例,"一二丁者补一名,三四丁者补二名"⑤,以此类推。与此对应,"召募"则是指新册应募市人,这些人既非继承祖役的可靠之人,又无丁银输纳,召募之初倪涷因担心无人应募,"则人将制我,下多待命之众,则我可制人"⑥,因此准许充夫。但随着军民意识到投充水夫的好处,待命之人众多,新册应募市人也就失去了价值,其应募只终本身,在每十年的编审造册中逐渐淘汰掉。这反映出南京兵部对于世袭军户制度的坚持,以及对于雇募制可靠性的犹疑,仍试图召募或佥补祖军户下余丁应役,马、快船雇役仍是世袭户籍制度下有限制的雇募。

船政官之所以会允许募夫再次转雇,原因在于他们并不在意最终由谁干活,但在意是何人应"役",因为"役"已经从劳务负担变成了"缺"。一条鞭法改革的重要特点在于财政定额预算,量出为入。船政上则体现在募夫

---

① 倪涷:《船政新书》卷3《夫役工食之法》,第210页。
② 同上书,第207页。
③ 范景文:《南枢志》卷65《职掌部·车驾司·工料科·水夫沿革》,第1880页。
④ 范景文:《南枢志》卷64《职掌部·车驾司·船政科·快船编丁》,第1741—1742页。
⑤ 范景文:《南枢志》卷65《职掌部·车驾司·工料科·收补夫役》,第1881页。
⑥ 倪涷:《船政新书》卷4《客问》,第245页。

数量是根据马、快船数精准计算得到的,员额固定,加上领有工食、月米,导致水夫"役"成为了类似岗位的"缺",至于劳役的承担,则可以转包出去。马、快船夫子孙尽补祖籍,又形成了世代顶充,《船政新书》云:"所有夫缺,理应世代顶充……今后每遇丁年,本部备查《指掌册》内食粮夫,凡系祖役及派编丁银者,案行江济,令其开报亲男亲孙,造册贰本……遇缺查补。"①应募水夫显然成了一项有利可图的肥缺,子孙世袭,同样也会出现因子孙不习水性而被迫转雇的情况。水夫顶补是否存在顶首银,囿于史料,不得而知,但船政官可将夫缺赏赐给他人顶补,以此笼络众夫,如对于冒籍水夫,"许诸人首告,即将本缺赏补"②。对于船政官而言,变役为缺,水夫得之不易,一家衣食所赖,必然不敢弃船而逃,可以保证贡差顺利完成。遇有船只损坏,可直接从工食中扣除,无拖欠之患。募夫的可靠性增加,达到船政官"我可制人"的目的,这恐怕是雇役法更深层的意义。

  由此可见明代南京兵部马、快船夫役,可分为军、民两个系统,经历了从分离到联合的演变。马船水夫起取自湖广、江西以及南直隶太平、宁国、安庆三府沿江递运所船夫,由南京兵部江淮、济川二卫管理。根据编佥方式不同又分为永充水夫和粮佥水夫,前者来自抽籍的人丁免军垛充,后者则根据税粮多寡朋充,并存在永充向粮佥的转变。设置之初,马船水夫需要每年回原籍自行取贴工食,马船损坏则由原籍有司修造。由于往回不便,水夫工食和修船料价逐渐折银征收,称为工料银。马船夫役折征工料银始于弘治八年(1495),确立于嘉靖十二年(1533),水夫额数约2万名,载入册籍保持不变,夫名成为徭役征收单位。工料银在嘉靖三十八年减征1/10后,总数约8万两,摊入田亩征收,随南粮解送至南京兵部,由官方雇役。马船夫役折银的意义不仅在于为南京兵部带来大量财政结余,在明代赋役改革演进中,还可视作一条鞭法的先驱,又因一条鞭法推行而稳固下来。

  快船军余来自南京兵部锦衣卫等四十卫,一般由正军一名担任小甲,余丁随船出水。快船军役领有行月粮,一般月米1石,行粮0.3石/月,军甲

---

① 倪涷:《船政新书》卷3《夫役工食之法》,第207页。
② 同上书。

行月粮的发放一直比较稳定,余丁则时有裁革。由于快船小甲需要亲身应役,差役繁重,南京兵部自正德以后设置了帮甲,按照家庭资产比例贴银小甲,帮助出水。同时快船军余又形成多个垛集单位,以十年为周期,轮流充任甲役。无论是垛甲还是帮甲,不光没有减轻快船军役负担,反而滋生了编审的弊病。万历十四年,南京兵部主事倪涑仿照马船的办法,将快船军役推行一条鞭法改革。快船军余根据家庭财力多寡编派快丁,每丁征银3钱,一船百丁共计30两,快船500只一年共征收丁银1.5万两,称为快船工料银。对于正军而言,由于领有月粮,需要额外征收正军油舱银,并随军籍的世袭而世代交纳。

马、快船工料银每年共计约9.7万两,解送至南京兵部,由官方雇役,马、快船只统一募夫,一体出水。募夫工食根据差使不同可以分为进京水夫、下江水夫和听事水夫,每年工食银分别是6两、4两和3.5两。马、快船募夫统一由江淮、济川二卫造册管理,数量共计约1万名,来源包括马船旧夫、派丁充夫和新募市人三种,因此召募之人并非都是善习水性之人,募夫可以贴银小甲,由小甲再次转雇外水。支出上,南京兵部每年发放工食银约6万两。万历十八年后改为无差之年工食银暂停支放,每年工食银支出降低到约3万两。财政收支的差价可以用于马、快船只修造和丰富南京兵部库藏。

四、黄船差役改革

万历十五年,有鉴于马、快船夫役一条鞭法改革所带来的巨大成效,黄船差役折银的呼声随之而至,如南京兵部尚书阴武卿指出:"南京马、快平船共玖百肆拾只,已尽更张,而扁小黄船止肆拾陆只,尚未经理。"①鉴于黄船甲役的苦累尚未更张,船政主事倪涑指出:"快船事成于前,则黄船可仿于后。"②黄船和快船皆是由南京锦衣等军卫军余撑驾,皆属军役,因此南京兵部希望将黄船也仿照黄船事例,条编丁银、雇募夫役,以此减轻正甲、帮

---

① 倪涑:《船政新书》卷4《黄船续集》,第260页。
② 倪涑:《船政新书》卷4《解愍》,第255页。

甲的负担。因此在甲役的呈请、南京兵部的题请之下,黄船差役也开始了折银改革。

需要说明的是,黄船有大、小之分。其中大黄船 15 只,数量不多,运送的主要是"光禄膳盒"①等器具,属于"杠柜轻差",负担不重,因此大黄船军余"皆仍愿照旧,不在更张数内"②。也就是说大黄船军余照旧编审小甲、亲身应役,不列入编银雇役的改革范围内。相比之下,小黄船 46 只,数量稍多,"供太常之进,太常之进有八,皆宗庙之时鲜"③,涉及冰鲜重差,甲役繁重,因此本节所讨论的黄船夫役改革,针对的是小黄船。

黄船夫役改革首要解决的便是职掌不专的问题。小黄船在审甲、修造和差拨方面,隶属各异,其中修造由南京工部,差拨经南京外守备,至于船甲编审,万历七年,兵部尚书方逢时指出:"黄船小甲编审夫役,原属南京兵部车驾司管理,迩来滥属军卫,以致弊多偏累。宜行应天府委官,从公编审。"④其中"应天府委官"指的是应天府江防同知,船甲编审一度由南京兵部参与,万历七年后则改由兵科转行应天府江防厅,会同南京各军卫,编审造册。既然黄船与马、快船一体条编丁银,则夫役编审应改属南京兵部。至万历十五年,南京兵部题准:"小黄船四十六只,改入本部调度,造修仍属工部,编审本部会同兵科。"⑤小黄船仍由南京工部修造,但夫役编审和拨差,则改由南京兵部船政分司管理。⑥

黄船差役改革的核心是"审甲改为编银"⑦,由黄船军余交纳丁银,不再佥派小甲、帮甲,这一点与快船军役的一条鞭法改革完全一致。那么丁银数量具体是多少?万历十五年,南京兵部尚书阴武卿题准:"(小黄册)照快船事例,每船编一百丁,每丁纳银五钱,正军加油舱银二两。"⑧小黄船每船

---

① 沈启:《南船纪》卷 1《黄船图数之一》,第 13 页。
② 倪涑:《船政新书》卷 4《黄船续集》,第 261 页。
③ 沈启:《南船纪》卷 1《黄船图数之一》,第 18 页。
④ 《明神宗实录》卷 88,万历七年六月乙未,第 1826 页。
⑤ 范景文:《南枢志》卷 63《职掌部·车驾司·船政科·黄船沿革》,第 1651 页。
⑥ 如万历三十三年,南京兵部尚书臧惟一指出,船政主事不光兼管黄船厂,还查核南京锦衣等四十卫黄船、快船编丁钱粮。(《明神宗实录》卷 409,万历三十三年五月甲午,第 7634 页)
⑦ 倪涑:《船政新书》卷 4《黄船续集》,第 265 页。
⑧ 范景文:《南枢志》卷 64《职掌部·车驾司·船政科·黄船编丁》,第 1751 页。

编派黄丁银50两,食粮正军还需额外交纳油舱银。南京各军卫编派黄丁银数量如表3-11所示:

表3-11 南京军卫小黄船条编丁银数　　　　　　　　单位:只、两

南京军卫	船数	丁银	南京军卫	船数	丁银
锦衣卫	4	200	留守右卫	2	100
旗手卫	1	50	水军右卫	4	200
金吾前卫	2	100	龙虎左卫	3	150
金吾后卫	2	100	留守前卫	1	50
羽林左卫	1	50	龙江左卫	5	250
府军左卫	1	50	豹韬卫	1	50
虎贲左卫	1	50	豹韬左卫	1	50
广洋卫	5	250	留守后卫	1	50
和阳卫	2	100	鹰扬卫	1	50
龙江右卫	1	50	江阴卫	5	250
龙虎卫	1	50	横海卫	1	50

资料来源:范景文《南枢志》卷64《职掌部·车驾司·船政科·黄船编丁》,第1751—1754页。

南京锦衣卫等卫小黄船46只,编派丁银共计46×50=2300两。《南枢志》记载南京兵部额收款目中,就包括"黄船银二千三百两"①。征收流程上,黄船与快船丁银完全一致,即各卫起总批一张投递车驾司,并将丁银交纳南京兵部总库,由船政分司出给完票。②

既然黄船改审甲为编银,那么水夫当源自雇募。为了节省支出,万历十五年,南京兵部题准,将小黄船比照马、快船事例,每船水夫由20名减为16名。③ 如果按照马、快船募夫每年工食银6两的标准,尚需工食银46×16×

---

① 范景文:《南枢志》卷62《职掌部·车驾司·都吏科·额收款目》,第1598—1599页。
② 范景文:《南枢志》卷64《职掌部·车驾司·船政科·快编丁》,第1736页。
③ 倪涷:《船政新书》卷4《黄船续集》记载:"小黄船运,旧例每船用正甲壹名,军余壹拾玖名……备查本船轻重,与马快船相同,止用壹拾陆人。"(第262页)

6=4416两,此外小黄船修造料价尚未考虑在内。相比之下,2300两的黄丁银可谓杯水车薪,水夫雇募工食银缺口颇多,而小黄船又不像快船一样可以依赖马船工料银协济,那么南京兵部又是如何解黄船丁银的不足?

不同于马、快船派丁充夫或新募市人,小黄船募夫的来源较为复杂。万历十六年,南京户部题准:

> 每船旧军内选年力相应一名为军头,用旧军七名,又新挈水军右卫操军九名,军头并新、旧军共一十六名。①

小黄船水夫来源分为"新军"和"旧军"两类。所谓"旧军"指的是船政改革之前小黄船原有随船正军,南京兵部尚书阴武卿指出:"各卫有原驾小黄船食粮正军,共贰百捌拾名……莫若将各军匀开,分隶各船之内,照船轮差,免其丁银,则所免者少,所省者多矣。"②小黄船旧军共计280名,仍旧操驾黄船,亲身应役,并不交纳黄丁银和油舱银,将280名旧军平均分隶46只黄船,每船六七人,③故曰"旧军七名"。旧军之中,又选取年轻力壮、家资富饶一人为军头,用以管领船只、约束众军、检查随船什物等,在职责上与小甲并无二异。除此之外,小黄船其余9名水夫,则是源自水军右卫操军。按南京设有水军左、右卫,本是用于操驾战船,其中大黄船水夫全部出自水军左卫,因此南京兵部按照对等原则,将水军右卫正军,调补小黄船夫缺。④因系船政改革后增补黄船正军,故名"新军"。

由此可见,小黄船水夫仍是佥派正军贡运。相比于雇募"外水",正军行月粮的支出较少,以此来减少黄船差银支出,正如南京兵部尚书阴武卿指出:"盖快船召募外夫,不得不厚,黄船即用食粮正军,可以从轻。"⑤具体而言,小黄船军头、旧军、新军工食和差银发放标准各异,如表3-12所示:

---

① 范景文:《南枢志》卷64《职掌部·车驾司·船政科·驾军事例》,第1755页。
② 倪涷:《船政新书》卷4《黄船续集》,第262—263页。
③ 平均每船军余280/46≈6.1名。
④ 如南京兵部尚书阴武卿指出:"大黄船每只用正军叁拾名,悉出水军左卫,今水军右卫军数相同,比例用之,义无不可。"(倪涷:《船政新书》卷4《黄船续集》,第263页)
⑤ 倪涷:《船政新书》卷4《黄船续集》,第264页。

表 3-12　小黄船水夫工食和差银发放标准　　　　　　　　　　单位:两

黄船水夫	南京户部支给	南京兵部支给	津贴军头	实领银
军头(1 名)	无	工食银 4 两,差银 10 两	0.7×6+1.2×9=15 两	4+10+15=29 两
旧军(6 名)	行粮 2 石,折银 1 两	差银 2.5 两	0.7 两	1+2.5-0.7=2.8 两
新军(9 名)	无	工食银 4 两	1.2 两	4-1.2=2.8 两

资料来源:范景文《南枢志》卷 64《职掌部·车驾司·船政科·驾军事例》,第 1757—1760 页。

根据上表可见,旧军按照惯例,由南京户部支给行粮银、南京兵部给发差银;新军则是南京兵部借调水军右卫正军,故南京户部不给行粮,由南京兵部支给工食银 4 两。无论新军、旧军皆需津贴军头,最终支领工食银都是 2.8 两。军头的工食和差银源自南京兵部和船军津贴两部分,共计 29 两,作为召募拦头、舵手,置办随船什物的费用。综合而言,小黄船每次差使,共计用银 29+15×2.8=71 两。至万历十九年,南京兵部将小黄船每船新军裁减 4 名,只保留 5 名,工食和差银进一步减少,"每船拨进京差,军头与新旧军共支银五十三两二钱"①。小黄船仿照马、快船,差拨频率亦为两年一差,则平均每年差使小黄船 23 只,共计支银 23×53.2=1223.6 两,黄丁银反有结余近千两

剩余的黄丁银用于小黄船的修造。万历十五年,南京兵部题准:"即于征完贰千叁百两之内,扣银叁百伍拾两,助该部修理之费。"②小黄船的修造仍属南京工部,同时南京兵部每年协济黄丁银 350 两。同年,南京户部侍郎方弘静记载:"黄船小修银两,系军甲出备,载在船政书册,其来久矣……议官修以省其无名之费,所以恤之也。"③可见在船政改革之前,小黄船的维修由小甲、军余自行出资备办,万历十五年后全部改为官修官造。具体修造等则和价银,如表 3-13 所示:

----

① 范景文:《南枢志》卷 64《职掌部·车驾司·船政科·驾军事例》,第 1759 页。
② 倪涷:《船政新书》卷 4《黄船续集》,第 264 页。
③ 方弘静:《素园存稿》卷 15《与阴月溪司马》,第 278 页。

表 3-13 小黄船修造等则与资金来源　　　　　　　　　　单位:两

差次	修造等则	南京工部物料银	南京兵部 什物银	南京兵部 工食银	合计
1	成造	不详	30	0	
2	初修	5	15	10	30
3	小修	7.5	15	15	37.5
4	中修	10	15	20	45
5	大修	12.5	15	25	52.5

资料来源:范景文《南枢志》卷63《职掌部·车驾司·船政科·造修等则》,第1682—1684页。

与马、快船修造等则类似,小黄船"造"分为成造、拆造二等;"修"分为初修(即略修)、小修、中修、大修四等,料价银依次递增7.5两。小黄船"一造十修",即"十差后,即行拆造"①。按照一修一差、两年一差的频次,小黄船的使用寿命约为20年。

总体而言,黄船差役改革之后,基本上达到收支平衡,南京兵部征收的黄丁银,用于发放工食和差银,以及协济南京工部料价银。黄船在雇役等方面,并未与马、快船联合。至于在贡品运输方面,黄船与马、快船则一体差拨,具体差使情况,在下一章详细展开。

---

① 范景文:《南枢志》卷63《职掌部·车驾司·船政科·造修等则》,第1685页。

第四章

贡船差拨与贡品运输

南京兵部在既有船只和水夫的基础上,有条不紊地组织水夫驾驶船只出差,运送贡品,称为"差拨"。差拨的关键在于将贡船和贡品合理有效地搭配。明代贡品种类繁多,最引人注目的是水产等时鲜,分为冰鲜、土鲜等,邱仲麟就以冰鲜鲥鱼为例,分析了江南冰鲜船运输和冰窖的发展。[1] 除此之外,贡品还包括食品、器用等物,蔡泰彬根据天启《南京都察院志》的记载,详细列举了不同种类贡品的装载和运输,展现了明末贡品、贡运的静态剖面。[2] 本章将在此基础上,围绕贡品运输的规则存在什么样的演变,南京兵部又如何将船只、水夫有序差拨,以保证贡品如期进京等问题,针对贡运制度的"差拨"问题展开研究。

一、船差类型

(一)进京差使

根据目的地和距离远近的不同,可将贡船差拨分为"进京差使"和"下江差使"。其中以前者最为重要,贡船从南京石城门外的拨船厂出发,达到北京通州湾,简称为"京差"或"贡差"。京差根据拨船日期和到京期限的不

---

[1] 邱仲麟:《冰窖、冰船与冰鲜:明代以降江浙的冰鲜渔业与海鲜消费》,《中国饮食文化》第1卷第2期,第37—55页。
[2] 蔡泰彬:《明代贡鲜船的运输与管理》,第108—126页。

同,又可进一步细分,如《南枢志》云:

> 案查拨船一节,有春差、秋差、长差、短差、半差、飞差,差各不同。①

其中春差、秋差是指拨船日期是在上半年或下半年。长差指的是贡船运送品物至京,需要在通州张家湾守候六个月,听候明廷不时差遣,而短差只需要守候一个月,便可返回南京。长差和短差都是每年一差,②统称为"年例"差使。③ 与年例差相对应,飞差指的是间隔若干年一差,频率并不固定,如《条议船政拨差事宜书册》所云:"或叁年、伍年、柒年、拾年起运壹次,照来文数目,酌量拨给。"④半差指的是进京船只中途如遇河冻闸浅、遭风漂没、失火灰烬等情况,贡运钱粮物料只能雇募民船接运,或改由车马陆运,本船发回南京,需要扣追"半差银",故半差指的是贡船出水半途而废的偶然情况。

京差中以长差情况最为复杂,《船政新书》记载:

> 正统元年肆月内,准兵部咨称:每年上、下半年,各拨马、快船伍拾只,赴京听守,上半年以叁月初壹日为始,至本年捌月终;下半年以玖月初壹日为始,至次年贰月终,各半年为满更替。及称以后差官管押半年船只,给与批文,前来守取印信批回,以便稽考。⑤

可见长差始于正统元年,听守的马、快船只总共100只,这一额数一直延续至明末。⑥ 长差贡船分为上、下半年两批,分别以三月初一和九月初一为限。为了防止各船私自回南,南京兵部差遣江、济二卫千户一员管押同批

---

① 范景文:《南枢志》卷63《职掌部·车驾司·船政科·修差规则》,第1698页。
② 然马快船只两年一差,但是每年均有一半贡船进京,因此从京差的角度而言,则是每年一差。
③ 范景文《南枢志》卷64《职掌部·车驾司·船政科·收买楠木》记载:"查得年例各差,例应抵京长差守足六个月,短差守候一个月,方准回南。"(第1791页)
④ 祁承㸁:《条议船政拨差事宜书册》不分卷,第592页。
⑤ 倪涷:《船政新书》卷1《题稿部咨·咨兵部免听守船只差官文》,第148页。
⑥ 如万历四十七年南京兵部尚书黄克缵云:"查得黄马快船每年长差例该一百二十五只。"则是包括25只黄船在内。《南京兵部车驾司职掌》记载年例守候长差"共船玖拾柒只",根据明廷所需,长差船只因时略有损益。(黄克缵:《数马集》卷9《题议减船差疏》,第149页;祁承㸁:《南京兵部车驾司职掌》卷1《都吏科·说堂事宜》,第183页)

船只,"赴内府南京礼、兵二科填给精微批文"①,到北京后投文兵部,守候半年,领取批回后赴南京兵部销缴。

然而实际运作中,由于贡船先后依次序拨,50只马、快船并非同帮差使,委官千户分身不暇,难以一一管押,且不同贡船到达北京通州的时间各异,但上、下半年回南的时间却是一致的,这会导致各船的实际守候时间悬殊,苦乐不均。假如甲船三月到京,需守候六个月至八月终回南,而乙船于八月二十九日至京,只需守候一日,八月三十日便可一同回南。且九月一日限满之后,上半年50只贡船皆已回南,而下半年船只可能尚在途中,导致北京无船可用。因此到了万历十四年之后,船政主事倪涷将长差船不拘上、下半年,"改为以抵湾之日为始,扣满陆个月,方许回南"②,同时革去精微批文,改给各船长、短差勘合,也称为"船票"或"限票"。马、快船贡运抵达通州张家湾之后,各船小甲需要将勘合投文兵部,由兵部填注日期,从抵湾之日算起,长差计算守候扣满六个月、短差守候一个月之后,兵部将勘合钤印,小甲领回,通州参将查验勘合日期、印信无误之后,船只即刻驾驶回南,到达南京之后小甲将批回的限票,送船政分司查理。③ 南京兵部借由限票,增强了对贡船的监管,但仍存在"奸顽船甲,有抵湾而不赴部投到者,有投到而不依限领票者,有领票而不即驾回南者"④,因此至万历四十年,船政主事祁承㸁将马、快船仿照漕帮编成船帮,各船之间既可以互相监督,遇有搁浅、失火等意外,一帮船只又可以合力救援。船帮的具体编法为:"大概以拾只为两帮,不及拾只者不必分帮……拨差之时,每帮另给总批一张,与勘合一齐投部。"⑤

无论年例贡差还是飞差,目的都是将南方土产、物料输送北京,服务宫廷,那么长差、短差、飞差分别对应和运送哪些种类的贡品?关于马、快船差拨,学界多据天启《南京都察院志》的记载,详细列举贡品的种类。然而

---

① 倪涷:《船政新书》卷1《题稿部咨·咨兵部免听守船只差官文》,第148页。
② 倪涷:《船政新书》卷3《差拨验装之法》,第220页。
③ 倪涷:《船政新书》卷3《申明职掌之法》,第225页。
④ 祁承㸁:《条议船政拨差事宜书册》,第612页。
⑤ 祁承㸁:《条议船政拨差事宜书册》,第613页。

史籍中关于年例贡差的记载,尚不止此。分析贡运的种类和变化,首先需要厘清不同史籍之间的史源关系,如图4-1所示:

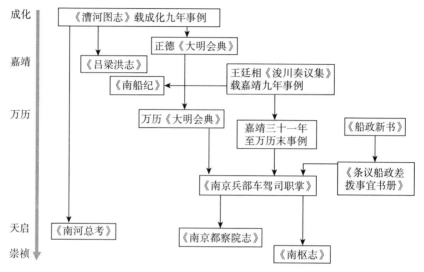

图4-1 明代贡运差拨的记载及史源关系

纵向时间轴表示各史籍的成书时间。目前可见最早关于年例贡差种类的记载,是弘治《漕河图志》所载成化九年兵部尚书白圭拟定船数,题奉钦依,载入正德《大明会典》之中。嘉靖《吕梁洪志》和天启《南河总考》都直接沿袭了《漕河图志》的记载。嘉靖九年,南京兵部尚书王廷相裁减南京进贡马、快船差,题奉钦依,吸收入续修的万历《大明会典》之中。然而万历《大明会典》并没有来得及收录嘉靖三十一年之后的贡差事例。现存《南京兵部车驾司职掌》由车驾司郎中祁承㸁于万历四十三年续纂,增补了嘉靖末至万历末的贡差事例,《南京兵部车驾司职掌》后经续修,全书收入《南枢志》中。由于马、快船差拨需要科道官验装,因此天启《南京都察院志》中也沿袭了《南京兵部车驾司职掌》中贡差事例的记载。

关于贡运拨船日期,先经船政主事倪涷条议,载入《船政新书》中,后于万历四十年经船政主事祁承㸁重新议定拨船日期,编定《条议船政拨差事宜书册》,续收入《南京兵部车驾司职掌》和《南枢志》中。

了解了史源关系之后,现将史籍中记载明代不同时期年例贡差细目,

梳理如附录2所示。根据用途的不同,可以将附录2的年例贡品分为"食"和"用"两大类,如表4-1所示:

表4-1 明代贡差分类

分类		细目	用途	来源
食	时鲜	用冰:鲜梅、枇杷、杨梅、鲜笋、鲥鱼 不用冰:鲜茶、鲜藕、荸荠、橄榄、木樨花、石榴等	奉先殿、太庙荐新,然后供御膳①	长江以南省份采进,如枇杷每年俱系守备衙门着落铺户前往南直隶苏州等处收买
	加工食品	风干(如风鲫鱼、干鲥鱼等)、盐腌(如天鹅、菜薹)、糖渍(如蜜煎)、发酵(糟笋、糟鲥鱼等)等	内府膳食	长江以南省份采进,南京光禄寺厨役加工
用	纺织品	制帛	郊祀天地	内府神帛堂织造
		龙衣	御用	南京及苏杭织造
		布匹等	内府供用	南京内府监局成造
	器用	如画匣、竹器、膳桌、膳盒等器皿		南京工部成造
	木料	板枋、杉条等	内府营造	芜湖等处竹木抽分关

资料来源:附录2。

根据用途可以看到,贡品中最重要的是冰鲜、制帛和龙衣,如南京兵部尚书王廷相指出:"鲜品系供荐宗庙重务,制帛乃郊祀天地盛典,事体非轻。"②由于御用品物或者宗庙祭祀需要极尽诚敬,因此冰鲜、制帛、龙衣在装载上"则宽以计之"③,即无需装满整个船舱空间,载重量极低,平均每船仅载9.7石(详见本章表4-9,下同)。

运输上又以冰鲜最为烦琐。为了低温保鲜,船舱需要"先用底盖盐冰

---

① 吏部尚书马文升记载:"南京每岁进鲜船,本为奉先殿荐新而设。"(《明孝宗实录》卷209,弘治十七年三月壬午,第3892页)
② 王廷相:《王廷相集·浚川奏议集》卷7《金陵稿·裁减南京进贡马快船只题本》,第1304页。
③ 同上书,第1307页。

打筑结实"①,堆放贡品还需"上下皆层冰覆藉之"②。邱仲麟指出,鲥鱼船所用冰块,明初由南京内府冰窖供给,天顺六年后改为鲥鱼厂自设冰窖藏冰。③ 考虑到运输途中天热融化,还需不断补充冰块,这就要求除了南京外,运河沿途州县,皆需建造冰窖,贮冰以待。但实际上冰鲜贡运的效果不尽如人意。首先是遇到暖冬,南京无冰可贮,④其次是运河沿线州县或是无力建造冰窖,或是为减少储冰开支,往往将冰块折算现钱(称为"折乾")贿赂管运内官。⑤ 就算用冰防腐,枇杷、杨梅等果品长时间浸泡在冰水混合物中,也非常容易腐烂,⑥加上贡运沿途迟滞,腐坏更加严重,⑦明臣多以此为由要求裁减贡鲜船只数量,然而多未蒙俞允。从嘉靖九年至万历末,冰鲜的数量逐步上升,以鲥鱼最为典型,头起鲥鱼从 600 尾增加到 2250 尾,二起鲥鱼从 500 尾增至 1300 尾。

  时鲜中除了冰鲜之外还有土鲜,⑧即取自植物的根茎部分,在进贡时需要连带滋养泥土以保鲜,如荸荠、鲜藕、姜等,平均每船装载 21.2 石。贡品中重要性次之的是加工制品,平均每船的装载重量为 28.8 石,需要经过南京光禄寺造做之后,转运北京。光禄寺下设有糟腌户、蜜煎户、鲊户等厨役,负责食品的盐腌、糖渍、风干、发酵等工序,对厨役的制作工艺要求较

---

  ① 潘季驯:《河防一览》卷 8《申明鲜贡船只疏》,第 134 页。
  ② 王樵:《方麓居士集》卷 11《金陵杂记·观音阁》,第 3a 页。
  ③ 邱仲麟:《冰窖、冰船与冰鲜:明代以降江浙的冰鲜渔业与海鲜消费》,第 38 页。
  ④ 如"正德二年六月,南京守备司礼监太监郑等题,为照正德元年冬天气和暖,水不能冰,诚恐今年起运鲜笋并二起鲥鱼及鲜梅、枇杷、杨梅计六起,无冰接济,难以装运"。(徐大任:《南京光禄寺志》卷 2《贡品》,第 19b—20a 页)
  ⑤ 如万历时沈德符指出:"(贡船)昼夜前征,所至求冰易换,急如星火。实不用冰,惟折乾而行,其鱼皆臭秽不可响迩。余于夏月北上,曾附其舟,几欲呕死。"(沈德符:《万历野获编》卷 17《兵部·南京贡船》,第 431 页)
  ⑥ 如万历末南京兵部尚书黄克缵指出马、快船"装枇杷三只,杨梅五只,此二物者熟时从树摘下,亦酸涩不堪上献,况水行三千里,为冰渍坏,其味发变,食之伤人肠胃。"(黄克缵:《数马集》卷 9《题议减差船疏》,第 149 页)
  ⑦ 如河道总督潘季驯指出:"(贡船)稽留动逾旬日,沿途淹顿,又致愆期。比至京师,则色味俱变。"(潘季驯:《河防一览》卷 12《申饬鲜船疏》,第 223 页)
  ⑧ 祁承爜:《澹生堂集》卷 21《吏牍·核贡一》云:"均一鲜差也,而冰鲜与土鲜又异矣。"(第 5 册,第 476 页)

高,如宰制鹅鹿,"用盐太少,天热生虫;用盐太多,苦咸无味"①,因此光禄寺供役的或是厨役户下谙晓厨业、技艺精通的人丁,或是户丁折银雇募。无论是时鲜还是加工制品,都经由南京光禄寺征收或购买,经过防腐处理,交由南京内守备、尚膳监等衙门委官起解贡运,同时光禄寺厨役作为经手之人,还负责随船出水、扛抬和解送贡品。最终由"尚膳监差官与同珍羞、掌醢二署经手厨役进贡"②。《南京光禄寺志》中列举了光禄寺厨役差拨贡运的情况,列举如表4-2所示:

表4-2 明代贡差厨役差使数量

时间	贡品	厨役差拨数量	夫役来源
正月	守备厅拣装荸荠	4名	光禄寺四署厨役户正丁、余丁差拨
三月	采鲜笋	100名	
	贡菜薹、鸡、鹅弹(蛋)、风鲫鱼	鲊户1名,糟腌户1名	
四月	贡鲜笋	蜜煎户2名	
	抬鲥鱼	180名	
五月	装鲥鱼	28名	
	贡鲥鱼	鲊户6名	
六月	贡糟笋、蜜煎樱桃	糟腌户1名,蜜煎户1名	
	贡鲥鱼干	鲊户1名	
八月	贡紫苏糕等品	蜜煎户1名,糟腌户1名	
	守备厅拣木樨花	20名	
九月	守备厅拣装柑子	12名	
	贡木樨煎、蓼花	蜜煎户1名,蓼花户1名	
十二月	抬鳙鱏鱼鲊	160名	
每年	抬菜薹、风鲫鱼、鸡鹅鸭弹(蛋)	120名	厨役、水夫相兼抬送
	抬鲜笋	40名	
	抬糟笋、花红、桃李	113名	
	抬紫苏糕等物	150名	
	抬木樨煎、蓼花等物	80名	

资料来源:徐大任《南京光禄寺志》卷4《厨役》,第27a—31a页。

---

① 倪岳:《青溪漫稿》卷14《奏议·会议二》,第14b页。
② 徐大任:《南京光禄寺志》卷2《贡品》,第25b—26a页。

由此可见光禄寺厨役负责贡品从采摘捕捞、防腐加工到扛运至京的整个过程。供役人数上千名，远超"原额三百名之数"①，宫廷膳食也借此得以丰富。

贡品中器用、木料、布匹等用品，由于不存在保质期的问题，也并非上供急需，因此重要性最低，可由北京工部及内府衙门替代成造，相应地，贡船数量的裁减也最为明显。如南京司礼监和御用监各自起运的 5000 根杉条，本由 50 只平船运输，隆庆二年之后改为编成木簰漂运，仅拨马、快船 4 只供管运内官乘坐。除了木料装载重量无法统计之外，布匹每船装载 32 石，器皿每船装载 52 石。由此可见，随着重要性的降低，贡品的每船装载重量也在逐渐提高。按照小马船三百料来看，载重额数可以达到三百石，王廷相也提及："查得黄、马、快船，每只或长六丈至八丈，阔不下一丈二丈。若尽船装载，多可三百石。"②而马、快船装载贡品多者不过一船五十余石，这与贡船设置之初的情况也基本相符，③可见明代马、快船事实上未能做到尽船装载，这也为官甲夹带私货等弊埋下了伏笔。

年例贡差有长差和短差之分，其中长差在附录 2 中以 * 的方式加以标注，根据"万历末"一栏所载船数，统计可得长差贡船 124 只。然而《南枢志》却记载年例守候长差"共船九十七只"④。数量不同，看似矛盾，当如何解释？现将《南枢志》与附录 2 中所载长差贡船数量对比如表 4-3 所示：

表 4-3 明代年例长差贡船数量

分类	贡品种类	《南枢志》记载	附录 2 * 标	
		船只数量	黄船数	马、快船数
御用、冰鲜船（共计 55 只）	春、秋龙衣	14	8	14
	制帛	3	1	3
	头起鲥鱼	18	4	18

---

① 沈节甫：《大朴主人文集》卷 1《议处光禄寺事宜疏》，第 156 页。
② 王廷相：《王廷相集·浚川奏议集》卷 7《金陵稿·裁减南京进贡马快船只题本》，第 1307 页。
③ 永乐二十二平江伯陈瑄上言："快船、马船二三百料者，所装运物货，不过五六十石。"（《明仁宗实录》卷 2 下，永乐二十二年九月壬辰，第 71 页）
④ 范景文：《南枢志》卷 61《职掌部·车驾司·都吏科·听守船只》，第 1505 页。

(续表)

分类	贡品种类	《南枢志》记载 船只数量	附录2*标 黄船数	马、快船数
土鲜船 (共计13只)	二起鲥鱼	10	3	10
	鲜笋	4	1	4
	枇杷	2	1	2
	杨梅	4	1	4
	荸荠	1	1	1
	春藕	2	1	2
	秋藕	2	1	2
	种姜芋苗	2	0	2
	孝陵苗姜	3	0	3
	司苑局苗姜	3	0	3
加工食品船 (共计6只)	菜薹	3	1	3
	鲥鱼干	1	1	1
	糟笋	1	1	1
	紫苏糕	1	1	1
器用、布匹、物料船 (共计23只)	头、二起画匣	8	0	8
	苎布	3	0	3
	器皿	3	0	3
	花(膳)盒	4	1	4
	竹器	5	0	5
合计		97	27	97

资料来源：范景文：《南枢志》卷61《职掌部·车驾司·都吏科·听守船只》，第1503—1505页。以及附录2。

根据表4-3，我们可以得到两点认识：

一、长差贡船分为上、下半年于张家湾守候听差，与之相应，龙衣船和藕船亦有春、秋差之分，不同史籍将春、秋二差或并作一起，或算作两起。就船只数量而言，附录2中统计的贡船分为黄船(27只)和马、快船(97只)

两类,其中马、快船数量与《南枢志》记载诸项长差船数,完全一致。也就是说,年例守候长差只拨马、快船,不拨黄船。因此史籍所载并不矛盾,长差不应将黄船统计在内,南京兵部每年共拨长差马、快船97只。

二、这些贡差被选定为长差的依据为"美差"或"好差",《船政新书》云:"差美者与长差,使之守候;差苦者与短差,使可即回。"①所谓美差,应当是指每船装运的贡品重量较轻,沿途扛抬和盘剥(即换小船驳运)过坝不至于太费人力。与之对应,装运木料这些粗重之物的船差可以算得上苦差,如船政主事祁承㸁就指出,对于那些偷惰误事的船甲,"即拨亦止于大木、杂木等差,不得一体与长差均搭"②。根据这一原则,载重量最低的制帛、龙衣皆拨为长差,时鲜中冰鲜、土鲜也全部算作长差,加工食品大多入长差项目内,如干鲥鱼、菜薹、蜜煎紫苏等。在器用等方面,只有苎布和画匣、膳盒、竹器等小型器皿重量较轻,拨为长差,而大型器用如膳桌以及大木、杂木等苦差,自然不能算入长差。也就是说,越重要的贡品,每船的装载重量越低,更倾向于拨为长差,这便是长差和短差的根本区别。

相比于年例贡差"刻石记载,永为遵守"③而言,飞差的种类和数量并不固定。《条议船政拨差事宜书册》和《南京兵部车驾司职掌》中记载明末飞差共有13差,分别是:针工局板柜船、青猫笙竹船、金榜纸船、颜料船、铁线肥皂船、棕荐船④、内织染局空箱船、戗金盒船、花梨木船、胖衣船、番锡船、铁器船、龙床船。这些贡品主要是器用、物料,经久可用,因此不必每年起送。除此之外,飞差不限于起送贡品,船政主事祁承㸁云:"不时飞差,如起运制钱,侯伯内臣入京行李,内官监起运棕荐、铜丝网、鳌山灯,接王选妃等项,或十数年一次,三五年一次,一遇此差则有用船至三四十只、二三十只者。"⑤还包括运送南京铸造的铜钱、顺赍勋贵、内臣行李,甚至供人员搭乘,完全是根据明廷所需,临时取用。由于飞差的不固定性,难以对其船只差

---

① 倪涷:《船政新书》卷1《题稿部咨·咨兵部免听守船只差官文》,第149页。
② 祁承㸁:《澹生堂集》卷21《吏牍·核贡一》,第5册,第484页。
③ 万历《大明会典》卷158《兵部四十一·南京兵部·车驾清吏司》,第2222页。
④ 祁承㸁:《条议船政拨差事宜书册》遗漏,据《南京兵部车驾司职掌》卷1《都吏科·差补事例》补。
⑤ 祁承㸁:《澹生堂集》卷21《吏牍·核贡五》,第5册,第534页。

拨数量作出精确统计,《南枢志》记载:"年例差使船不过一百七十只,即有飞差,亦不出二百之数。"①可见明末飞差贡船数量,平均每年不到30只。

明代年例贡差的拨船额数,再加上飞差临时酌量拨船,即为南京兵部每年贡运差拨船只的数量。这一数量取决于两个因素:一是贡差的"起"数,二是贡品数量。各项贡品的每一次拨船贡运称为"一起",年例贡差一般一年一起,也有像龙衣、鲥鱼、鲜藕分为春、秋二差,也即一年二起,飞差则是若干年一起。万历末,每起年例贡差都设置了固定的拨船日期,如附录2所示。现将明代每年贡差船数统计如表4-4所示:

表4-4　明代贡差船数　　　　　　　　　　　　　　单位:只

时间	每年拨船数	时间	每年拨船数
成化九年(1473)	162②	嘉靖二十七年(1558)	约330③
弘治十四年(1501)	800余④	万历十二年(1584)	245
弘治十八年(1505)	约700⑤	万历十三年(1585)	361⑥
正德六年(1511)	600—700⑦	万历十四年(1586)	300⑧
嘉靖八年(1529)	717余⑨	万历四十三年(1615)	237⑩

---

① 范景文:《南枢志》卷63《职掌部·车驾司·船政科·造修等则》,第1710—1711页。
② 正德《大明会典》卷160《工部十四·船只》,第3册,第373页。
③ 万历《大明会典》:"(嘉靖)三十七年……查每岁差过马快船数,大约三年之内,该用船一千余只。"(万历《大明会典》卷158《兵部四十一·南京兵部·车驾清吏司》,第2217页)
④ 南京吏部尚书林瀚记载:"臣等切见南京黄、马、快船……大约一年计用船捌百余只。"(林瀚:《林文安公文集》卷2《灾异陈言疏》,第738页)
⑤ 弘治十八年,南京兵部尚书王轼条陈马、快船只事宜云:"快船每岁约用五百只。"考虑到马船和快船的差拨按照3:7的比例,则马船每岁约用200只。(《明武宗实录》卷5,弘治十八年九月甲申,第165页)
⑥ 南京兵部尚书郭应聘记载:"万历十二年分,拨过船二百四十五只,至十三年分,拨过船三百六十一只,则加拨一百一十六只矣。"(郭应聘:《郭襄靖公遗集》卷10《应诏陈言疏》,第237页)
⑦ 兵部尚书柴升云:"大约一年用船,不过六七百只。"(柴升:《题为陈言救时弊以弭寇盗事》,陈子龙等辑《明经世文编》卷107《柴司马奏疏》,第1061页)
⑧ 《船政新书》记载:"进京马快平船六百只……两年一差。"差拨频率从三年一差提高到了两年一差,故每年差船300只。(倪涷:《船政新书》卷2《调度大纲》,第156页)
⑨ 林炫为其父林廷㭿所编行状云:"己丑(嘉靖八年)七月,升南京兵部侍郎……同浚川王公廷相,寅恭协政,凡中贵贡献,多索鲜物,每减抑其数……公复立画一之规,差拨以时,岁省船六百余。"可见在嘉靖九年之前,每岁拨船约117+600=717只。(林炫:《林榕江先生集》卷12《先康懿公编年行实》,第179页)
⑩ 祁承爜:《南京兵部车驾司职掌》卷1《都吏科·差拨事例》,第198—248页

(单位:只)(续表)

时间	每年拨船数	时间	每年拨船数
嘉靖九年(1530)	117①	万历四十七年(1619)	240②
嘉靖二十一年(1542)	400③	天启三年(1623)	200④

  通过上表可以看到,每年贡运差拨船只数量存在大幅度波动。这是由于一方面内廷冗员导致贡品需求增长,另一方面外廷群臣要求节省贡差以轻民众负担,二者存在博弈。具体而言,明臣将洪武、永乐时期贡品种类视为原额,宣德、正统以后奉旨取用贡品为新增。⑤ 至成化九年,兵部尚书白圭便题请裁减新增贡品、恢复原额,将年例贡差减省定为30起。然而进入弘治、正德朝之后,贡差起数又不断增加,如正德十二年南京兵部尚书乔宇所云:"其荐新进贡,除岁例照常应付外,近又巧立名目,比旧加添。"⑥至嘉靖九年,经南京兵部尚书王廷相、侍郎林廷㭿题准,贡船减差六百余只,额定为年例117只,但很快到了嘉靖二十一年,年例贡差船数又增长了约300只。从长期来看,每年贡差船数存在不断膨胀和省并的反复。

  相比于南京兵部尚书裁定的贡差年额,实际上每年差拨贡船数量要高

---

① 万历《大明会典》卷158《兵部四十一·南京兵部·车驾清吏司》,第2219—2221页;王廷相:《王廷相集·浚川奏议集》卷7《金陵稿·裁减南京进贡马快船只题本》,第1309—1320页。

② 万历己未年,南京户部郎中杨嗣昌记载:"查得贡船一项,近据南京兵部疏载,每年二百四十只。"(杨嗣昌:《地官集》卷3《题稿二·处置南京铸钱稿》,第17a页)

③ 南京兵部尚书熊浃记载:"查得年例岁运进贡赴京等项差使,所用马、快船不过肆百只。"(南京兵部车驾编:《船政》不分卷《题例》,第334页。)

④ 南京兵部尚书陈道亨记载:"(天启三年)三月,钦奉明旨,减省二起鲥鱼等差船三十七只。"贡差船只的数量减为 237-37=200 只。按天启三年车驾司郎中汪秉元揭称:"近议三年一修。"根据一修一差原则,差拨频率亦降低到了三年一差,则每年拨船 600/3=200 只,与陈道亨所言相符。(范景文:《南枢志》卷155《奏疏部·重订修船规则疏》,第3902页;祁承㸁:《南京兵部车驾司职掌》卷1《都吏科·额支款目》,第276页)

⑤ 如南京兵部尚书马文升指出马快船差的增长是在"宣德、正统年间以后"。南京兵部尚书王廷相亦云:"查得宗庙荐新品物,惟太常寺所进,为太祖高皇帝旧额。其南京司礼监制帛、孝陵神宫监苗姜等物、南京织染局龙衣、印绶监诰敕,皆永乐以来上供之数,亦是旧额。其余自守备等衙门以下所进,皆宣德、正统、天顺、成化以来,传奉列圣旨意,钦取上用。"(马文升:《马端肃公奏议》卷9《传奉事》,第1791页;王廷相:《王廷相集·浚川奏议集》卷7《金陵稿·裁减南京进贡马快船只题本》,第1307—1308页)

⑥ 乔宇:《乔庄简公集》卷5《明旧章厘宿弊以图治安疏》,第576页。

出许多。这是由于每次拨船时,内官等人额外讨要马、快船只,以便夹带私货,如孝宗即位之初,巡按直隶御史姜洪疏言:"假如木犀、龙衣,二船装载足矣,额外多讨,船少者七八号,多者十余号,其余滥讨皆如其例,俱满载私货,附搭闲人。"①嘉靖十八年,南京吏部尚书霍韬弹劾南京司礼监内官张禧云:"原行关文二张,例合用船二只,人夫二十名,被南京马、快船光棍夫甲诱引,不合违例多占马、快船八只。"②从总体上来看,为了节省财政支出,每年贡差拨船数量随着贡船总数的压缩而减少,嘉靖前平均每年拨船约 700只,嘉靖九年之后平均每年拨船约 400 只,万历十四年之后经倪涷改革之后,平均每年拨船约 300 只,至明末减为 200 只。

  拨船数量裁减可以分为省和并两个方面,③"省"指的是减省每起贡差拨船数,"并"指的是将若干项贡品并为一差,一齐起运,也即减少贡差的起数。如嘉靖九年王廷相主要是减省了每起贡差拨船数,从弘治时平均每起 5.4 只降低到 2.9 只,④而从嘉靖九年到万历末,则主要是合并减少了贡差的起数,从 40 起降低到 34 起。值得注意的是,不同重要性的贡品在省并幅度上有所区别。现将不同时期明臣题奏和诏敕中关于贡差种类的省并,统计如附录 3 所示。重要性最高的龙衣、制帛、冰鲜,难以轻议省并,仍然照旧进贡,甚至有增无减,最典型的是鲥鱼船,春、秋二起,从嘉靖九年的 9 只,到万历末逐渐增加到 35 只,反映了明代宫廷对于鲥鱼的喜好。龙衣、制帛、冰鲜难以裁减的根本原因在于直接关乎宗庙荐新和御用所需,事关国体,不可轻亵,因此兵部覆议多次指出"不当概议裁削"⑤。除此之外,土鲜、加工食品、木料等贡品,北方产有,甚至品质优于江南,无需从南京远途贡运,因此多有省并,改为折价解京,在京收买或者造作,如《南京光禄寺》记载:"北建以后,间因诸臣之请,生禽纳价,酿酒改北,类勉狗以便民。其

---

  ① 姜洪:《陈言疏》,孙旬辑《皇明疏钞》卷 3《君道三》,《续修四库全书》第 463 册,第 341 页。
  ② 霍韬:《渭厓文集》卷 10《牌行徐州兵备道》,第 313 页。
  ③ 如嘉靖六年圣旨所云:"兵部行南京内外守备,查进贡起数,可省则省,可并则并。"(李昭祥:《龙江船厂志》卷 1《训典志·谟训》,第 4 页)
  ④ 根据附录 2,成化九年贡差共计 30 起,拨船 162 只,平均每起拨船 $162/30=5.4$ 只。同样道理,嘉靖九年平均每起拨船 $117/40\approx2.9$ 只。
  ⑤ 《明世宗实录》卷 555,嘉靖四十五年二月乙酉,第 8937 页。

生物惟笋暨鱼,同诸醯滥,凡十一运,以为定制。"①对于器用,或是由于在京内府监局和工部可以成造而省并,或是坚固耐用无需每年成造运送,也可改为三五年起送一次,就从年例贡差转化成了飞差,如马槽、军器等物,经过明臣的题减,最终从年例贡差中剔除。

综上可见,无论是贡差类型,还是贡船数量增减上,都与贡品的类型和重要性密切相关,贡品中以龙衣、制帛、冰鲜为核心,紧关御用,因此明代进京差使的马、快船也往往统称为"贡鲜船"。相比之下,土鲜食品、木料器用等,则逐渐省并。现将不同贡品船的裁减情况归纳如表 4-5 所示:

表 4-5 明代贡差裁减情况

重要性排序	贡品类目	裁减情况	原因
1	龙衣、制帛、冰鲜	不减反增	供荐新、进御之需
2	土鲜	省并	北方产有,优于南方
3	加工食品		
	木料		
4	布匹、器用	省并	在京可以成造
		改为飞差	经久耐用,无需每年起运

(二) 下江差使

六百料大马船相比于三百料小马船,更为宽阔,吃水较深,难以进入河窄水浅的山东段运河(即"闸河"),经过闸坝也只能更换小船搬运,因此大马船一般不差使进京,不承担年例贡差(参图 4-2)。虽然在万历三十四年至万历四十年间,大马船短暂地"与小马船一体顺拨京差"②,但最终万历四十年经船政主事祁承㸁题准,"止供近差,不拨年例贡差"③。所谓"近差"与远途贡差相对应,指的是马船在南京附近沿着长江及支流行驶,到达江西、湖广等处公干,统称为"下江差使"或"江差"。④ 与进京小马船经过漕河闸坝

---

① 徐大任:《南京光禄寺志》卷 2《贡品》,第 18b 页。
② 范景文:《南枢志》卷 64《职掌部·车驾司·船政科·拨船规则》,第 1766 页。
③ 祁承㸁:《澹生堂集》卷 21《吏牍·核京一》记载:"查得大马船向不到京,止拨近差。"(第 5 册,第 484 页)
④ 倪涷:《船政新书》卷 1《题稿部咨·厘正五议疏》云:"大马船止供下江差使。"(第 114 页)

的上水和下水相比,大马船沿江行驶只是"平水",无需守候积水、牵挽过坝,因此下江差使比进京差使负担更轻。对于运河南段①的徐州、淮安至苏州、杭州等处而言,距离南京较近,如果差拨小马、快船,只能算作半差,还需要追征半差银两,事体烦琐,靡费钱粮,故万历十四年经南京兵部尚书郭应聘题准,至淮安、徐州等处差使,"俱拨大马船"②。故凡系淮安、徐州以南长江、运河沿线等处差遣,南京兵部皆差拨大马船,作为近差都归入"下江差使"。

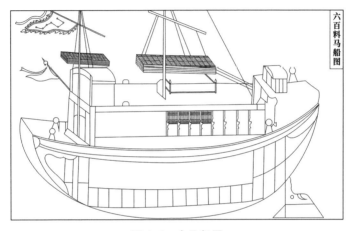

图4-2 大马船图

(据《南枢志》卷63《六百料马船图》绘制)

关于大马船的差使名目,《南京兵部车驾司职掌》和《南京都察院志》中都有着详细记载,大致反映了万历四十三年之后的情况,列为表4-6:

表4-6 明代大马船下江差使名目

提督衙门	活动区域	差使名目	差拨大马船数量
南京司礼监	承天府	运送显陵制帛	嘉靖时拨船1只,万历末改拨小马、黄船。
	芜湖竹木抽分关	印烙头、二起画匣、板枋	万历末每运拨船4只,共8只。

---

① 徐州至杭州,包括中河、南河以及江南运河。
② 倪涷:《船政新书》卷1《题稿部咨·厘正五议疏》,第117页。

(续表)

提督衙门	活动区域	差使名目	差拨大马船数量
南京尚膳监	镇江、太平等处	采打鲥鱼	嘉靖三十一年题准每年拨2只,万历十一年添拨船1只,万历末共拨船3只。
		采打鳇鲟鱼	嘉靖三十一年题准每年拨船1只,万历末亦然。
孝陵神宫监	南京栖霞山	取用摄山窑砖瓦	嘉靖三十一年题准拨船1只,万历末给银自雇。
针工局、巾帽局	南京	北京差来内使搭乘	弘治中,针工、巾帽二局每年奏差内臣4员,前来南京取用麂皮等项物料,每员取拨六百料马船2只,共用船8只。嘉靖三十一题准每次拨船2只。万历末,久未取用。
济川卫	南京新江关	摆渡过江,以便过客,也称为"摆江"①	嘉靖三十一年题准各拨船4只,每半年一换。万历末每关各拨船8只,每季一换。可见每关摆江大马船都是2只,故正德和万历《大明会典》都记载:"江淮关摆渡马船二只,新江关摆渡马船二只。"②
江淮卫	江浦县江淮关		
南京内官监	太平府白云山	装运白土	宫殿做造琉璃砖瓦合用白土,每五百石用大马船1只,工完停运。
南京户部	襄阳	襄府关支食盐	嘉靖三十一年题准每年拨船1只,万历末贴银免拨。
南京中军都督府	江北烂泥洲	装运砍斫芦柴	弘治十二年,南京吏部尚书倪岳疏云:"南京中军都督府装运烂泥洲等处芦柴,用马船十只。"至嘉靖元年、二年,在洲柴束,南京工部尚书崔暂借修理项下芦课银两,雇船装运。自后岁以为常,马船不复取拨。

① 倪涷:《船政新书》卷3《差拨验装之法》记载:"旧例,江淮、新江贰关,每卫上下半年,各拨大马船贰只,名为摆江,以便过客。"(第221页)
② 正德《大明会典》卷125《兵部二十·杂行·车驾清吏司》,第3册,第99页;万历《大明会典》卷158《兵部四十一·南京兵部·车驾清吏司》,第2214页。

(续表)

提督衙门	活动区域	差使名目	差拨大马船数量
南京内官监	繁昌县黑沙洲		弘治十二年,年例该运黑沙洲等处芦柴,占差六百料马船共一十六只。正德十六年,南京兵部具奏裁革。
孝陵神宫监	句容县太子、天宁、裙边沙洲		弘治八年,南京兵部差拨马船六只装运。正德十六年,该南京兵部奏准革去四只。嘉靖九年题革。

资料来源:祁承爜《南京兵部车驾司职掌》卷1《都吏科·差拨事例》,第236—240页;施沛《南京都察院志》卷25《职掌十八·南京兵部职掌事宜·起运拨船额数》,第711页;刘汝勉《南京工部职掌条例》卷1《营缮清吏司·外房科》,第47—52页,倪岳《青溪漫稿》卷14《奏议·会议二》,第23b—24b页;王廷相《王廷相集·浚川奏议集》卷7《金陵稿·裁减南京进贡马快船只题本》,第1319—1320页。

根据上表可见,大马船下江差使因革不常,至万历末,主要保留摆江、印烙板枋和采打河鱼三项差使。尤其是采打鲥鱼一差,随着万历时宫廷对于鲥鱼需求的剧增而增加,下江差使和进京差使共同构成了完整的鲥鱼运输链。三项差使共计差拨用船28只,江、济二卫大马船共存32只(扣除黑楼座船18只)。考虑到朝觐年份、科道阅操渡江等临时加拨大马船,可以认为万历末大马船每年的差拨数量和现存船数基本持平,故天启元年南京兵部再次重申:"大马船照旧免拨京差,专候挨序听拨摆江、打采鲥鱼、印烙等项。"①可见大马船每年一差,却三年一修,这是由于船只拨近差,损坏较小,并不需要采用贡船一修一差的修造规则。

大马船的下江差使在逐渐缩减,这从表6中大量差使的题革或停运可以看出。弘治十八年,南京兵部尚书王轼疏云:"南京诸司岁用六百料马船八十八只,运送芦柴、城砖、白土及竹木、板枋,每船费月粮二百四十余石,银一百余两,而往来留滞,所运不偿所费。"②王轼奏议反映出两点信息,一是弘治末大马船年例差拨88只,约为万历末差拨数量(28只)的3倍。二

---

① 范景文:《南枢志》卷《职掌部·车驾司·船政科·修差条议》,第1691页。
② 《明武宗实录》卷5,弘治十八年九月甲午,第165页。

是大马船运送沉重的建材物料,运输途中月粮和工食银开支,甚至高出物料本身,得不偿失,因此南京兵部主张裁减大马船差拨数量。如表4-6中"装运砍斫芦柴"一项,源自"南京地下,下自镇江,上至九江,相去一千余里,江中各有芦洲,洪武年间各州县并巡检司每年砍办芦柴,送纳本(工)部烧造应用。"①差拨大马船装载始于正统年间,②晚至嘉靖九年,大马船装运芦柴差使已经全部减革。又如"摆江"一差,根据正德《大明会典》记载,除了新江、江淮二关外,尚有浦子口、龙江关、仪真摆渡大马船共计8只,③到了万历《大明会典》中则记载皆已裁革④。

万历时,大马船中又有一部分改装成黑楼船,专供南京兵部堂官乘坐,也称为"黑楼座船"。黑楼座船整体形制与马船区别不大,除了船首有云纹彩画之外,通体乌黑色,并无绘饰。船舱较高,以增加船舱容积和舒适度。仓上增设鼓篷,形制如楼,故名"黑楼船"。《丛兰事迹图》中绘制了黑楼座船的样式,如图4-3所示。

黑楼座船设置于万历十四年,由江淮、济川卫大马船各一只改装。此后数量不断增加,万历二十年,南京兵部又将江、济二卫大马船六只改作黑楼船,万历二十七年增添八只,至万历末,江淮、济川二卫黑楼座船各九只,共计十八只。⑤ 随着黑楼座船的数量增加,在差使上也不限于供应南京兵部堂官,《南枢志》云:"黑楼座船惟供本部正项大差及勋戚表差。"⑥黑楼座船除了供南京兵部堂官操江乘坐、听候差遣外,还可供勋臣、外戚、内官等人进京赍奏表笺搭乘。由于黑楼座船全部源自六百料大马船的改造,二者在差使上并无严格界限,可以通融拨差,倘若黑楼座船不足供应,则将六百料大马船"间拨为副船之用"⑦,同样道理,黑楼座船出水,"如沿江上下地

---

① 王侹:《洲课条例》不分卷《各年题奉钦依事例》,第283—284页。
② 《明实录》记载,正统三年八月,"辛酉,减应天、太平、池州、安庆等府县折芦柴钞……巡抚侍郎周忱又言,民间岁输芦柴之艰,请以江淮、济川二卫马船给载,省其雇倩之费。上亦从之"。(《明英宗实录》卷45,正统三年八月辛酉,第870—871页)
③ 正德《大明会典》卷125《兵部二十·杂行·车驾清吏司》,第3册,第99页。
④ 万历《大明会典》卷158《兵部四十一·南京兵部·车驾清吏司》,第2214页。
⑤ 范景文:《南枢志》卷63《职掌部·车驾司·船政科·马船沿革》,第1643—1646页。
⑥ 范景文:《南枢志》卷63《职掌部·车驾司·船政科·修差规则》,第1712页。
⑦ 范景文:《南枢志》卷63《职掌部·车驾司·船政科·修差规则》,第1702页。

图 4-3 《丛兰事迹图》所绘黑楼座船样式

资料来源:中国国家博物馆编《中国国家博物馆馆藏文物研究丛书·绘画卷·历史画》,上海:上海古籍出版社,2006年,第21页。

说明:图像原题《王琼事迹图册》,经考证,像主应为丛兰。参见李小波、宋上上:《中国国家博物馆藏〈王琼事迹图册〉像主的再考察》,《中国国家博物馆馆刊》2020年第12期。

方,照大马船差银分数"①,故二项船只一体编入江、济二卫"国"字和"民"字号,总数量保持50只不变,可以统称为大马船。

大马船下江差使,由于目的地远近不同,在差使程限和差银核算上也各不相同。南京兵部曾根据差使远近,将江差分为近差和半差,以京差作为一差的标准,"近差三次准一差,半差二次准一差"②。但这种分类过于粗糙,因此万历三十二年,南京车驾司郎中陈大绶议得:"本部座船及大马船,差拨各地,限期未一,不便稽考。今将后开各地方远近,议定往回限期,如遇各甲差装,照限填给,依期赴销。"③同时"因地远近,定差分数"④,即根据

---

① 范景文:《南枢志》卷64《职掌部·车驾司·船政科·差银事例》,第1769页。
② 范景文:《南枢志》卷63《职掌部·车驾司·船政科·修差规则》,第1700页。
③ 祁承㸁:《南京兵部车驾司职掌》卷1《都吏科·差拨事例》,第248页。
④ 倪涷:《船政新书》卷3《差拨验装之法》,第220页。

道途远近,换算成相应比例的京差。根据陈大绶议准,将江差各地的往回期限和差使分数,示意如图4-4。

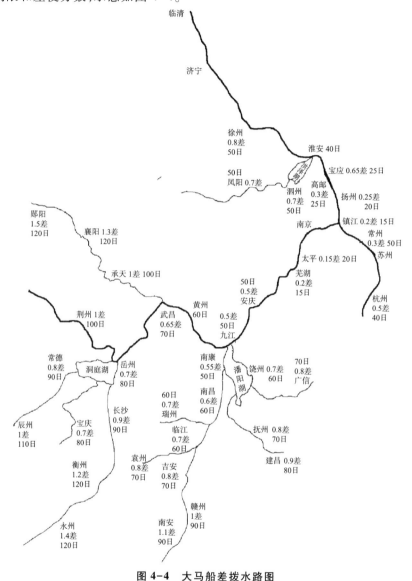

图4-4 大马船差拨水路图

资料来源:祁承爜《南京兵部车驾司职掌》卷1《都吏科·差拨事例》,第249—251页;范景文《南枢志》卷64《职掌部·车驾司·船政科·差银事例》,第1771—1773页。

从图中可以看到,大马船江差的活动范围主要是南直隶、江西、湖广三省直,主要沿着长江及其支流、运河南段,北至徐州,东至松江、杭州,南至南安、永州,西至荆州、郧阳,基本上以往回期限与距离远近正相关,每10日算差1分,每100日算作1差。在差银的计算上,"大马船每只拨差一分,给银三两,一差给银三十两"①。对于江淮、新江二关摆渡,因活动范围就在南京,故南京兵部规定差使的计算方式为:"三个月一换,算差四分。"②

（三）离京差使

无论是进京差使还是下江差使,出发地都是从南京,除此之外还有从北京出发的差遣。到达北京通州湾的贡船根据守候长短可以分为长差和短差,短差期满之后回到南京修理,中途自然可以顺赍人货,而长差船只则根据朝廷需要,差赴各地,这些差使的共同点在于出发地都是北京,因此统称为"离京差使",其中又以藩王之国和顺差回南最为重要。

明代藩王之国的用船情况,就史籍所见,列举如表4-7:

表4-7 明代藩王之国与贡船差拨

时间	藩王	用船数
宣德四年	郑、襄、荆、淮、梁五王	黄船、快船三百艘
嘉靖三十九年	景王	共用马船三十二只,快船一百二十四只,坐船一百八十九只,民船五百四十四只
万历十六年	潞王	用船五百只,其中马、快船三百只
万历四十一年	福王	马、快船停泊通湾,以待福王之国者,三百二十有奇,白粮等船应截留者亦不下四百有奇

资料来源:《明宣宗实录》卷52,宣德四年三月壬申,第1257页;官修《景藩之国事宜》不分卷,第5a—b页;王世贞《弇州山人续稿》卷142《议处听用船只以供大典疏》,《明别集丛刊》第3辑第38册,第401页;《明神宗实录》卷512,万历四十一年九月辛未,第9681页。

---

① 范景文:《南枢志》卷64《职掌部·车驾司·船政科·差银事例》,第1770—1771页。
② 范景文:《南枢志》卷64《职掌部·车驾司·船政科·差银事例》,第1774页。

船只用于装运王府家眷、随从之国文武内官以及各项钱粮品物。庞大的船队需要由沿途驿递佥派民夫牵拽,如兵部尚书杨博疏云:"查得亲王之国,例该拽船人夫。王并妃所坐黄船,每只下水五十名,上水八十名。其余装载物件船,每只上水二十五名,下水十五名;本府官员船上水二十名,军校船上水十名,下水俱五名。"①景王之国役使拽船人夫数竟高达18930名之多,②给沿途驿递带来了沉重的负担。明代官员除了主张将拽船夫役折银外,③还试图限制藩王之国的用船数。万历《大明会典》记载:"凡亲王之国,用船不过五百只。"④然而事实上像景王、福王因深受君父喜爱,之国礼仪从往往逾制。由于马、快船总数在不断裁减,万历十四年之后小马、快、平船只有六百只,而且一半留在南京修理,因此就算是用船五百只,南京兵部也难以应付,缺额的船数则"将附近卫分顺回粮船,及张家湾至德州一带湾泊军民船,催来协济"⑤。万历四十年福王之国,南京兵部马、快船几乎倾巢出动,直接导致后一年贡差无船可拨,万历以来一修一差的修造规则被打破,由此才有了天启元年船政主事乔拱璧"截长补短"的措施。

黄、马、快船回南,可以顺差搭乘的人员,根据明代典章规定,包括进贡、朝觐回还的南京内外官员、外国使臣、衍圣公、张真人,致仕还乡的在京大臣,钦差外出公干的内官、勋贵等。⑥此外其他军民禁止搭乘,由运河沿途的管河官员层层查验,《漕河图志》记载:"凡南京马、快船只到京,顺差回还,兵部给印信揭帖,备开船只数及小甲姓名,付与执照,预行整理河道郎中等官,督令沿途官司,查帖验放。若给无官帖而擅投豪势之人,乘坐回还,及私回者,悉究治罪。"⑦装运贡品的箱柜等容器,也有内官顺赍带回,兵

---

① 杨博:《杨襄毅公本兵疏议》卷5《酌议景王之国事宜疏》,第165页。
② 官修:《景藩之国事宜》记载:"公字号船每船用拽船夫三十名,连供用船共用夫四千五百五十名。官字文武校军船每船用夫二十名,共用一万四千三百八十名。"(第6a页)
③ 如弘治九年,巡按直隶监察御史程文疏云:"乞于亲王之国,除黄船并紧要官扛,及大监、长史、承奉船外,其粗重官扛并军校人等船,不必拨与人夫,止照兵部原定上水、下水夫数,每夫一名,折收银一钱,给与本船人役,以偿其劳费。其余随侍内外官员船,则人夫、夫价各半之。"(《明孝宗实录》卷108,弘治九年正月己亥,第1981—1982页)
④ 万历《大明会典》卷149《兵部三十二·驿传五·马快船》,第2088页。
⑤ 同上。
⑥ 同上。
⑦ 王琼:《漕河图志》卷3《漕河禁例》,第166页。标点较原书有所改动,下同。

部尚书刘大夏记载:"南京每年运送各项物料,并竹木、板枋、马槽、筛簸等物赴京。及回南京,内臣带回空箱、包袱,并运去内官衣帽等项,多者带船至二三十只。"①

贡船的进京和离京差使构成了两京之间的循环网络,负责输送着贡品和人员,贡船也成为运河中数量仅次于漕船的存在。

二、贡船差拨规则

(一)拨差次序

在贡运差使上,马、快船一体差拨,运送的贡品类型完全相同,在每一起贡差额定船数的情况下,使用各类船只比例,则因马、快船数量多寡而异。嘉靖二十一年,南京兵部尚书熊浃云:"查得年例起运进贡赴京等项差使所用马、快船……叁柒兼拨。"②结合嘉靖时快船数量约为马船数量的两倍,可知每起贡差70%的船只拨快船,30%拨马船。随着快船和马船数量的消长,这一差拨比例也在发生变化,万历十四年,南京兵部尚书傅希挚云:"往时凡拨差使,皆快六马四。"③可见万历以来差拨马船和快船的比例变为4∶6。由于万历初年马船役已经折征工料银,而快船役仍由军甲亲身应役,加之快船差拨比例更高,负担更重,因此难免会有苦乐不均之议。早在万历十一年,南京兵部尚书王遴就"议量均船差,以救偏累,言马船、快船宜停分拨差"④,所谓"停分拨差"指的就是马、快船在差拨上按照1∶1的比例平分。

王遴的提议到了万历十四年倪涷改革船政才得以实现。倪涷将马、快船只数量的比例调整为1∶1,即小马船300只,快、平船300只,此外再加上下江大马船50只,马、快船共计650只。倪涷取消了各船原有编号,将这650只船,编入江淮、济川二卫管理,具体字号的编排为:

---

① 《明孝宗实录》卷212,弘治十七年五月辛卯,第3958页。
② 南京兵部车驾司编:《船政》不分卷《题例》,第334页。
③ 倪涷:《船政新书》卷1《禀揭文移·移内守备禁约出差各监局官员帖》,第141页。
④ 《明神宗实录》卷142,万历十一年十月己巳,第2651页。

> 江淮大马船二十五只,取"国"字;小马船一百五十只,取"泰"字;济川大马船二十五只,取"民"字;小马船一百五十只,取"安"字;江淮快船一百二十五只,取"风"字;平船二十五只,取"调"字;济川快船一百二十五只,取"雨"字;平船二十五只,取"顺"字。各为号,总为"国泰民安,风调雨顺"。①

其中"字"分为"国泰民安,风调雨顺",表示不同船只类型和所属军卫,"号"用以记录船只数量和编号,如江淮卫小马船就从泰字一号、泰字二号起编字号,以次类推,直至泰字一百二十五号。大马船、快、平船亦然。

马、快船数量相仿,便按照 1∶1 的比例均匀差拨。但是由于各项贡差的美恶不同,苦乐相悬,为了防止各船小甲挑肥拣瘦,趋美避恶,南京兵部规定各船必须按照固定顺序挨次轮差,称为"序差",意在使得各船拨美差或者恶差的概率完全相等。《南枢志》记载:"议拨差次序。将在坞听差各船,照案造册呈送,复唤集众甲,当堂点过,佥云序无参差……确守定序,尽前案差完,后案继之。"②其中"案"指的是马、快船的修造登记案卷,按照编定字号逐船开列。由于万历十四年之后马、快船差拨频率由三年一差提高为两年一差,③即一年修造、一年拨差,也就是说前一年马、快船修造的顺序,决定了第二年拨差的次序,因此"案"上登记各船提修的顺序,也就是马、快船序差的依据。

那么每一"案"上各船顺序究竟是如何记载的?"国泰民安,风调雨顺"不同字号的船只又是如何均匀搭配的呢?万历四十年,船政主事祁承爜记载不同字号船只整体的均搭原则是:

> 照依原编字号,一江一济,一马一快。如大马船则于马船九只之后,方搭一只;平船则于快船四只之后,方搭一只,大约总计两卫马、快

---

① 倪涑:《船政新书》卷 2《调度大纲》,第 157 页。
② 范景文:《南枢志》卷 63《职掌部·车驾司·船政科·修差规则》,第 1715—1716 页。
③ 万历十四年一条鞭法改革后,马船、快船改为两年一差,如万历十八年南京光禄寺卿沈节甫云:"查得马船两岁一差。"万历三十三年南京兵部侍郎臧惟一云:"(贡船)往年三年一差,今二年一差。"(沈节甫:《大朴主人文集》卷 1《议处光禄寺事宜疏》,第 18a—b 页;范景文:《南枢志》卷 154《奏疏部·条陈船政事宜疏》,第 3791 页)

船二十二只之后,方搭平船二只;又总计马、快、平船三十六只之后,方搭大马船二只。然快船原数少于马船,不能拨齐,此则于末后量为间搭适均。此后三案,俱照此例编定,刊成一册,一应差拨,止照此序。①

所谓"原编字号"指的就是"国泰民安,风调雨顺"编字和数字编号。祁承㸁将马、快船只按照编定字号,依次修差,固定次序,刊定成册,也就是《条议船政拨差事宜书册》。书册详细记录了各案马、快船的差拨情况,现列举如附录4所示。

结合附录4可以看到,每年春、秋两案,两年为一个修差周期,共计4案,即每一案登记了1/4的船只,如江淮卫小马船每一案修差 150/4 = 37.5 只,故第一案就是从泰字1号序拨至泰字37号。马、快船遇有差遣,按照附录4中各案的字号,从左往右、从上往下,挨次计数拨船。为了便于说明,现截取附录4开头部分如表4-8所示:

表4-8 明代贡船差拨次序示意

军卫	江淮	江淮	济川	济川	江淮	江淮	济川	济川
编字	国	泰	民	安	风	调	雨	顺
船型	大马船	小马船	大马船	小马船	快船	平船	快船	平船
一案		1/一号		2/一号	3/一号		4/一号	
		5/二号		6/二号	7/二号		8/二号	
		9/三号		10/三号	11/三号		12/三号	
		13/四号		14/四号	15/四号		16/四号	
		17/五号		18/五号	19/五号		20/五号	
		21/六号		22/六号		23/一号		24/一号

说明:表格中"/"左侧的阿拉伯数字表示差拨顺序,右侧汉字数字表示船号。

假如第一起贡品拨船12只,按照次序,应从江淮卫"泰"字一号小马船始,至济川卫"雨"字三号快船止(即表中序号1—12)。若第二起贡品又拨船12只,则应从江淮卫"泰"字四号小马船始,至济川卫"顺"字一号平船止

---

① 祁承㸁:《条议船政拨差事宜书册》,第583页。

(即表中序号13—14)。以此类推,一案差完,二案紧接序拨。

按照祁承㸁所言,不同字号船只整体的均搭原则是"一江一济,一马一快"。实际上"一江一济"的原则要凌驾于"一马一快"之上,即江淮卫泰字一号小马船之后拨济川卫安字一号小马船,然后才轮差到江、济二卫的一号快船,考虑到马船"一江一济"之后才轮到快船,实际上马、快船表现出"二马二快"的轮差次序。由于万历三十四年至四十年时大马船和平船一体均拨进京贡差,因此也分别搭入小马船和快船中差拨。搭配的比例则取决于船数比,如快船和平船的数量比例为250∶50＝5∶1,因此每五只快船后,搭配差拨平船一只,如江淮卫"风"字五号和济川卫"雨"字五号之后,紧接着拨江淮卫"调"字一号平船和济川卫"顺"字一号平船,祁承㸁所云"平船则于快船四只之后,方搭一只"实属有误。小马船和大马船的数量比例为300∶50＝6∶1,那么为什么是马船九只之后,方搭大马船一只呢?仔细观察附录4可以发现,虽然江淮、济川卫的大马船都是按照国字、民字的一号到二十五号排列,然而事实上各自只有16只,这是由于万历末江淮和济川卫各有9只大马船改造为黑楼座船,不供进京差使,未列入四案中,如江淮卫国字马船就缺少了五、六、七、九、十一、十二、二十、二十四、二十五号共9只。那么实际上小马船和大马船的数量比例为300∶32＝9.375∶1,因此按照9∶1的比例搭拨。从总体来看,从江淮卫"泰"字一号小马船拨至济川卫"安"字六号小马船,共计马、快船22只,才搭拨江淮、济川卫平船2只,与祁承㸁所言一致。从江淮卫"泰"字一号小马船拨至济川卫"安"字九号小马船,共历小马、快、平船34只,才搭拨江淮、济川卫大马船2只,因此祁承㸁所言"马、快、平船三十六只之后,方搭大马船二只",亦属有误。

综上所述,根据附录4,可以将马、快船的差拨规则修正为:"一江一济,二马二快",大马船则于马船9只之后,方搭1只;平船则于快船5只之后,方搭1只。大约总计江、济二卫马、快船22只之后,方搭平船2只;马、快、平船34只之后,方搭大马船2只。

马、快船只都按照两年四案的字号,一修一差,挨次轮拨,有条不紊。但是如果有船只没有赶上案内修理或差拨的时间,便会使井然有序的船差出现混乱,具体情况分为赶案和补差两种,如祁承㸁所云:"夫船苦于赶案为之混,拨船苦于补差为之混。"①"赶案"指的是船只出差在外,尚未回坞,没有赶上本案的轮修时间,也称为"越案",即"已越本案修造之期"。船只没有及时修理,自然也无法原案次序差拨,因此在差拨上先"空此一号,随尽后号挨上"②。例如一案江淮卫泰字1号小马船,本应出差,但是由于逾期,只能暂隔过,序拨下一号的济川卫安字1号小马船,但泰字1号小马船的差遣任务仍然存在,需要在回到船厂之后补修序差。

赶案又根据逾期原因的不同,分为两种情况。第一种情况是违制逾期。如小甲私自揽载货物,逗留逾期,或者将船差银花销殆尽,无力南还,总之罪责在小甲。为表示惩罚,需要将小甲所驾船只"提修压差",具体方式为:"凡系小甲玩法而赶案者,其提修不得不附于此案之中,而差拨必压于后案之始。"③考虑到船只逾期未修,恐有损坏,必须提入"现案"中修理。所谓"现案"是以马、快船回到南京销号的时间为准。同时需要将该甲船只压下算入后一案才差拨,使得小甲一定时间内无差可拨,无银可领,也就是南京兵部所说的"压差示儆"④。第二种情况是因公事稽留,如小甲奉文接驾遗留在北,系公务所致,情有可原,只需将船只附入现案之中修理,根据现案船数和赶案船数的比例搭拨,"如赶案者十只,计派于通案一百六十只之内,每十六只应搭一只。如止五只,每三十二只应搭一只"⑤。

"补差"是针对"半差"而言。半差指的是进京船只中途如遇事故搁浅,京差半途而废,船甲水夫贡运任务并没有完成,还需要再拨补一差,贡品改由其他交通工具运送至京。由此补差又分为两种情况:第一种是贡品改由陆路运送,称为"起旱",如"姜果、香橙、木樨煎等差,原给有陆路勘合,一遇河冻闸浅,恐误限期,即起旱前行"⑥。这种情况由天时所致,非人力所胜,无需惩处小甲,船只回南,只需附入现案修造,"顺差免其压罚"⑦。第二种

---

① 祁承㸁:《澹生堂集》卷21《吏牍·核贡一》,第5册,第482页。
② 同上书,第5册,第477页。
③ 同上书,第5册,第481页。
④ 范景文:《南枢志》卷63《职掌部·车驾司·船政科·修差规则》,第1709页。
⑤ 祁承㸁:《澹生堂集》卷21《吏牍·核贡一》,第5册,第481页。
⑥ 倪涷:《船政新书》卷3《查扣银两之法》,第202页。
⑦ 范景文:《南枢志》卷63《职掌部·车驾司·船政科·修差规则》,第1705页

情况是遭风失火,雇民船代运。船只损坏多是因小甲修造不坚固,或不爱惜船只,皆是人为原因,责在小甲玩法,需要压差示罚,即"压于正案之末听拨"①。

无论是逾期赶案还是半差补差,毕竟影响了正常拨差的次序,自然不能再补美差,冰鲜、龙衣、制帛等长差不得拨与,只拨器具、木料等短差。对于小甲逗留逾期、中途事故等违法的情况,除了压差之外,一律拨大木、杂木苦差,以示惩创。总言之,赶案和补差都是在原案的顺序之外,拨补一差。差使也都是按照先修后差、一修一差的原则,马、快船的修造规则和拨差规则紧密联系。

(二)拨船验装

确定了船只差拨的次序之后,按照编定字号,水夫、员役将进贡钱粮品物搬入船舱装运。为了确保船只满载,防止夹带私货,南京部属、科道等官眼同看验装载,称为"验装"。这一制度最早可追溯至宣德九年,因马、快船领运内官半载私物,南京兵部奏请督治,《明实录》记载:"上命都督刘聚总督,监察御史周皡协同整治。敕聚及皡曰:'……自今南京马船、快船,悉听尔聚总督拨用,皡常巡视。'"②刘聚、周皡整治的内容就包括查验拨船装载,参奏额外讨要马、快船只的官员。都督官总督的情况属于临时的差遣,而御史巡视的做法则保留了下来。成化十二年,吏部尚书尹旻等官上言:"南京守备内外官进物,务酌定柜杠、船数,给事中、御史如例阅视,必满载乃发,兵部仍具数以闻。"③与宣德时相比,增置了给事中。由"如例"可知,科、道官验装在成化时已经形成了惯例,经题准之后载入正德《大明会典》,④成为明代定制。事实上参与验装的官员尚不止此,正统十四年,礼科给事中李实题准:"今后南京等处运送一应物件,该差内官内使者,乞令该部于郎中、员外郎、主事内委官一员……务要秤盘见数,如某物若干,合用

---

① 祁承爜:《澹生堂集》卷21《吏牍·核贡一》,第5册,第484页。
② 《明宣宗实录》卷109,宣德九年三月庚子,第2454页。
③ 《明宪宗实录》卷150,成化十二年二月己亥,第2752页。
④ 正德《大明会典》卷125《兵部二十·杂行·车驾清吏司》记载:"凡拨船装运物件,行移南京都察院及该科,差御史、给事中各一员监视。"(第3册,第98页)

船几只,量数差拨。"①可视为部属司官参与验装之始。嘉靖九年,南京兵部尚书王廷相疏云:

> 照得各衙门年例进贡冰鲜品物,起运制帛龙衣,各项供应钱粮,所用装载黄、马、快船,照例行移南京兵部取拨,临期又该内、外守备委官,公同科、道、部属等官验装,系是旧制,遵行岁远。②

王廷相简要地概括了拨船验装的旧制,但语焉不详,其中差遣的分别是六科、十三道中的哪一个? 南京内、外守备委官又具体指的是哪些官员? 在取讨船只上,南京各衙门与南京兵部之间又是如何公文行移? 下面就这些问题进一步分析船只差拨的验装流程。

《南京兵部车驾司职掌》记载:"如遇各监取讨船只,咨、揭发司,委官验看钱粮完足,呈堂转行船政分司差拨。"③负责贡差的南京内监以南京内守备厅和尚膳监为主,其公移涉及咨文和揭帖。所谓咨文,并非由内监咨南京兵部,这是由于洪武祖训令"诸司毋与内官、监文移往来"④。因此遇有内监取讨马、快船只,需由内官上奏,奏本进呈御前之后,下兵部覆议,部覆批允之后,由兵部咨送南京兵部拨船。与此同时,在正式奏本之外,内监还会以非正式性的揭帖转达车驾司,知会拨船事宜,这便是所谓咨文、揭帖发车驾司的由来。

内监在揭帖中开载贡品的箱杠数目,所用前站、经手等员役⑤的名数,送南京兵部。然后南京兵部尚书札付车驾司,由车驾司根据贡品的数量计算需用马、快船只数目,在揭帖或浮帖⑥上填写应用船只数目,呈送南京兵部堂官,称为"说堂"。经堂官批允后,札付船政分司,船政分司根据说堂揭

---

① 李实:《礼科给事中李实题本》不分卷《安抚军民等事》,第14页。
② 王廷相:《王廷相集·浚川奏议集》卷7《金陵稿·裁减南京进贡马快船只题本》,第1304页。
③ 祁承㸁:《南京兵部车驾司职掌》卷1《都吏科·差拨事例》,第194—195页。
④ 《明太祖实录》卷163,洪武十七年七月戊戌,第2523页。
⑤ 所谓"前站"负责提前到沿途驿递准备好食宿,俗称打前站,"经手"则是经办贡品的厨役。
⑥ 祁承㸁:《南京兵部车驾司职掌》卷1《都吏科·说堂事宜》记载:"本司说堂揭帖、浮帖,俱书年月,及注司官姓名于年月之下,司官自花押于姓名之下,仍用印信,以防私换。"(第176页)

帖上注明的数目和日期拨船。① 各衙门间文移揭帖存在内监—车驾司—船政分司的先后关系,如船政主事祁承㸁云:"盖本司(即船政分司)所据者,前司(即车驾司)说堂之日,而前司所据者,内监讨船之揭。"②然而内官手下前站、经手等员役往往串同小甲,迟缓揭帖投部日期,从而改变拨船日期,以此来规避苦差。为了避免这种情况,南京兵部议准:"凡系额差讨船者,不论揭帖何日投部,但据刊定说堂日期为次序。"③即拨船以车驾司说堂揭帖注明日期为准,与内监揭帖投送南京兵部的日期无关,年例贡差要按照政书刊定的固定拨船日期,具体日期详见附录2。

内监揭帖不如奏本正式,故而文移简便,信息沟通效率较高,但不能取代御批奏本的地位。这是由于明宪宗圣旨规定:"(内官)奏开合用船只数目,该部方许依数差拨。"④大理寺卿王概在《王恭毅公驳稿》中就记载了这样一个案件:"田聚明招:假写田太监揭帖,赍赴兵部车驾司,与郎中章瑄诈说:'尚膳监田太监使我来上付大人,有快船讨一只,前去河间府踏勘田土。'章瑄不合听从,擅将快船一只拨与。"⑤从北京到河间府踏勘田土属于临时差遣,车驾司郎中章瑄不曾奉有田太监的奏准事理,仅根据一揭帖就擅自拨与快船,显然违反了诏旨,这正是章瑄的罪责所在。这是在北京临时差遣取讨船只的情况,在南京亦然,万历四十年,南京兵部题称:

> 南京内守备厅揭帖开称,本年九月初四日,传奉圣旨:"着南京守备寻大栗果树,每年头春分来进。"钦此。随该本部看得,钦命由北部而南,从来定体,以口传为据,恐开矫托之门。贡运自年例而外,势难渐增,况草木无用,委属不经之费。自今钦取,非明下之旨,不得妄传;非北部之咨,不得轻信;贡上非额内之供,不得轻拨运船。⑥

在南京兵部看来,运送大栗果树在年例贡差之外,非额内之供,属于临时性

---

① 祁承㸁:《南京兵部车驾司职掌》卷1《都吏科·差拨事例》记载:"各衙门移文取讨船只,说堂后即填船只数目,付船政分司。"(第195页)
② 祁承㸁:《澹生堂集》卷21《吏牍·核贡一》,第5册,第478页。括号内容为笔者所加。
③ 范景文:《南枢志》卷64《职掌部·车驾司·船政科·拨船规则》,第1762—1763页。
④ 《明宪宗实录》卷1,天顺八年正月乙亥,第18页。
⑤ 王概:《王恭毅公驳稿》卷1《马船》,第347—348页。
⑥ 祁承㸁:《南京兵部车驾司职掌》卷1《都吏科·差拨事例》,第255—256页。

的取用,不应轻易增派。南京内守备厅仅根据揭帖传奉圣旨,并无部覆奏本、行移咨文为依据,自然遭到了南京兵部的拒绝,也就是南京兵部所说的"非北部之咨,不得轻信"。和揭帖相比,咨文背后的一套奏本公文流程更加复杂而严格,这样做是为防止内监假借临时差使为名,额外多讨船只,耗费民力,甚至假传圣旨。

南京兵部在收到各内监行移的公文之后,一方面行文五城兵马司,造册申报差用前站、经手等员役,另一方面出给勘合,作为贡运的执照。《南京兵部车驾司职掌》记载:"各衙门咨文、揭帖到部,起给勘合,照例呈堂填给。"① 按驿递勘合之制,始于嘉靖三十七年,万历三年改编大、小勘合,由于沿途驿递支应人夫和粮米,南京内监贡差填给的就是大勘合,也称为"船票"。《南京都察院志》记载:"进贡钱粮,每差管运内监一员,兵部给勘合一张,前站人役执赴兵科挂号,仍赴船政道查验挂号。"② 勘合经南京兵科挂号之后方为登记有效,其中查验挂号的"船政道"是由南京十三道御史轮差管摄,其轮差次第为:"浙江、山东、广西、福建、湖广、江西、云南、广东、河南、贵州、四川、陕西、(湖广)〔山西〕。"③ 其文移政务则由十三道轮差兵房书吏一名负责,"查点进鲜船只,每季轮流一道,计三年内轮点一次"④。一年轮流四道,外加闰月,十三道刚好三年轮转一次。勘合挂号之后还需要有销号的流程,船只贡运完毕回到南京之后,前站人役还需要赴南京兵科销缴勘合,《南京兵部车驾司职掌》记载:"其有差前站,(门)〔关〕领勘合,将经手钱粮,到京交明,回日本役仍赴部销缴勘合、夫单,敢有不系亲身,擅自倩人销缴勘合者,查出一并究处。"⑤ 在此可以看到,除了勘合外,内监还领有夫单,开载沿途驿递支应水夫的数量。⑥

---

① 祁承煠:《南京兵部车驾司职掌》卷1《递发科·起给勘合》,第297页。
② 施沛:《南京都察院志》卷25《职掌十八·巡视装船职掌·见行事宜》,第712页。
③ 施沛:《南京都察院志》卷8《职掌一·堂上职掌·奏请点差》,第206页。按原文有两处"湖广",缺少了山西道御史,根据地理位置来看,第二处湖广应该改为山西。
④ 施沛:《南京都察院志》卷7《职官五·吏典·知印》,第197页。
⑤ 祁承煠:《南京兵部车驾司职掌》卷1《递发科·前站厨役》,第319—320页。
⑥ 祁承煠:《南京兵部车驾司职掌》卷1《递发科·起给勘合》记载:"各衙门起运进贡等项钱粮,并赍表赴京,拨有黄、马、快船装载者,填给夫单一张,沿途取讨拽船人夫,每船上水二十名,下水十名。"(第298页)

内监在拿到勘合之后,便可以揭帖或手本知会船厂准备拨船,"内监备具箱杠数目,及出运装船日期,知会江淮厂。该厂随具揭帖,照内监知会日期,用船几只,委官赴道禀请。"①其中"该道"自然指的是船政道,为何内监只知会江淮船厂,却没有提及济川船厂?这是因为万历之前江淮船厂本名拨船厂,而马、快船一应差拨由位于石城门外的拨船厂负责,因此内监需要知会拨船厂差拨日期和船数,以做好准备,同时船厂委官千户例行禀请船政道查验。

公文行移准备工作结束之后,各官役齐赴拨船厂或江淮厂会同看验装船。验装委官可以分为南京兵部、科道监察和南京内外守备三个系统。科道包括南京兵科给事中、船政道御史各一员;南京兵部委官即船政主事;南京内守备委官指的是随船的管运内使,外守备委官是差委江、济二卫千户。②现将贡运差拨验装流程总结如图4-5所示:

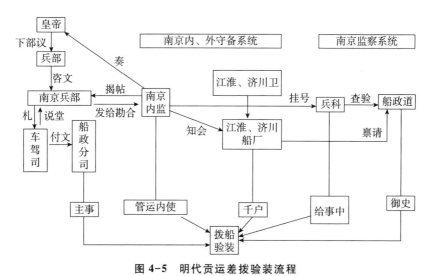

图4-5 明代贡运差拨验装流程

---

① 施沛:《南京都察院志》卷25《职掌十八·巡视装船职掌·起运拨船额数》,第711—712页。
② 《船政新书》记载:"船工既完,该厂呈报部司,即会同科道,知会运官,一同验装。"《南京都察院志》记载:"验装钱粮,江淮、济川、黄船三厂,差千户三员,请科、道、部官同,于石城门外拨船厂验装。"(倪涷:《船政新书》卷3《差拨验装之法》,第219页;施沛:《南京都察院志》卷25《职掌十八·巡视装船职掌·起运拨船额数》,第711页)

南京科道、部属、守备等官验装的标准在于"尽船装载"①，即查验每船"扛柜"数量，以及"扛柜"是否如数装满贡品，也称为"验扛"。所谓"扛柜"指的是装纳贡品的统一容器，简单来说就是木箱子或柜子，由随船水夫、厨役肩抬背扛。贡运至京卸下贡品之后，空余箱柜仍随船带回南京。由于装船之时扛柜众多，科道官难以一一开启辨验，南京内官往往携带空柜，装载私货，蒙混装载，正如南京兵部尚书柴升指出："虽有验装科道等官，止是计算扛数，往往内有空柜，或填委他物，印封完固，莫可辨稽。"②因此柴升申明各官验视装时必须确保"柜须满盛，船须满载"。具体方法则是"先论其物之轻重，次计其扛之多寡，后定其船只之数目。"③那么每一扛柜盛装不同贡品的载重是多少？尽船装载的扛数标准又是多少呢？

关于扛柜的尺寸大小，史籍无载。弘治六年，南京通政司通政郑纪题议："差拨之时，南京兵部委官会同科道官，就于河下泊船去处，公同差去人员，看验物件，秤定斤两，每一百斤折准一扛。"④由于不同贡品的密度并不相同，扛柜盛装的重量自然也不尽相同，一百斤一扛可视为官方制订的近似标准。关于每船装载的扛数，天顺六年，内阁议准："今后若有进来品物，惟该用冰者，一船只载十五扛。"⑤对于非冰鲜的贡品，每船满载的扛数又应当在 15 扛之上。正德《大明会典》记载："品物用冰者，一船载十五扛至二十扛，其余酌量装载。"⑥正德六年，南京兵部尚书柴升疏云："查得先年议定事例，冰鲜每船装十五扛，至二十扛止。"⑦基本上自天顺以来，冰鲜保持在每船 15—20 扛，那么其余贡品的每船装载标准又是多少呢？嘉靖九年，南

---

① 王恕：《王端毅公奏议》卷 6《论拨船事宜奏状》，第 349 页；《明神宗实录》卷 409，万历三十三年五月甲午，第 7635 页。
② 柴升：《题为陈言救时弊以弭寇盗事》，陈子龙等辑《明经世文编》卷 107《柴司马奏疏》，第 1061 页。
③ 《明世宗实录》卷 117，嘉靖九年九月庚子，第 2770 页。
④ 郑纪：《东园郑先生文集》卷 2《备荒五事》，第 17a 页。
⑤ 《明英宗实录》卷 347，天顺六年十二月癸酉，第 6997 页。
⑥ 正德《大明会典》卷 125《兵部二十·杂行·车驾清吏司》，第 98 页。
⑦ 柴升：《题为陈言救时弊以弭寇盗事》，陈子龙等辑《明经世文编》卷 107《柴司马奏疏》，第 1061 页。

京兵部尚书王廷相在《裁减南京进贡马快船只题本》中详细列举了各项贡品的装载情况,其中明确计算扛数的贡品摘录如表4-9:

表4-9 明代不同贡品扛数

起运衙门	贡品类目	每扛斤重	每船扛数
南京守备厅	鲜梅(冰鲜)	70	14.3
	鲜茶	60	14.3
	枇杷(冰鲜)	82	35
	鲜藕、荸荠、橄榄	80	30
	石榴、柿子、梧桐子	80	21
	柑橘、甘蔗	80	30
南京尚膳监	鲜笋(冰鲜)	56	15
	头起鲥鱼(冰鲜)	90	13.4
	二起鲥鱼(冰鲜)	91	14.25
	芥、白二菜薹	97	53
	糟笋、蜜煎樱桃等物	51.2	29
	干鲥鱼、糟鲥鱼、鲥鱼子肠鲊	80	20.5
	紫苏糕与蜜煎紫糕、紫苏霜梅等一十八物	80.6	26
	木樨花煎与姜丝、冬笋煎等十三物	80	13
南京司礼监	制帛	50	6.6
南京司苑局	荸荠与刀豆种	100	16.5
	姜与芋苗、菜种	100	26.25
	苗子姜与生姜	80	33.3
	鲜藕	80	16
	十样果、香橙等物	80	37.5
孝陵神宫监	鲜嫩苗姜、生姜、蒜、蒜花	55	84.3
	栗子等六项	65	57
南京内府供用库	香稻、筛籭	89	25.5
南京织染局	龙衣、各色花素纻丝纱绫等件	80	40

（续表）

起运衙门	贡品类目	每扛斤重	每船扛数
南京印绶监	诰敕、符验等轴	80	12
南京针工局	冬衣各色三梭绵布	70	55
南京巾帽局	白硝麂皮、麖皮与阔苎布	70	45.3
南京内官监	竹器家火、黑扇骨大簸箕等件	60	50
南京内官监	杨梅（冰鲜）	52	11.3
南京供应机房	各色段匹	50	22.9

资料来源：王廷相《王廷相集·浚川奏议集》卷7《金陵稿·裁减南京进贡马快船只题本》，第1309—1320页。按王廷相奏疏原刻本有残缺，无尚膳监记载，据附录2增补。贡品详细情况参见附录2。

其中难以入箱装载的贡品，未列入扛数，如膳桌等大型器用，只能单个计算，竹板枋板、枋木等木料，甚至无法装载在船舱中，只能堆放在两廒或者船舱隔板之上，因木料尺寸相差悬殊，装载标准各异。①

装盛方式上，布帛、龙衣等纺织品可以直接放入木箱，而时鲜还需容器盛装，以"篓"计，一般一篓或二篓装作一扛。保鲜技术上，冰鲜放有冰块，土鲜则连带滋养泥，亦计入一扛重量。加工食品一般以"坛、桶"计，如干鲥鱼每三坛桶作一扛，诸如此类。最终一扛的重量，除了贡品外，还包括盛载容器、附带冰块泥、扛柜三项的自重，甚至会出现贡品重量轻于扛柜自重的情况。

通过表9可以看到，基本上每扛的装载重量在50—100斤之间，接近于"一百斤折准一扛"的定制。每船装载的扛数则相差较大，数值在10—90之间，冰鲜中鲜梅、鲜笋、鲥鱼三差每船都是15扛左右，与《大明会典》基本相符。如果每扛斤数乘以每船扛数，再按照每石120斤，即可换算得到每船的载重石数。由此统计出不同贡品平均的载重，龙衣、制帛、冰鲜平均

---

① 如正德六年，"竹木板枋，每船装五百八十根片块有零"。嘉靖三十一年题准，御用监起运柏木板枋、杉条，"每一百八十根用快船一只，如用平船，可装二百六十根"。（柴升：《题为陈言救时弊以弭寇盗事》，陈子龙等辑《明经世文编》卷107《柴司马奏疏》，第1061页；施沛：《南京都察院志》卷25《职掌十八·巡视装船职掌·起运拨船额数》，第708页）

9.7石,土鲜平均21.2石,加工食品平均28.8石,器用、布匹、木料平均50石以上。对于三百料小马船和与其大小近似的快船,理论上额载重量可达300石,①折合300×120÷100=360扛,由此可见,以上各项贡品,每船装载量都是极轻,远未达到尽船装载的要求。之所以出现这种情况,在文官们看来,主要是由于南京内官以各种名义只将船只半载,其余空间用以夹带私货或者附载客商,以谋求私利,如成化末南京兵部尚书王恕就指出管运内官"其管运官不肯照依本部奏准每船装二十五柜则例装运,每船止装一十七柜"②,诸如此类,而内官"则动以内厂声势,莫敢谁何"③。最终马、快船的极轻装载,可视为南京兵部和南京内监博弈后的结果。

(三) 差银与船政银

差银指的是南京兵部发放马、快船差使的银两,包括供应船甲置办柴米、雇募外水、在京守候等开销。在雇役法施行之前,马、快船水夫均亲身应役,并无差银支领。万历十四年马、快船一体募夫差拨之后,有差之年募夫支领工食银,以充出差费用,也就是说一船甲夫的工食银就构成了差银,似乎南京兵部无需再另立差银一项支出。然而事实情况要更为复杂。

《南枢志》记载:"万历十九年,议定长差银九十六两,短差银八十两。"④进京差使有长差和短差之别,如果按照进京水夫每年工食银6两,小马、快、平船一船甲夫16名计算,长差可以理解为16×9=96两,那募夫同样支领工食银6两的情况下,拨短差为何差银却只有80两?长差银多出来的16两究竟是取自工食银还是南京兵部另外支放?要解释这一问题,需要分析长差银和短差银的来源和构成,从而进一步分析南京兵部在在差银上的

---

① 前文指出,"料"是指装载容积,折合一大斛,换算成粮米载重为一石,则三百料马、快船载重约为300石,南京兵部尚书王廷相也说:"若尽船装载,多有三百石,稍轻二百石,再轻一百石,此其常也。"(王廷相:《王廷相集·浚川奏议集》卷7《金陵稿·裁减南京进贡马快船只题本》,第1307页)

② 王恕:《王端毅公奏议》卷6《论拨船事宜奏状》,第349页。

③ 柴升:《题为陈言救时弊以弭寇盗事》,陈子龙等辑《明经世文编》卷107《柴司马奏疏》,第1061页。

④ 范景文:《南枢志》卷64《职掌部·车驾司·船政科·差银事例》,第1768页。

财政支出。

万历十四年倪涷改革施行雇役法之后,由于采用派丁充夫、世代顶充的办法,导致募夫因老疾或不习水性,被迫转雇。对此南京兵部采取了许可的态度,并对转雇的费用作出了规定,《船政新书》记载:"各夫凡遇进京差使,除本身应役外,其贴银小甲,雇人代役者,临行上等叁两贰钱,中等叁两肆钱,下等叁两陆钱。回时接船,每名各银壹两。"①如果进京水夫不愿出水,可以将自己一部分的工食银两贴与随船小甲,由船甲转雇外水,贴差的标准是每夫平均雇役银3.4两、接船银1两,共计4.4两,由南京兵部直接从水夫工食中扣给小甲。② 对于水夫而言,免去差使劳苦,仍有月米可支,以及1.6两的工食银剩余;对于小甲而言,必须亲身应役,多领4.4两的差银到手,可以获得充分的现金流,双方各得其所。当然,倘若水夫自愿应役的话,可以预支一年6两的工食银出水,无需贴差,"不许强扣,各甲亦不许私派各夫"③。

除了水夫贴差之外,还有南京兵部贴银小甲,这一制度在嘉靖十二年马船雇役之后就已存在,万历《大明会典》记载:"(马船)遇出差,官贴工食二名。通州听候者,贴四名。"④其中"通州听候"自然指的是长差在通州守候六个月。以嘉靖时马船水夫每名工食银4两为标准,长差官贴16两,短差官贴8两。至万历十四年,"进京马、快、平船,长差者,临行官贴,及船回官接,加给银柒两;短差者各叁两贰钱,不许同支"⑤。南京兵部的贴差银两包括拨船时的官贴银和船只南还接驾的官接银,统称为"贴接银"。长差贴接银7+7=14两,短差贴接银3.2+3.2=6.4两。万历十四年马、快船进京差银的构成如表4-10所示:

---

① 倪涷:《船政新书》卷《夫役工食之法》,第210页。
② 如万历十六年南京兵部侍郎王世贞所言:"其夫役则照例,选食粮之人以充甲,计各夫之数以贴银。"(王世贞:《弇州山人续稿》卷142《议处听用船只以供大典疏》,《明别集丛刊》第3辑第38册,第402页)
③ 倪涷:《船政新书》卷3《夫役工食之法》,第211页。
④ 万历《大明会典》卷158《兵部四十一·南京兵部·车驾清吏司》,第2214页。
⑤ 倪涷:《船政新书》卷3《夫役工食之法》,第210页。

表4-10　万历十四年进京差使差银构成　　　　　　　　　单位:两

差银		出发	回还
水夫贴银		平均每夫3.4	每夫1
官贴银	长差	7	7
	短差	3.2	3.2

可见马、快船的差银包括水夫贴差(私贴)和官方贴差(官贴)两方面,由于水夫或是自愿出差,或是雇募外水,导致每船实际贴差银两不一,因此随船小甲需要在临差之前具揭帖投送船政分司,"开写随船水夫若干名,某人系本船夫,某人系外水"①,然后由船政分司算定并给发差银。如果简化计算,将一船募夫16名均视为贴差,那么水夫贴银约16×4.4=70.4两,再加上官给贴接银的话,长差银约70.4+14=84.4两,短差银70.4+6.4=76.8两。两者的差额7.6两,正是长差多领的贴接银,正如《船政新书》记载:"旧例长差船抵湾,守候陆个月,方许发回,故比短差多领贴接银柒两陆钱。"②由此可见,长差银和短差银的不同,主要源自官给银两的不同,多出的部分主要用于长差船只在通州多守候月日的工食开销。对于水夫而言,无论长差还是短差,贴差银两都是一样,倘若长差开销大,水夫便多贴银,短差少贴银,势必会有不平之患,甚至会导致水夫们混淆差拨顺序,故意避开长差,故由南京兵部官给银两来填补长差、短差银的差额,是合理的选择。总之,所谓马、快船"差银",既包括取自募夫工食银的水夫贴差,也包括南京兵部另外支放的官贴银两,从南京兵部财政支出的角度而言,既要发放募夫工食银,又要支放贴接银。③

万历十九年南京兵部重新议定差银,长差96两,短差80两,然而具体水夫贴差和官为贴差各是多少,缺少记载,只能作一估算。《南京兵部车驾司职掌》记载:"长差抵湾,例应守候六个月,多领差银一十六两。如未听

---

① 范景文:《南枢志》卷64《职掌部·车驾司·船政科·差银事例》,第1768—1769页。
② 倪涷:《船政新书》卷3《查扣银两之法》,第206页。
③ 如倪涷在会计500只快船改用雇役法时就提及:"计船募夫,每岁应工食银约四万余两,又有小甲贴接银约二千两。"(倪涷:《船政新书》卷2《船政弊害缘由》,第155页)

守,夤缘便差回南者,查批回日期计算,每少候一日,追银一钱。"① 短差只需守候 1 个月,长差比短差多守候 5 个月,多领银 16 两,平均每月 3.2 两,折合约每日一钱,故"每少候一日,追银一钱"。由此可见,万历十九年官贴银两是严格按照守候月日来计算,标准为 3.2 两/月,那么短差守候 1 月理应官贴银 3.2 两,长差官贴银 3.2×6 = 19.2 两,逐日扣算,相比于万历十四年的差银设置更为合理。扣除官贴银两,水夫贴差银 76.8 两,平均每夫贴银 76.8/16 = 4.8 两即可。万历十九年之后马、快船进京差银的构成如表 4-11 所示:

表 4-11 万历十九年进京差使差银构成　　　　　　　　单位:两

差银	官贴	水夫贴银	总数
短差	3.2	平均每夫 4.8	80
长差	19.2		96

以上皆是针对进京差使而言。对于大马船下江差使,万历十四年曾规定一船甲夫 15 名,每名每年工食银 4 两,由于只是沿江驾驶,无需守候,并无官给贴接银,则差银当取自于通船 60 两工食银。至万历十九年,将南京兵部马船水夫退回原籍,工食停止支放(即"住支"),只留小甲一人看船,每年支领工食银 4 两,遇有差使,给发小甲差银,募夫出水,"俱照地方远近分数给银,每差一分,每甲给与工食、油舱银三两,全差十分,每甲支工食、油舱银三十两"②。具体不同府州的差使分数,详见本章图 4《大马船差拨水路图》。由大马船改造的黑楼座船,亦是只留小甲一名看船,沿江差使均"照大马船差银分数"③。

按照万历十九年差银标准,南京兵部平均每年长差船 100 只,短差船 200 只,下江大马船 50 只三年一差(全部按照全差 30 两估算),则每年差银数量 = 100×96+200×80+50/3×30 = 26100 两。然而对于进京差使,水夫贴银计入募夫工食之中,只需计算官给贴银数量即可。南京兵部的差银支出,详细计算如表 4-12 所示:

---

① 祁承煠:《南京兵部车驾司职掌》卷 1《都吏科·差拨事例》,第 191 页。
② 范景文:《南枢志》卷 65《职掌部·车驾司·工料科·水夫沿革》,第 1871 页。
③ 范景文:《南枢志》卷 64《职掌部·车驾司·船政科·差银事例》,第 1769 页。

表 4-12　万历十九年南京兵部每年差银支出　　　　　　　单位：只、两

船只类型	船数	差使频率	差使类型		官给差银	合计
小马、快、平船	600	两年一差	进京差使	长差	19.2	100×19.2 = 1920
				短差	3.2	200×3.2 = 640
大马船及黑楼座船	50	三年一差	下江差使		30	(50/3)×30 = 500

说明：小马、快、平船每年拨船 300 只，其中长差船约百只，则短差船 200 只。

三项合计可以得到，万历中期南京兵部每年发放差银约 3060 两，即三千两左右。

  南京兵部每年征收的工料银主要用于支付马、快船修造和出水的费用，按照一修一差的原则，有条不紊。倘若甲夫没有按照既定规则修、差，需要追罚部分修造料价和差银，这部分银两由"船政分司清查追扣，听堂上作正支销，与在库钱粮不同，故名曰船政银"①。船政银的具体细目，万历初年称为"七项"，即长差银、半差银、底薪银、余剩银、冒破银、出则银、楂柴银。万历末改为"五款"，即长差银、半差银、底心银、违限银、扣粮银。下面就各款目的含义和数量逐一分析。

  关于长差银，《南枢志》记载："长差船抵湾守候六个月，方许回南，如小甲夤缘便差早回，各船回坞之日，查批内抵湾及开回日期，少一日追银一钱，名曰长差银。"②如前所述，长差比短差多守候 5 个月，多领官贴银 16 两，折合约 1 钱/日。倘若船甲未能如期守候，需要按照"每少候一日，追银一钱"的标准，计日扣算、追缴接贴银，称为"长差银"。

  半差银适用于进京船只中途如遇事故，无法抵京，贡品只能改由陆路或者雇募民船运送。对于该船小甲而言，差使半途而废，除了需要回坞补差之外，还需要将所领差银追还，称为"半差银"，具体数量视船甲事故"地里远近，分别追银多寡"③。根据事故原因，又可分为两种情况，一是河冻闸浅，差官起旱，本船自回，二是遭风遇火，代雇民船进京。后者相比而言，"事

---

① 倪涑:《船政新书》卷 3《查扣银两之法》，第 206 页。
② 范景文:《南枢志》卷 64《职掌部·车驾司·船政科·追银事例》，第 1775—1776 页。
③ 同上书，第 1776 页。

出不测,而本甲所费,亦足抵偿"①,因此追扣较轻,具体标准如表4-13所示:

表4-13 明代半差银追征标准　　　　　　　　　单位:两

半差银 事故地点	差官起旱		遭风遇火	
	万历十四年之前	万历十四年之后	万历十四年之前	万历十四年之后
淮安	28	35	28	14
徐州	22	28	22	11
济宁	18	23	18	9
张秋	17	22	17	8.5
东昌	16	20	16	8
临清	15	19	15	7.5
德州	10	13	10	5
天津	2	3	2	0

资料来源:倪涷《船政新书》卷3《查扣银两之法》,第203页;范景文《南枢志》卷64《职掌部·车驾司·船政科·追银事例》,第1778—1780页。

值得注意的是,对于长差船只,除按照上表如数追还半差银外,还须追还官给接贴银。官给贴差银本为通州守候而设,长差船只既未进京,自然需要将多领的接贴银7.6两或16两归还南京兵部。

"底心银"也称为"底薪银",指的是变卖底船所得银两,《船政新书》记载:"旧例进京各船,如有遭遇风火,难复修舱者,许于所在官司,告给印照,拆料变价,回部计追底薪银两。"②在遭遇风火的诸多情况中,又以"若黄河水骤,漂没无迹,及失火灰烬,片板无存者",事出非常,情有可矜,底心银也从轻追扣,具体标准如表4-14所示:

表4-14 明代马、快船底心银追征标准　　　　　　单位:两

底心银 船只使用时间	遭遇风火		黄河漂没,失火灰烬
	成造	拆造	
20年以上	45	35	20
15年以上	50	45	

---

① 倪涷:《船政新书》卷3《查扣银两之法》,第202页。
② 同上书,第204页。

(单位:两)(续表)

底心银 船只使用时间	遭遇风火		黄河漂没,失火灰烬
	成造	拆造	
10 年以上	60	55	25
7 年以上	70	65	
5 年以上	90	80	40
3 年以上	100	90	50
1—2 年	120	100	60

资料来源:倪涑《船政新书》卷 3《查扣银两之法》,第 204 页;范景文《南枢志》卷 64《职掌部·车驾司·船政科·追银事例》,第 1781—1782 页。

船差银七项之中,长差、半差、底心银皆系追扣差银。此外余剩、冒破、出则、楂柴则是追扣修船料价。《船政新书》记载:"料价额外多领者,谓之出则;未开用过者,谓之余剩;开用太多者,谓之冒破。旧因料价不定,给发无限,而各甲困于使费,又暂图目前,故任意告领。"① 理论上,小甲按照贡船修造等则,支领相应额数的修船料价,全部用于船只修艌,即料额=支领=用过。以官定料额为准,如果支领>料额,就是"出则";用过<料额,即为"余剩";用过>料额,即为"冒破"。总之,本着节流的原则,小甲领用过银两与料额的差价,均需缴回、补还南京兵部银库。

船政主事不厌其烦追扣修船料价,是因为船只修造之时,小甲任意支领,南京兵部"给发无限"。既然没有定额的限制,小甲们自然乐于多领取价银,因此诸项中又以"出则"最为常见。② 等到船甲出差之后,船政分司方才核算木料价银,追扣料价,但为时已晚,小甲已将价银花销殆尽,终成逋欠。针对于此,船政主事倪涑改变料价会计方式,预先根据各船修造等则,计算所需木植、油麻、钉锔等料价,填入木料长单,随机给发船甲以防船甲事先串通厂官,虚填木单,出则领价,这样料价给发不会过多或过少,如南京兵部尚书郭应聘所言"木植扣价,油麻计数,总填一单,拈阄给散,自无出

---

① 倪涑:《船政新书》卷 3《查扣银两之法》,第 202 页。
② 船政主事倪涑就指出:"见查一切未完共肆千叁百余两,半系出则。"(倪涑:《船政新书》卷 4《客问》,第 242 页)

则,何用查追?"①况且出则等项可于甲夫所领工食银中扣追,自然也没有拖欠之患。"楂柴银"指的是木柴加工中产生或剩余的边角料、木渣变卖所得价银,数量微少,船政分司为此枉费一番追呼和文移,得不偿失,故万历十四年之后楂柴银也改为"于料价皆预行查扣"②。至此之后,余剩、冒破、出则、楂柴四项皆在发放料价银之前预扣,仍然属于储于总库的工料银,钱粮既未出库,未经船甲之手,自然也就不再构成"清查追扣"的船政银,因此不再计入船政银的五款之中。

船政银五款中,"违限银"指的是船只出差后逾期未归的追罚银两。关于马、快船差使的期限,正德《大明会典》记载:"凡南京各卫马、快船公差,出给勘合。里河者,往回限三个月,限外又过三个月,小甲参问。兵部留候听差者,以批回日期扣算,上江者限五十日,限外过五十日者,参问其小甲,过半年者,并船夫、军余参问。"③其中所谓"里河者"指的是进京短差和大马船近差,限期往回90天,"兵部留候听差者"指的是进京长差,船甲需要将勘合投入兵部,守候6个月满日,由兵部批回,记录日期,作为起始时间,限50天回到南京。万历十六年,南京兵部将里河往回限期增至100天。④对于甲夫逾期违限,只有责治或革名的处罚,并无钱粮追罚,因此万历初船政银七项中并无违限银。约在万历二十一年成书的《船政要览》⑤则记载:"长短差船,以北部印发之日为始,以(十五)〔五十〕日为正限,限外又宽三十,共八十日到坞,多一日者,追银一钱。"⑥可见"违限银"款项应当始于万历二十一年之前,追罚标准是从北京兵部批回日期开始扣满80天之后,每日追银1钱。"扣粮银"指的是空役水夫住支的月粮折银,《南枢志》记载:"小甲遭风失火,损坏船只,粮即住支,至开船之日方开,本船水夫扣一

---

① 倪涷:《船政新书》卷1《题稿部咨·厘正五议疏》,第116页。
② 同上书,第118页。
③ 正德《大明会典》卷125《兵部二十·杂行·车驾清吏司》,第3册,第98页。
④ 祁承爜《南京兵部车驾司职掌》卷1《都吏科·船票勘合》记载:"万历十六年,本部改限勘合。里河往回,一百日回坞,如违限十日者责治,二十日者革,一月者参问。"(第190—191页)
⑤ 编者为船政主事刘一相。刘鸿训为其父刘一相所撰行状记载:"壬辰(万历二十年),升南驾部主事。癸巳(万历二十一年)春之南驾部,专理船政……府君蚤夜殚精力,注为《船政要览》。"(刘鸿训:《四素山房集》卷17《先考妣行略》,第766页)其书今佚无存。
⑥ 祁承爜:《澹生堂集》卷21《吏牍·核贡三》,第5册,第501页。

年即开。其粮银该卫扣解库,名曰扣粮银。"①

船政银从收入来源上可分为七项或者五款,支出上则主要用于提供南京兵部部堂、司厅及下属船厂等衙门运转公费。各衙门的公用费用款项繁多,名目猥杂,难以一一列举,大致可将其分为五类:

(一)人员迁转,包括官员到任、升任、考满、丁忧、致仕等项所需的公宴、伞轿、下程、盘费、助丧等费用。

(二)办公耗材,主要是官吏办公所需的纸札、硃墨、烛炭、茶果等费用。

(三)吏役工食,主要是各衙门皂隶、书手、算手所需工食银。至于各衙门把门、库子、听事、巡捕等役,则由江、济二卫的听事水夫充任,按照每年3.5两工食银的标准算入募夫费用,不另计入衙门公费。

(四)文移造册,主要包括南京兵部赍本、写本、黄选、贴黄、官旗册籍等项费用。

(五)衙署修理,包括部堂、司厅、及武学、会同馆等处。

南京兵部除了武选司之外,其他三司皆有额收款目,可用于支付衙门运转公费。对于车驾司而言,万历之前衙门公费主要取自歇役大马船工食。②万历十四年由于裁革大马船,歇役工食减少,以上公费改由车驾司集场银,③船政分司七项和草场分司纸赎银动支,此时船政银只是用于船政分司本司的衙门公费。然而经倪涷改革之后,马、快船一体差拨,一体追银,船政银的数量剧增,用于支付的公费也不再仅限于船政分司自身,万历三十七年,车驾司周宇议准:

> 五款银两取用数多,其有每年写本、赍本及官旗文册各项等费,皆有部中紧要公务。属车驾者,照刷卷工食,例动集场;属武选者,宜动本司清查卫地租银,不足补以集场银;属武库者动本司火药剩银,不足

---

① 范景文:《南枢志》卷64《职掌部·车驾司·船政科·追银事例》,第1777页。
② 倪涷《船政新书》卷1《禀揭文移·议抵免大马船提追工食揭帖》记载:"本部旧有右堂皂隶,及车驾司官四员各皂隶,船政分司书手,京畿道刷卷书手,工食及一切纸张公用等费,每年约计银一百七十八两,向于提追大马船工食支给。"(第144页)
③ 祁承爜《南京兵部车驾司职掌》卷3《草场科·集场租银》记载:"留守右等卫集场,系六合等县瓦梁等处镇市人户,愿首本部纳租,每年额征银壹百柒拾余两。"(第429页)

车驾、职方二司均补。车驾动集场、职方动地租,至于本衙门及武学、会同馆,相应移咨工部估修。惟有本部到任、升任及本部四司官员硃墨、纸札、烛炭及各役工食等项,仍照旧动支五款。①

可见在万历三十七年之前,五款船政银承担着南京兵部堂司的整个公费支出,经过周宇的调整,衙署修理改由南京工部承担,文移造册费用则由四司集场(即集市)、屯田地租、火药剩银开销,只有人员迁转、办公耗材和吏役工食三类开销仍旧动支五款船政银。万历四十三年,车驾司主事祁承㸁因集场银数过少,议将"集场租银并入草场租银之内"②,也即由车驾司草场租银支付南京兵部四司文移造册费用。

明末贡船差修日减,相应追罚的船政银降低,支付的衙门公费款项也逐渐缩减,具体如表4-15所示:

表4-15 明代南京诸司衙门公费来源

衙门公费	万历三十七年	万历四十三年	万历四十五年	天启三年	天启六年	天启七年
人员迁转	五款	五款	五款	五款	工料银、草场租银等	五款
办公消耗	五款	五款	五款	工料银、草场租银等		
吏役工食	五款	五款				草场、集场租银
文移造册	集场、地租、火药剩银	草场、集场租银	草场、集场租银	草场、集场租银	草场、集场租银	
衙署修理	南京工部	南京工部				

资料来源:祁承㸁《南京兵部车驾司职掌》卷1《都吏科·额支款目》,第268—286页。

---

① 祁承㸁:《南京兵部车驾司职掌》卷1《都吏科·额支款目》,第266—267页。
② 同上书,第268页。

第四章 贡船差拨与贡品运输

万历四十三年,因福王之国,一时间内马、快船取用殆尽,修差混乱,南京兵部无法及时追扣差银。至万历四十五年,因五款船政银不敷支用,南京兵部"议将修理、工食,提出改编正项,一体查盘"①。即将南衙署修理和吏役工食费用,从船政银中提出,编入车驾司额收草场、集场银等正项钱粮开支。五款船政银所支出的衙门公费,就只剩下人员迁转和办公消耗两类。②至天启三年,因圣旨减省鲥鱼船三十七只,差银和修造工料银的追罚日益减少,于是车驾司郎中汪秉元议准将办公消耗和部分吏役工食,共计442.7两,改由工料银等项支用,③这样五款船政银所支出的项目就只包括人员迁转费用了。至天启六年,车驾司郎中周宇将五款支出彻底提出改编,议"将堂司一切公用应支银两,改入各项正额",即将人员迁转费用,也都改入工料银支销。但明末马、快船工料银同样长期拖欠,入不敷出,天启七年,车驾司又议将"三堂公用并原议改编工料项下银两,应合仍旧改入五款项下动支"④。

明末衙门公费的支销屡经改易,尤其是在动支船政银还是工料银上反复。虽然从支出上,工料银支付水夫工食和修船料价,船政银承担衙门公费,二者并不相干,但是从收入来源上,船政银是从水夫工食和修船料价中扣除追纳,因此船政银本质上"实系工料之余"⑤。因此工料银是正项钱粮,船政银作为杂项钱粮,收留在库,与正项钱粮"通融支用"⑥。当船政银不足以支出衙门公费时,差额自然也可以由工料银通融酌补,"故遇有支放,往往借给于工料、草场等银"⑦。因此才会出现五款支出借支工料银的情况。

---

① 祁承煠:《南京兵部车驾司职掌》卷1《都吏科·额支款目》,第268页。
② 具体包括:部堂到任什物、轿伞公费、逐月公费并升任赆贺等项,及四司官公费、烛炭、升迁、贺礼,车驾司公用,两厂把总委官搭篷、纸札,并厂卫识字工食、看厂茶果等项支用。(祁承煠:《南京兵部车驾司职掌》卷1《都吏科·额支款目》,第285—286页)
③ 其中"二百七十八两三钱改入工料银内动支","一百四十五两七钱改入草场银内动支","一十八两六钱七分四厘改入快丁银内动支"。(祁承煠:《南京兵部车驾司职掌》卷1《都吏科·额支款目》,第281—284页)
④ 范景文:《南枢志》卷62《职掌部·车驾司·都吏科·额收款目》,第1625页。
⑤ 祁承煠:《南京兵部车驾司职掌》卷1《都吏科·额支款目》,第276页。
⑥ 倪涷:《船政新书》卷3《查扣银两之法》,第206页。
⑦ 祁承煠:《南京兵部车驾司职掌》卷1《都吏科·额支款目》,第277页。

三、贡差禁例

贡差禁例主要针对贡船管运内官及其下属前站、经手等员役而设,管运内官等人的违禁行为主要包括夹带私货、多索人夫、揩勒船甲、擅开洪闸四个方面。为保证整个运河体系的正常运转,对于这些行为,明代历朝皆有弹章,要求明令禁止。以下从制度规定、防范措施和惩罚措施等角度,围绕违禁行为的四个方面,展开论述。

关于夹带私货,制度规定上,明廷允许马、快船水夫仿照漕船运军事例,随船附带一定数量的货物,维持生计,作为差役的补偿。成化十年,南京兵部奏准:"马、快等船,每驾船军余一名,食米之外,听带货物三百斤。"[1]至万历四十年船政主事祁承㸁议准"比照漕船议单题准事例,每船军余十名,共计带土宜四十石,以充沿途柴菜神福之费"[2]。多出四十石之外的部分则属于私货,由于贡船载重远低于漕船,负担相对较轻,因此附带货物数量低于漕船运军土宜六十石的标准。内官、水夫夹带牟利的方式主要是船只回空附带货物,即"回货",主要有两类:

一是兴贩私盐。运河自北向南途经两淮和长芦、山东盐运司行盐疆界,由于长芦、山东食盐售价低于两淮,因此马、快船员役、水夫收买长芦、山东盐运司灶户私盐,或官吏户口食盐,带回南直隶等处贩卖。如成化四年,户部尚书马昂指出:"私盐及在京各衙门关支官吏户口食盐……俱在丁家站等处,卖与南京回还马、快船只,并各卫运粮官船,带回江南、江北,挽越发卖。"[3]成化十三年左都御史李宾亦指出:"公差人所驾马船、快船,用一索十,多至百余艘,往往夹带私盐重货,所经之处,尤被扰害。"[4]

二是附带客商货物,贡船途经运河钞关无需交纳船料钞银,客商借此附搭贡船避税,同时向贡船交纳一定费用。但是私盐越境阻滞了两淮运司

---

[1] 万历《大明会典》卷158《兵部四十一·南京兵部·车驾清吏司》,第2218页。
[2] 祁承㸁:《澹生堂集》卷21《吏牍·核贡二》,第5册,第498页。
[3] 戴金编:《皇明条法事类纂》卷18《越境夹带私盐并马快粮船夹带二千斤以上者充军例》,上册,第471页。
[4] 《明宪宗实录》卷166,成化十三年五月庚午,第3000—3001页。

官盐的销售,商货匿不投税减少了船料钞银征收,①这些都严重影响了户部财政收入。因此从贡运制度建立之初,明代就规定禁止船只夹带私货,如景泰五年漕运总督王竑奏云:"南京马、快船,有例禁约,不许附带私货。"②但南京管运内官往往假借进贡之名,有禁无止,明代部院在防范措施上采用拨船验装和沿途检验两种方式。

拨船验装如前所述,由南京兵部司官、科道官以及南京内外守备委官眼同验扛装船,计扛拨船,以保证"箱必满装,船必满载"③。沿途检验上,成化四年,户部尚书马昂题准:"凡遇马、快、运粮船只经过,许令巡盐御史逐一盘验,若有夹带,就行拿问,没盐入官。"④运河水道漫长,两淮、长芦等处巡盐御史兼顾不及,参与盘验的官员范围有所扩大,成化九年二月,兵部尚书白圭题准:"本部仍通行淮扬迤北一带巡抚、巡按、管河、洪、闸等官,各行所在官司,凡遇各起进鲜等项船只经过,务要逐一查验。"⑤成化二十二年,都察院钦奉宪宗皇帝圣旨云:"仍行与各巡抚都御史并巡按、巡河、巡盐御史,管洪、管闸部属及分巡风宪官,各照节次降去禁例,严督所属巡司、官吏,常川往来巡视……就便从公盘诘私盐、私货,俱见数入官。"⑥可见成化以来逐渐形成了监察和部属两个系统,负责查验运河来往马、快船只。

监察系统包括都察院巡抚都御史、巡按、巡河、巡盐御史及按察司分巡道,其中以巡河御史为主。部属系统包括工部管河郎中以及管洪、管闸主事,以管河郎中为主。倘遇"豪势之人不服盘诘,听所司执送巡河御史、郎中处罪之"⑦。查验的地点,除了徐州吕梁洪以及济宁天井、淮安清江浦等闸坝外,还有临清和仪真二处,成化十三年户部题准:"沿河军卫有司、应该

---

① 如河西务监收船钞官李镒云:"天下货物,南北往来,多为漕运船及马、快船装载,故民船皆空归,而国税无人输纳。"(《明宪宗实录》卷205,成化十六年七月乙酉,第3578页)
② 《明英宗实录》卷237,景泰五年正月己未,第5161页。
③ 万历《大明会典》卷158《兵部四十一·南京兵部·车驾清吏司》,第2222页。
④ 戴金编:《皇明条法事类纂》卷18《越境夹带私盐并马快粮船夹带二千斤以上者充军例》,上册,第471页。
⑤ 王琼:《漕河图志》卷3《漕河禁例》,第163页。
⑥ 同上书,第162页。
⑦ 同上书,第166—167页。

巡捕官兵,止许缉捕本处地方私盐煎贩,及窝赃寄顿者,不许拘留马、快、运粮船只,扰军误事。其运粮并马、快船,照旧于临清、仪真,其二处委官如法搜检。"①沿途检验的效果并不尽如人意,一方面运送龙袍等御用物的贡船,可以享有特权,免受盘验,如万历十四年太仆寺卿魏时亮因见进御袍物马、快船多有私载,乞令巡按检查封记,但部覆奉旨:"黄、马、快船装解上用钱粮,原无简查事例。"②另一方面,临清、仪真等处负责检验的吏役,假借检验之名,勒索马、快船水夫,正如船政主事倪涷指出:"马、快船每遇差装各项钱粮赴京,切被仪真、扬州、淮安等处沿途一带无(藉)〔籍〕群虎恶棍,号为蹉船、火光等项名色,遇船到彼,登船索诈常例,稍有不遂,辄将私盐等物,抛丁仓内,或将饭米行李,捏为私货,百般吓骗,坐陷无辜。"③马、快船甲夫对于火光等棍徒十分畏惧,倘若被诬为夹带私货,除了货物没收入官外,水夫本身还面临充军的惩罚。④

明代对于马、快船夹带私货的惩罚十分严重,然而这只是针对随船甲夫和客商,而对于主使的管运内官,御史等官只能上奏本参劾,取自上裁。受到皇帝庇护,违禁的管运内官往往不能依律例处置,如《謇斋琐缀录》记载,成化十二年,南京太监覃里朋尝乘马、快船夹贩私盐,殴杀巡检,被押械至京,"卒以党援,仅充净军。未逾年,复回南京内府写字"⑤。如此一来更加使得南京管运内官无视禁例,夹带私货有禁无止,成为贡运制度的重要弊端之一,晚至天启时,部覆得旨仍严行申饬:"贡船不得夹带私货。"⑥

关于多索人夫,源于制度规定运河沿途驿递,遇有贡船经过,需要支应一定数量的人夫,用于牵挽船只。这些人夫来自民夫和军余,按照"军

---

① 戴金编:《皇明条法事类纂》附编《整饬河道盘诘私盐》,下册,第475页。
② 《明神宗实录》卷173,万历十四年四月乙丑,第3162页。
③ 倪涷:《船政新书》卷1《禀揭文移·咨河道部院山东抚院禁革沿途积害文》,第142页。
④ 成化六年,兵部奏准:"马、快船附载私货者,本船小甲并附船之人,俱发口外充军。其空身附搭者,以违制论。"载入弘治《问刑条例》中。(正德《大明会典》卷121《兵部十六·驿传三·马快船》,第3册,第60页;黄彰健:《明代律例汇编》,第726—727页)
⑤ 尹直:《謇斋琐缀录》卷6,第381页。
⑥ 《明熹宗实录》卷12,天启元年七月戊申,第597页。

三民七"①的数量比例派拨,"有司添夫拽船,卫所拨军护送"②。每船支应人夫的数量,不同时期略有变化,列举如表 4-16 所示:

表 4-16 明代贡运沿途人夫支应

时间	上水	下水
宣德四年二月	上水不过七人	下水不给
天顺元年十一月	上水二十名	下水五名
成化元年秋	上水二十名	下水五名
成化六年	上水二十名	下水五名
成化十六年	上水拨夫一十名	下水五名
正德六年	多者不过二十名	
嘉靖六年	上水二十名	下水十名
嘉靖四十五年	上水二十名	夫役下水一十名
万历四十三年	每船上水二十名	下水十名
天启元年	上水止填二十名	

资料来源:《明宣宗实录》卷51,宣德四年二月乙巳,第1236—1237页;王琼《漕河图志》卷3《漕河禁例》,第161页;余继登《典故纪闻》卷14,第253页;嘉靖《宣府镇志》卷19《法令考》,第670页;戴金编《皇明条法事类纂》卷31《申明驿递应付并处置差使到京人员延住不回及锦衣卫官舍出差违例例》,上册,第760页;《明武宗实录》卷80,正德六年十月辛丑,第1742页;李昭祥《龙江船厂志》卷1《训典志·谟训》,第4页;洪朝选《洪芳洲先生文集·读礼稿》卷1《议处冲省驿递疏》,第205页;祁承爜《南京兵部车驾司职掌》卷1《递发科·起给勘合》,第298页;《明熹宗实录》卷12,天启元年七月戊申,第597页。

马、快船经过船闸,闭闸蓄水、逆流而上称为上水,人夫支应一般不超过二十名。开闸泄水、顺流而下称为下水,人夫支应从五名增加到十名。防范

---

① 人夫数额的30%来自卫所军余,70%源自州县民户,即"军卫三分,有司七分"。(王琼:《漕河图志》卷3《漕河禁例》,第161页)又如唐龙:《蠲料银苏军困以崇保障疏》记载:"沿河卫分,凡遇马快船只,与木牌经过,合用人夫,俱系军三民七,相兼出办。"(佚名辑:《皇明经世考》卷64《南畿上》,原书无页码)

② 李实:《礼科给事中李实题本》不分卷《安抚军民等事》,第13页。

措施上,夫甲需要在船头木牌和船票勘合上注明上水、下水人夫数量。宣德四年,兵部奏准:"自今运物,马船、快船俱令掌船者,每船预置木牌一,大书本船军夫数目、姓名……以牌竖于船头,所过有司,如牌所增给之。"① 正统十四年,礼科给事中李实题准:"定拨军夫数目,填写勘合,付与差去人员,沿途经过军卫有司,照数差拨。"② 勘合作为执照,用以向沿途驿递关领口粮和人夫。管运内官除了多索人夫外,往往还会将人夫折算成银钱,中饱私囊,如正德十一年给事中孙懋疏云:"所过军卫、有司驿递、巡司衙门,每处索要茶果分例,或逼取折乾、起关等钱,多至百六七十两,少亦不下百三四十两。"③ 嘉靖四十五年山东巡抚洪朝选疏云:"臣每过直隶、山东一带州县地方,则见黄、马、快船,摆帮成列,有数日不起身者。问其何故,以折夫之银未到手也。及询其夫银多寡之数,每帮每州每县不下三四百两。"④ 因此惩罚措施上,嘉靖六年圣旨云:"南京进贡船只……合用廪给口粮,俱照关文应付。敢有似前多索夫役,揹要折乾银两,生事害民的,抚按、巡河、兵备等官,将本船为首一人,拿与被害之人对问明白,干碍应参官员,指实具奏。"⑤ 除了参奏官员之外,额外提供人夫、银两的驿递衙门,也须追究连带责任。弘治《问刑条例》记载:"内外公差官员,若有乘坐马、快船只,兴贩私盐,起拨人夫,并带去无籍之徒,辱骂锁绑官吏,勒要银两者,巡抚、巡按、巡河、巡盐、管洪、管闸等官,就便拿问,干碍应奏官员,奏请提问。其军卫、有司驿递衙门,若有惧势应付者,参究治罪。"⑥

关于需索船甲,为防止小甲倾家,水夫逃役,制度规定上明廷严厉禁止管运内官索取甲夫银两。正德《大明会典》记载:"(天顺)四年,令兵部出榜禁约管船官索要船夫银两等项,不遵者,重罪不饶。"⑦ 但未对如何议罪作出详细说明,需索船甲仍时有发生。嘉靖登极之初,南京兵部武选司主事

---

① 《明宣宗实录》卷51,宣德四年二月乙巳,第1236—1237页。
② 李实:《礼科给事中李实题本》不分卷《安抚军民等事》,第14页。
③ 孙懋:《孙毅庵奏议》卷1《惩凶恶以安人心疏》,第6a页。
④ 洪朝选:《洪芳洲先生文集·读礼稿》卷1《议处冲省驿递疏》,第205页。
⑤ 李昭祥:《龙江船厂志》卷1《训典志·谟训》,第4—5页。按整理者将"折乾"简化为"折干",误,"折乾"即"折钱","乾"不应写作"干"。
⑥ 黄彰健:《明代律例汇编》,第726页。
⑦ 万历《大明会典》卷149《兵部三十二·驿传五·马快船》,第2087页。

林炫疏云:"近年管押内臣人等,既不满载,多索船只,又辄将小甲拷打,勒取帮钱,每船一只,或五六十两,少者不下三四十两……仍禁约不许索要帮钱。"①因此至嘉靖七年,南京兵部进一步题准:"马、快船管押内官,敢有将船甲需索拷吊者,许南京守备官奏闻处治,或南京科道官劾奏。其沿途科索,许被害小甲,到京奏诉。"②惩罚措施上,对于管运内官也要比附文臣受赃律治罪,如嘉靖九年南京兵部尚书王廷相题准:"今后南京管运内臣,设有仍前索要夫甲见面酒席帮银等项,许被害夫甲,就于两京兵部陈告,参问请旨发落,照依文臣受赃,革去职役,仍追原银给还夫甲。"③最终管运内官需索船甲情况的改善,得益于雇役法的实施,这是由于水夫亲身应役时,籍名在册,需要自费承担出水的一切费用,若有逃逸还要按照逃军事例清勾,因此内官肆无忌惮,便于索取。而雇役法施行之后,官方发放工食差银,皆有会计预算,水夫自愿应募,自然不会容忍内官的过分揩勒,因此内官需索船甲的银数大大降低,如嘉靖十二年马船实行雇役法之后,"中贵分例,快船多而马船少,故俗名马半边,谓其止得快船之半也。"④万历十四年,船政主事倪涷将快船也改为雇役,向南京内官反复晓谕厉害,款款周详,"自是群珰始帖然矣"⑤。

关于擅开洪闸,制度上规定:"凡闸,惟进贡鲜品船只到即开放,其余船只务要等待积水而行。"⑥为保证贡鲜船只能够及时送至北京,赋予其即时开闸的特权,对于漕河内河而言,主要是走泄水利,影响尚不算大,但是在漕、黄交界处,擅开闸坝,会导致黄河浊流倒灌,导致运河河床升高,河道水浅阻塞。万历七年,总理河漕都御史潘季驯指出:"每岁至六月初旬,伏水将发,即于通济闸外暂筑土坝以遏横流,一应官民船只俱暂行盘坝出入,至九月初旬开坝。"⑦按通济闸位于淮安清江浦与黄河交界的清口,在夏季黄

---

① 林炫:《林榕江先生集》卷11《兵曹处置事宜状》,第176页。
② 万历《大明会典》卷149《兵部三十二·驿传五·马快船》,第2088页。
③ 王廷相:《王廷相集·浚川奏议集》卷7《金陵稿·裁减南京进贡马快船只题本》,第1307页。
④ 倪涷:《船政新书》卷4《解悉》,第253页。
⑤ 倪涷:《船政新书》卷4《纪事》,第252页。
⑥ 王琼:《漕河图志》卷3《漕河禁例》,第165页。
⑦ 潘季驯:《河防一览》卷8《申明鲜贡船只疏》,第134页。

河水盛之时,在闸门外筑造可拆卸的软坝,以防止黄河水涌入运河。然而贡鲜船只多迁延耽搁,未能在六月之前通过淮安清江浦进入黄河,因此潘季驯要求明确规定贡鲜船运期,"期在五月十五左右,两运尽数过淮,趁赶伏水未发,早进镇口闸河。其余贡船预拨马快空船,照限出口,停泊外河,以俟盘剥"①。对于未能及时经过闸的贡鲜船,采用盘剥过坝的方式,严禁内官擅开闸坝。

根据贡差禁例可见,贡运增加了运河沿线军民的负担,船只往返依赖于运河沿线的夫役供应,如闸夫、坝夫、纤夫等,这些徭役成本摊入州县丁粮编佥,并未计入南京兵部账目,虽然数额难以精确统计,但是贡运船只扰害地方的现象,史不绝笔。明臣题奏本章中对于贡运的批评,多集中于管运内官。尽管部院屡屡出台事例、条例,禁止内官人等生事扰民,但事实上有禁无止,根源在于内官管运贡品,奉有钦命,地方官员无力制衡。贡船享有免受盘验、支应水夫、船到开闸的特权,为内官夹带私货、揭勒折乾开启了方便之门。同时也反映出,南京内官的重要职能正是随船管押运送御用等贡品,服务皇帝,由此衍生出内官借用职权之便中饱私囊。

---

① 潘季驯:《河防一览》卷12《申饬鲜船疏》,第224页。

结　语

为了保障宫廷的贡品供应，明代南京组织水夫驾驶船只，沿漕河运送贡品。贡运制度的运作围绕贡船修造、水夫编审、船只差拨展开。在经过制度考证和梳理后，现对于本书的研究问题，即如何理解和评价明代贡运制度，以及贡运制度研究对于"两京制"下南京的历史地位，能带来什么样新的认识，做出回答。

一、贡运制度的演变

明代贡运制度的运作，可以从三个方面来说明，简言之，分别是：运什么，怎么运，谁来运。

南京运送的贡品分为"食"和"用"两大类，具体包括时鲜土产、加工食品、纺织品、竹木器用等。食品根据保存技术的不同，分为冰鲜、连带泥土的土鲜，以及风干、腌制、糖渍、发酵等制品，皆由长江以南省份采进，经南京光禄寺加工处理。纺织、器用则由南京工部、内府监局成造。贡品主要用于宗庙祭祀以及宫廷饮食、御用，像鲜梅、鲜笋、鲥鱼等美味，更是受到帝王和内外官员的雅好，因此贡品数量有增无减。相比之下，次要贡品如土产食品，有些北方产有，优于南方；布匹在京可以织造；器用经久耐用，无需每年进贡。因此在明臣节省贡差、裁减贡品的题请下，明廷将次要贡品省并，以减轻贡运的负担。明代贡品数量在维持明初"原额"的基础上，不断膨胀和裁省,因地制宜加以调整。在明代货币白银化的趋势下,地方物料多折银征解,宫廷所需本可借由招商采买,但明廷担心招买难以保证土产的品质和圣洁,故时鲜、御用等贡品无法折银,只能由官运本色。

贡品由贡船装载,沿漕河水运,往返于南、北二京。贡船分为黄船、马船、快船三种,皆是内河浅船,装载容积在三百料左右。贡船数量从成化年间两千余只,逐渐降低,至万历时稳定在七百只左右。明初黄船和快船由龙江船厂修造,马船由原籍州县修造,明中期以后皆改为南京官修,修造地点位于南京西城门外,分为隶属于南京工部的黄船厂和隶属南京兵部的马船厂、快船厂,由江淮、济川二卫委官管理。修造所需的楠木等船料,则由南京兵部招商采买,或竹木抽分关计数派买,所用船料多寡取决于修造等则。在钱粮会计为核心的量化管理下,贡船的修造等则不断精细化,明代中期造分为成造、拆造二等,修分为大、中、小修三等,二十年一造,十年一大修。万历初,船政主事将每修分为上、中、下三则,称为"三等九则"。万历中船政主事武之望将修划分为油舱、略修、小修、中修、大修五等,按照两年一修、一造十四修的频次,船只三十年一造。

贡运遵循"一修一差"的原则,即船只修造和差拨交替进行。考虑到贡差美恶不同,为了防止水夫挑肥拣瘦,南京兵部规定贡船必须按照固定顺序,挨次轮差。贡船差拨次序为"一江一济,二马二快",即将江淮、济川二卫的马、快船便按照1∶1的比例均拨。贡品的装运位于南京石城门外,验装委官由南京兵部主事、南京内官和科道官充任,他们会同看验装载,以确保船只满载,防止夹带私货,这一程序称为"验装"。一般而言,贡品一百斤折准一扛,像冰鲜每船只载十五扛。贡品在运输途中,设有打前站的员役,由沿河州县提供食宿。遇有过闸过坝,州县还需支应人夫一二十名牵挽。除了进京差使外,明代贡船还包括大马船沿江差使,以及藩王之国和顺差回南的离京差使。

驾运贡船的水夫分为军、民两个系统,经历了从分离到联合的演变。马船水夫源自二省三府(湖广、江西以及南直隶太平、宁国、安庆)民籍,按照人丁抽籍,或税粮多寡朋充,免军充夫,编入南京江淮、济川二卫,具有军、民双重属性。明初卫所船户需要每年向原籍船户取贴工食,马船损坏发回原籍州县修造。由于往回不便,水夫工食和修船料价逐渐折银征收,称为工料银。工料银摊入二省三府田亩折征,始于弘治八年,确立于嘉靖十二年,水夫额数约两万名,载入册籍保持不变,夫名成为徭役征收单位。快船和黄船由南京锦衣卫等四十个卫的正军、余丁撑驾,由正军一名担任小甲,余丁随船出差,由南京户部支给行月粮。鉴于快船小甲差役繁重,正德以后设置了帮甲和垛甲,即由众多军余朋充甲役、帮贴小甲贡运。万历十四年,船政倪涷推行一条鞭法改革,将快船军余根据家资编派快丁,一船百丁,每丁征银三钱。仿照快船事例,万历十六年小黄船亦条编丁银,每船百丁,每丁五钱。马船工料银和黄、快丁银解送至南京兵部,由南京兵部雇役。除了小黄船借调水军外,马、快船募夫来源包括马船旧夫、派丁充夫和新募市人,数量共计约一万名,每年发放六两工食银,贡运水夫也由"役"变为发放工食的"缺"。

根据以上三个方面,可见明代贡运制度演变以万历时期为转折。这主要是受到一条鞭法的影响,不仅反映在水夫工食和修船料价折银上,更是体现在船政制度的一条鞭。首先是职掌统一。万历十四年南京兵部正式设置船政分司,专管贡运,如南京兵部侍郎臧惟一云"船政之官,职司贡事,专管大小马、快船只,又兼管黄船厂……查核各省直工料、锦衣等四十卫黄、快编丁钱粮"[①]。此外黄、马、快船差拨,悉听船政主事调度。可见贡船修造、水夫编审、贡船差拨统一由船政分司职掌。其次是水夫雇募统一。明代军民分籍,马船民夫和快船军余在管理上存在诸多扞格之处。万历十四年船政改革后,马船民夫和快船军余皆可歇役宁家,由南京兵部一体募夫,江淮、济川二卫造册管理。募夫不再有军民、彼此之分,随船贡运,同时马船工料银也可以弥补快船丁银雇役的不足,实现了贡船夫役的通融互补。最后是贡船差拨统一。万历时黄、马、快船虽然仍保留了原有名目,但是在船只形制、贡运差使等方面,区别逐渐模糊,皆是按照船只占比搭帮,按次序差。总体而言,贡运制度的一条鞭改革,一定程度上提高了贡运效

---

① 范景文:《南枢志》卷154《奏疏部·条陈船政事宜疏》,第3787页。

率,这就是为什么在满足宫廷冗滥需求的基础上,贡船和贡差的数量还能有序递减。

二、贡运成本与船政钱粮收支

明代贡运制度作为宫廷专供的封建剥削,值得关心的问题是成本或花费有多少,以贡运为核心的钱粮收支,也构成了南京兵部财政的主要组成部分。以明万历中期为例,自马、快船实行条编折银、水夫雇役之后,收支分离,其财政结余成为南京兵部帑藏的最主要来源。钱粮征收上,主要分为马船工料银和快船工料银两项,马船工料银取自江西、湖广二省及南直隶太平、安庆、宁国三府,摊入田亩,随秋粮带征;快船工料银则来自南京锦衣卫等四十卫快船军余,按照户等编丁征银。二项每年总计约9.7万两,成为南京兵部每年额征的正项钱粮。

财政支出上较为复杂,根据"工料银"一词含义,可知其用于支付募夫工食和修船料价。马、快船募夫分为听事水夫(衙门占役)、下江水夫(领驾大马船)和进京水夫(领驾小马、快、平船)三种,总数约1万名,其中又以进京水夫为主。由于贡船两年一差,有差之年水夫领船出水进京,无差之年进京水夫工食停支,扣入南京兵部"总库"[1],用以贴补贡船小甲差使、接船,以及提供修船料价。每年南京兵部实际上支出的募夫工食合计约29763两。贡船修造开销上,万历中期南京兵部更定马、快船五等轮修之法,每年修船料价共计约19430两。也就是说,根据贡船"一修一差"原则,南京兵部的支出可以细分为有差年份的募夫工食、官给贴接银,以及无差年份修船料价三个方面,共计52253两。

理论上募夫支领工食银,驾船进京贡运即可。但实际上水夫往往贴银船甲,转雇外水,代为出差。官给船甲贴接银(官贴)和水夫私贴银(私贴)

---

[1] 即南京兵部银库,设于万历六年。祁承𤈏:《南京兵部车驾司职掌》卷1《都吏科·总库管理》记载:"万历六年,本部题准:车驾、职方、武库三司,岁收各项银两,比照南京户、工二部钱粮事例,总设一库,岁(输)〔轮〕主事一员兼管,该司官会同收放,及行南京工部估计建造,将各司见在银两移贮在内。"(第260页)

共同构成贡船差银,每年长差、短差、近差三项差银合计约26100两。扣除官给贴接银约3060两,水夫私贴银约23040两。这一数额要少于水夫支领的工食银,二者的差价构成了应募水夫的转雇净利。因此从白银流向而言,贡运财政支出又分为差银、船料银(即修船料价)和水夫转雇净利三个方面,即:差银=(募夫工食-水夫转雇净利)+官给贴接银,这便是差银与募夫工食数量不必相等的原因所在。

现将万历中期南京兵部船政收支的详细款项,总结如下图5-1所示:

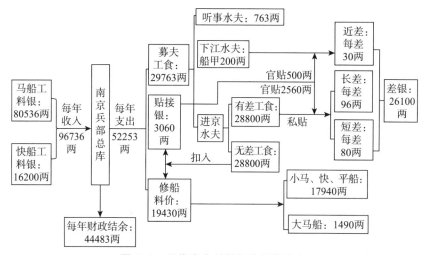

图5-1 明代南京兵部船政经费收支

通过上图可以看到,万历中期南京兵部就船政一项,每年财政结余约有4.5万余两,积至万历末,南京兵部总库储银近百万两,万历四十三年黄克缵之任南京兵部尚书,次年冬查盘库存,疏云:"臣部车驾司共有船料等银八十六万二千两有奇,此外武库司柴薪等银仅有三千一百六十六两三钱,职方司地租银仅存七百七两一钱,此四十五年春间实在数目。"①马、快船工料银数量达到了南京兵部库银的99.6%,可见南京兵部帑藏完全得益于工料银的结余。明末军兴,支出浩大,南京兵部库藏也成为协济北京兵、工等部的重要财政来源,如崇祯时南京兵部尚书范景文指出:"闻数十年

---

① 黄克缵:《数马集》卷9《题议减差船疏》,第148页。

前,(库贮)尚近百万,一窘于搜括,再窘于助工,三窘于募兵,而外解又不复至。"① 除了搜括纳入皇帝内帑外,助工和募兵则弥补国用。助工主要指的是协助治理黄河、漕的河工费用,万历三十三年,南京兵部侍郎臧惟一指出,短短两三年内,南京兵部就已经协济河工银25万两。② 募兵主要是指用于边防,万历三十八年,面对借银抵充北边秋防兵饷的圣旨,南京兵部侍郎张鸣岗上疏力争道:"动辄借助,若漏卮供野火,不竭不止也。姑无暇远引,如河工十万,滇南三万,及今八万,曾不三四年,共去二十一万矣。夫河工十万,付之流水,而滇南三万,用如泥沙,若今户、工二部合凑七万,而职一部便已八万。"③ 南京兵部协济募兵费用包括北边防秋、西南明缅战争等方面,南京户、工二部合凑7万两,而南京兵部一部就借助8万两,也一定程度上反映了南京兵部库藏应居于南京六部之首。辽东事起之后,南京兵部库藏更是搜刮殆尽,黄克缵云:"自建夷作乱以来,户部复二次借去银三十五万两,今兵部又借去银十万两,共四十五万两,是船料银为一奴夷已去其大半矣。"④ 可见南京帑藏一定程度上起到了国家财政预备金库的职能,正如黄克缵指出"留京之财,皆朝廷之财",为万历以后的北部财政支出填补漏洞,南京兵部所依赖的正是船政结余的马、快船工料银。

三、贡运与明代南京的历史地位

明代贡运,以南京为转运核心,南京部寺衙门一方面将江南等处贡品征派而来,加工分装,另一方面组织贡船、人夫水运至京。南京的中转地位并非明廷有意为之,很大程度上属于永乐迁都后的历史遗留问题。明代在迁都过程中,六部等衙门的职能就有部分保留在了南京,如户部掌管食盐

---

① 范景文:《南枢志》卷169《汇余部·政议余·鼓铸》,第4328—4329页。
② 臧惟一《帑银匮乏已极河工括囊至再疏》云:"臣于本年十一月二十二日接见邸报,该工部覆河臣曹时聘题疏,拟上部船料、草场、马价等银,动支十万两给河道衙门支用。等因……再照三十一年内,该工部姚继可题覆河臣曾如春原奏疏,复奉圣旨,业借动臣部银一十五万给河工矣。"(范景文:《南枢志》卷154《奏疏部》,第3798—3799、3801页)
③ 范景文:《南枢志》卷155《奏疏部·留都根本甚重枢藏竭取非宜疏》,第3834—3835页。
④ 黄克缵:《数马集》卷9《题议减差船疏》,第148页。

开中,但盐引勘合由南京户部印刷,这主要是由于南京临近扬州,便于扬州盐商关领。同样道理,由南京负责贡运亦是取自近便。洪武时期,地方土贡由民户起运京师,路近易达。永乐迁都之后,如果仍要求民户起解北京,运输路途和成本激增,且费时费力贻误农业生产,江南民户断然不能承受。于是贡品仍照原有路径,解送南京,由南京部寺衙门安排贡运。

南京作为陪都,不参与中枢决策。就贡运或船政而言,文书流转上,政务经过南京兵部以及内、外守备衙门会议后,上题本,由北京兵部议覆,内阁票拟,取具圣旨。政令传达上,圣旨经由北京兵部,咨文南京兵部施行。从信息沟通的角度而言,所谓"决策"并非只有票拟和部议。南京远在东南,与北京的联系主要依赖驿递传送公文,以及两京迁转官员的口述语谈,两京信息沟通不畅,存在时滞性,这导致明廷对于南京贡运情况不甚了解。对于南京兵部的题奏本章,部议一般覆允,票拟和批红一般也是一"是"字,鲜有驳回。就算驳回,也是发还南京兵部重新议覆。也就是说,贡运政务该如何处理,是由南京兵部尚书提议的,部议和票拟都是象征性通过。南京兵部尚书的意见和决定,源自车驾司郎中和船政分司主事的案呈或呈堂。根据司官传记记载来看,船政事务往往是由司官与尚书商议,由尚书题奏。俯瞰文书流转的全过程,我们可以发现,南京兵部不仅是执行机构,一定程度上也兼具议政、决策的权力。对于南都船政而言,皇帝批红、内阁票拟、兵部议覆、南京部院会议、车驾司呈堂,共同构成了决策的完整流程。

明代南京的历史地位,主要体现在经济和军事地位上。南京诸司之中,以南京兵部尚书兼任外守备,职权最重。南京兵部职掌的重点,便是江防和贡运,涉及南京兵部所属各个亲军卫。明初马、快船亦本是江防战船,随着江防压力减轻,职能转变为贡船。相比于承平日久、江防无事,贡船岁岁差使,称为年例贡差,最为伙繁。南京的军事职能决定了南京城的民众组成以军户为主,如南京兵部侍郎顾志章指出:"留都根本重地,都城内外编户,军卫居大半。"[①]因此军役也成为南京城编户的主要负担。周晖《金陵

---

① 倪元璐:《倪文贞公文集》卷13《先考中议大夫雨田府君行述》,第494页。

琐事》记载:"卫军有快船与运粮,县民有坊厢,若铺行又军民共之,此四役乃役中之至苦者也。"①南京四苦役中又以快船军役最为沉重,贡运制度的演变正是以万历十四年快船军役改革为中心。

南京地处东南经济重心,负责搜集东南财赋,直供北京,贡运即是典型一例。就贡运本身而言,并不涉及贡品征收,重点在于贡品运输,故由南京兵部车驾司分管。与南京诸司的编制精简、职事清闲相比,车驾司船政却日趋繁冗,以至于所属船政科和工料科,在嘉靖、万历年间相继独立成为分司,是对明代"部—司—科"三级体系的发展和补充。车驾司和分司委任卫所指挥、千户等官,管理贡船修差。南京船厂众多,在明代官办造船业中占有首要地位。明初南京造船业兴盛得益于郑和下西洋,修造宝船,明代中后期南京官办造船业也长盛不衰,则有赖于贡船的修造。需要赘言的是,马船作为内河船只,从未参与郑和下西洋,《西洋记》中记载的马船尺寸更是出自《三宝太监西洋记通俗演义》等小说、笔记,与明代政书、档案所载严重不符。限于漕河,明代无论是漕运还是贡运,皆以内河运输为主,无风浪之虞,由此导致贡船在修造技术上没有突破,但在修造规则、物料统计方面,不断完备,如截长补短法、单板法等。这种精密会计,反映出贡运并非一项简单的运输制度,更是一套复杂的钱粮核算体系。

除了经济效益外,进贡也是一项政治任务,即服务宫廷。弘治初巡按直隶御史姜洪指出,南京进贡时鲜、段匹等物,"或荐太庙,或供国用,固不可缺"②,事实上比起供国用,更重要的是供御用。诸多贡品中,最为重要的是龙衣、制帛、冰鲜三类,皆是供宫廷御用、荐新之需。如南京兵部侍郎王世贞云:"若龙袍系供御之服,鲥鱼等项系荐新之味,制帛系庙祀之需,决不敢有误常期。"③为了保证贡运如期进京,明廷赋予贡船遇闸即开、不必等待蓄水的特权,以免冰鲜耽搁腐烂,河道总督不得不费力协调贡船疾速和河漕水利之间的矛盾。正是由于服务宫廷这一项重务,明代贡运制度一直延

---

① 周晖:《金陵琐事》卷4《四苦役》,第167页。
② 《明孝宗实录》卷7,成化二十三年十一月下甲子,第153页。
③ 王世贞:《弇州山人续稿》卷142《议处听用船只以供大典疏》,《明别集丛刊》第3辑第38册,第403页。

续至崇祯朝。明代虽曾有"悬价召商"①之议,即将贡品折银解京,招商采买,但也主要是针对马槽、竹木板枋等器物,荐新、御用诸物仍然保持本色贡运。这固然是由于明廷并未过分注重运输效率,而是要保证龙衣、制帛、冰鲜的洁净诚敬,采用南京内官管运自然要比招商采买更为放心,更重要原因在服务北京体现了南京重要的政治地位,倘若将贡品全部折银,贡运职能丧失,南京的地位也将大打折扣。

综上所述,贡运始于永乐,延至明朝灭亡,是南京行政运作和财政结构的重要组成部分。财政上,船政经费每年数万两财政结余,成为南京兵部库储最重要的收入来源,使之居于南都各部之首。南京库储又可进一步借支北部,以资国用,体现了南京预备金库的作用。行政运作上,马、快船贡运品物主要供御用和祭祀,不容缓缺,体现了南京供应北京、服务宫廷的地位。在两京制下,南京诸司并非尽是虚设闲职的养望之地,贡运作为一项实政,在沟通南、北京之间起到了重要作用。

明清易代,清廷改南直隶为江南省,江宁失去了留都的政治地位,贡运制度也随之终结,贡船大多废置朽坏,江淮、济川二卫也于顺治五年裁撤。但江、济(马船)水夫银则载入清代地方赋役原额,黄丁、快丁以及窜丁亦编入清代江淮、兴武二卫屯丁,②贡运制度在财政上仍有所遗存和影响,这也是本书对贡运经济层面着墨较多的原因所在。

---

① 万镗:《条陈因时兴革以便官民疏》,孙旬编《皇明疏钞》卷31《时政》,《续修四库全书》第464册,第68页。

② 参见毛亦可《清代卫所归并州县研究》,第242—243页。

附录 1

马船水夫和工料银额数

一、湖广

表 F1-1　武昌府马船水夫和工料银额数　　　　单位：名、两

武昌府	嘉靖		万历		崇祯		清初		
	水夫	工料银	水夫	工料银	水夫	工料银	水夫	工料银	扛银比例①
江夏县			287	1175.265	257	1052.415	257	1052.415	1.30%
武昌县			273	1117.935	197	806.715	197	806.715	0.90%
咸宁县			77	315.315	115	470.925	115	470.925	0.90%
蒲圻县			142	581.49	262	1072.89	262	1072.89	0.90%
崇阳县			78	319.41	95	389.025	95	389.025	0.90%
嘉鱼县			69	282.555	141	577.395	141	577.395	1.30%
通城县			131	536.445	142	581.49	142	581.49	0.90%
兴国州	91	414.05	141	577.395	91	372.645	91	372.645	0.90%
大冶县	78	354.9	175	716.625	79	323.505	79	323.505	0.90%
通山县	32	145.6	39	159.705	32	131.04	32	131.04	0.90%

资料来源：嘉靖《兴国州志》卷3《庸调》；万历《湖广总志》卷26《徭役·驿传》；范景文《南枢志》卷65《职掌部·车驾司·工料科·工料额数》；康熙《湖广武昌府志》卷3《田赋志》。

说明：万历《湖广总志》与范景文《南枢志》的记载差异较大。然而康熙《通山县志》卷4记载明万历时期南京济川卫水夫工料银数又与《南枢志》记载一致，可见武昌府水夫额数在万历末应当有一次调整。

---

① "扛银"也称为"京扛银"，即马船工料银附加解费，以每正额一两，京扛银九厘（0.9%）或一分三厘（1.3%）最为普遍。

表 F1-2　汉阳府马船水夫和工料银额数　　　　　　　　　单位：名、两

汉阳府	嘉靖		万历十九年		万历四十一年		崇祯	
	水夫	工料银	水夫	工料银	水夫	工料银	水夫	工料银
汉阳县	81	368.55	75	307.125	75	307.125	75	307.125
汉川县	39	177.45	45	184.275	45	184.275	39	159.705

资料来源：嘉靖《汉阳府志》卷5《食货志·驿传》；万历《汉阳府志》卷4《食货志·徭役》；万历《湖广总志》卷26《徭役·驿传》；范景文《南枢志》卷65《职掌部·车驾司·工料科·工料额数》。

表 F1-3　黄州府马船水夫和工料银额数　　　　　　　　　单位：名、两

黄州府	嘉靖		万历		崇祯		清初		
	水夫	工料银	水夫	工料银	水夫	工料银	水夫	工料银	扛银比例
黄冈县			155	634.725	155	634.725	155	634.725	0.90%
黄陂县	126	573.3	96	393.12	96	393.12	96	393.12	0.90%
麻城县	187		123	503.685	123	503.685	123	503.685	0.90%
黄安县			73	298.935	76	311.22	76	311.22	0.90%
罗田县	88	400.4	84	343.98	84	343.98	84	343.98	0.90%
蕲水县	222		211	864.045	211	864.045	211	864.045	0.90%
蕲州			164	671.58	164	671.58	164	671.58	0.90%
黄梅县			53	217.035	57	233.415	57	233.415	0.90%
广济县			190	778.05	190	778.05	190	778.05	0.90%

资料来源：嘉靖《黄陂县志》卷1《徭役》；王廷相：《王廷相集·浚川奏议集》卷5《金陵稿·定拟各省府马船料价工食题本》；嘉靖《罗田县志》卷2《驿递》；嘉靖《蕲水县志》卷1《驿传》；万历《湖广总志》卷26《徭役·驿传》；万历《黄冈县志》卷3《驿传》；范景文《南枢志》卷65《职掌部·车驾司·工料科·工料额数》；康熙《黄州府志》卷4《田赋》。

表 F1-4　德安府马船水夫和工料银额数　　　　　　　　　单位：名、两

德安府	嘉靖		万历		崇祯		清初		
	水夫	工料银	水夫	工料银	水夫	工料银	水夫	工料银	京扛银比例
应山县	7	31.85	7	28.665	7	28.665	7	28.665	0.9%
安陆县			4	16.38	4	16.38	4	16.38	0.9%

(单位:名、两)(续表)

德安府	嘉靖		万历		崇祯		清初		
	水夫	工料银	水夫	工料银	水夫	工料银	水夫	工料银	京扛银比例
云梦县			2	8.19	2	8.19	2	8.19	0.9%
随州			11	45.045	11	45.045	11	45.045	0.9%
应城县			6	24.57	6	24.57	6	24.57	0.9%
孝感县			20	81.9	20	81.9	20	81.9	0.9%

资料来源:嘉靖《应山县志》卷1《驿传》;万历《湖广总志》卷26《徭役·驿传》;范景文《南枢志》卷65《职掌部·车驾司·工料科·工料额数》;康熙《德安安陆郡县志》卷5《田赋》;康熙《孝感县志》卷6《田赋》;康熙《应山县志》卷2《丁徭》;康熙《云梦县志》卷2《赋役志》;雍正《应城县志》卷5《粮赋志》。

表 F1-5 承天府马船水夫和工料银额数　　　　单位:名、两

承天府	万历		崇祯		清初		
	水夫	工料银	水夫	工料银	水夫	工料银	京扛银比例
钟祥县	1103.625 改议于长沙府属茶陵、湘乡、浏阳、攸县、宁乡五州县代编		51	208.845	51	208.845	1.30%
京山县			67	274.365	67	274.365	1.30%
当阳县			22	90.09	22	90.09	1.30%
景陵县			55	225.225	55	225.225	0.90%
潜江县			90	368.55	90	368.55	0.90%
沔阳州	95	389.025	74	303.03	74	303.03	0.90%
荆门州	305.5	1485	311	1273.545	311	1273.545	0.90%

资料来源:万历《湖广总志》卷26《徭役·驿传》;范景文《南枢志》卷65《职掌部·车驾司·工料科·工料额数》;康熙《安陆府志》卷5《赋役志》。

表 F1-6 荆州府马船水夫和工料银额数　　　　单位:名、两

荆州府	万历		崇祯		清初		
	水夫	工料银	水夫	工料银	水夫	工料银	京扛银比例
江陵县	787	3222.765	787	3222.765			
石首县	212	868.14	212①	868.14			

① 《南枢志》原作252,而212×4.095=868.14,明显是多记载了40,现据万历时数据更正。

附录1　马船水夫和工料银额数

(单位：名、两)（续表）

荆州府	万历		崇祯		清初		
	水夫	工料银	水夫	工料银	水夫	工料银	京扛银比例
公安县	257	1052.415	257	1052.415			
松滋县	161	659.295	161	659.295	161	659.295	0.90%
监利县	209	855.855	209	631.2552		631.2552	0.90%
夷陵州	61	249.795	61	249.795			
长阳县	3	12.285	3	12.285			
枝江县	25	102.375	25	102.375			
宜都县	32	131.04	32	131.04			

资料来源：万历《湖广总志》卷27《徭役·驿传》；范景文《南枢志》卷65《职掌部·车驾司·工料科·工料额数》；康熙《松滋县志》卷8《田赋》；同治《监利县志》卷4《赋额》。

说明：1.归州、长阳县、巴东县、远安县均无额编马船水夫。2.监利县工料银数与水夫数不符，差额部分系宁乡、湘阴二县代编。

表F1-7　岳州府马船水夫和工料银额数　　　　单位：名、两

岳州府	嘉靖		隆庆		万历		崇祯		清初		
	水夫	工料银	水夫	工料银	水夫	工料银	水夫	工料银	水夫	工料银	扛银比例
巴陵县			978	4004.91	943	3861.585	986①	4037.67	986	4037.67	0.90%
澧州	307	1396.85	307	1257.165	205	839.475	205	839.475			
平江县		0	730	2989.35	811	3321.045	811	3321.045	811	3321.045	0.90%
石门县	221	1005.55	221	904.995	293	1199.835	293	1199.835			
安乡县	180	819	180	737.1	167	683.865	167	683.865			
慈利县	74	336.7	74	303.03	41	167.895	41	167.895			

① 《南枢志》原载86,据工料银数修正。

(单位:名、两)(续表)

岳州府	嘉靖		隆庆		万历		崇祯		清初		
	水夫	工料银	水夫	工料银	水夫	工料银	水夫	工料银	水夫	工料银	扛银比例
临湘县			195	798.525	176	720.72	176	720.72	176	720.72	0.90%
华容县			366	1498.77	538	2203.11	538	2203.11			

资料来源:嘉靖《澧州志》卷3《驿传》;隆庆《岳州府志》卷11《食货考·差徭》;万历《澧纪》卷11《贡赋》;万历《慈利县志》卷9《职役》;万历《湖广总志》卷27《徭役·驿传》;范景文《南枢志》卷65《职掌部·车驾司·工料科·工料额数》;康熙《临湘县》卷3《食货志》;乾隆《平江县志》卷10《赋役》;康熙《巴陵县志》卷6《田赋》。

表 F1-8 襄阳府马船水夫和工料银额数　　　　单位:名、两

襄阳府	万历		崇祯		清初		
	水夫	工料银	水夫	工料银	水夫	工料银	扛银比例
襄阳县	21	85.995	21	85.995	21	85.995	0.90%
光化县	10	40.95	10	40.95	10	40.95	0.90%
宜城县	8	32.76	8	32.76	8	32.76	0.90%

资料来源:万历《襄阳府志》卷12《贡赋》;万历《湖广总志》卷27《徭役·驿传》;范景文《南枢志》卷65《职掌部·车驾司·工料科·工料额数》;乾隆《襄阳府志》卷13《赋役》。

说明:均州、枣阳县、谷城县、南漳县均无额编马船水夫。

表 F1-9 长沙府马船水夫和工料银额数　　　　单位:名、两

长沙府	嘉靖		万历			崇祯		
	水夫	工料银	水夫	工料银	代编	水夫	工料银	0.9%京扛银
长沙县			190	778.05		192	786.24	7.07616
善化县			79	323.505		79	323.505	2.911545
浏阳县	242	1101.1	242	990.99	326	251	2256.345	20.307105
益阳县			87	356.265		87	356.265	3.206385
茶陵州					440	59	241.605	2.174445
宁乡县			120	491.4	130	121	556.2723	5.00645113

(单位:名、两)(续表)

长沙府	嘉靖		万历			崇祯		
	水夫	工料银	水夫	工料银	代编	水夫	工料银	0.9%京扛银
湘乡县			230	941.85	78	230	941.85	8.47665
攸 县			109	446.355	130	109	446.355	4.017195
湘潭县			143	585.585		143	585.585	5.270265
湘阴县			143	585.585		85	511.8975	4.60707734
醴陵县			131	536.585		132	540.54	4.86486
安化县			28	114.66		28	114.66	1.03194

资料来源:嘉靖《浏阳县志》卷2《驿传》;万历《湖广总志》卷27《徭役·驿传》;范景文《南枢志》卷65《职掌部·车驾司·工料科·工料额数》;崇祯《长沙府志》卷5《赋役》。

说明:浏阳县额编水夫251名,按照每名4.095两,应征银1027.845;宁乡县额编水夫121名,应征银495.495两;湘阴县额编水夫85名,应征银348.075两。崇祯时期以上三县工料银皆较额数为高,主要是因为有代编。

表F1-10　宝庆府马船水夫和工料银额数　　　　　　　　单位:名、两

宝庆府	万历		崇祯		清初		
	水夫	工料银	水夫	工料银	水夫	工料银	1.3%京扛银
邵阳县	88	360.36	88	360.36	88	360.36	4.68468
武冈州	93	380.835	93	380.835	93	380.835	4.950855
新化县	51	208.845	51	208.845	51	208.845	2.714985
新宁县	17	69.615	17	69.615	17	69.615	0.904995

资料来源:万历《湖广总志》卷27《徭役·驿传》;万历《新宁县志》卷5《赋役》;范景文《南枢志》卷65《职掌部·车驾司·工料科·工料额数》;康熙《宝庆府志》卷17—19《赋役志》。

说明:城步县无额编水夫。

表F1-11　常德府马船水夫和工料银额数　　　　　　　　单位:名、两

常德府	万历		崇祯		清初		
	水夫	工料银	水夫	工料银	水夫	工料银	扛银1.3%
武陵县	130	532.35	130	532.35			

(单位:名、两)(续表)

常德府	万历		崇祯		清初		
	水夫	工料银	水夫	工料银	水夫	工料银	扛银1.3%
桃源县	92	376.74	93	380.835			
龙阳县	111	454.545	110	450.45	111	454.545	5.909085

资料来源:万历《湖广总志》卷28《徭役·驿传》;范景文《南枢志》卷65《职掌部·车驾司·工料科·工料额数》;康熙《龙阳县志》卷2《食货志》。

说明:1.万历《桃源县志》卷上记载:"江济卫水夫九十三名。"可见在万历、崇祯期间,桃源县和龙阳县的水夫额数互有调整,但二县总额保持203名不变。2.沅江县无额编马船水夫。

表F1-12 衡州府马船水夫和工料银额数 单位:名、两

衡州府	万历		崇祯		清初		
	水夫	工料银	水夫	工料银	水夫	工料银	京扛比例
桂阳州	30	122.85	30	122.85	27	110.565	1.30%
蓝山县	25	102.375	25	102.375	25	102.375	1.30%
衡山县	158	647.01	158	647.01	158	647.01	0.90%
衡阳县	374	1531.53	374	1531.53	374	1531.53	
常宁县	39	159.705	39	159.705	39	159.705	0.90%
临武县	25	102.375	25	102.375	18	73.71	1.30%
耒阳县	186	761.67	186	761.67	186	761.67	0.90%
酃县	123	503.685	123	503.685	123	503.685	1.30%
安仁县	180	737.1	180,外代解汉川县39	737.1	180	737.1	
					嘉禾县10	40.95	1.30%

资料来源:万历《衡州府志》卷4《赋役志》;万历《湖广总志》卷28《徭役·驿传》;范景文《南枢志》卷65《职掌部·车驾司·工料科·工料额数》;康熙《衡州府志》卷4—5《赋役志》。

说明:1.崇祯十二年始置嘉禾县,马船夫额10名,3名来自桂阳州割属,7名来自临武县。2.康熙《耒阳县志》卷3记载:"明……马船,南京江淮卫三只,夫九十一名。济川五只,夫八十三名。"同卷又载万历九年清丈后赋役总数,其中"南京江济二卫,水夫一百八十六名。"可见衡洲府马船水夫数额在嘉靖、万历之时应当有一次调整。

附录1 马船水夫和工料银额数

表 F1-13　永州府马船水夫和工料银额数　　　　单位:名、两

永州府	隆庆		万历		崇祯		清初		
	水夫	工料银	水夫	工料银	水夫	工料银	水夫	工料银	1.3%京扛银
零陵县	79	323.505	79	323.505	79	323.505	79	323.505	4.205565
道　州	52	212.94	52	212.94	52	212.94	52	212.94	2.76822
宁远县	83	339.885	83	339.885	83	339.885	53	216.869	2.819297
祁阳县	42	171.99	42	171.99	42	171.99	42	171.99	2.23587
永明县	58	237.51	58	237.51	58	237.51	58	237.51	3.08763
东安县	39	159.705	39	159.705	39	159.705	39	159.705	2.076165

资料来源:隆庆《永州府志》卷8《邮传》;万历《湖广总志》卷28《徭役·驿传》;范景文《南枢志》卷65《职掌部·车驾司·工料科·工料额数》;康熙《永明县志》卷5《赋役》;康熙《道州新志》卷3《赋役志》;康熙《零陵县志》卷5《赋役考·驿站》;乾隆《祁阳县志》卷3《赋役》;乾隆《宁远县志》卷7《赋役四·驿站》。

说明:江华县无额编马船水夫。

表 F1-14　郴州府马船水夫和工料银额数　　　　单位:名、两

郴州	崇祯		清初		
	水夫	工料银	水夫	工料银	1.3%京扛银
宜章县	16	65.52	16	65.52	0.85176
桂阳县	20	81.9	20	81.9	1.0647
郴　州	12	49.14	12	49.14	0.63882
永兴县	11	45.045	11	45.045	0.585585
兴宁县	17	69.615	17	69.615	0.904995
桂东县	4	16.38	4	16.38	0.21294

资料来源:范景文《南枢志》卷65《职掌部·车驾司·工料科·工料额数》;康熙《郴州总志》卷3《赋役志》。

说明:万历《湖广总志》卷28只记载马船水夫总额80,无各州县细目记载。

辰州、靖州、郧阳三府州无额编马船水夫。

二、江西

表 F1-15　南昌府马船水夫和工料银额数　　　　　　　　单位:名、两

南昌府	嘉靖初		嘉靖三十九年		万历			崇祯	
	水夫	工料银	水夫	工料银	水夫	工料银	2.3%水脚银	水夫	工料银
宁州	35	175	35	157.5	31.5	157.5	3.6225	35	157.5
南昌			45	202.5	40.5	202.5	4.6575	45①	202.5
丰城			111	499.5	99.9②	499.5	11.4885	111	499.5
奉新			57	256.5	51.3	256.5	5.8995	57	256.5
靖安	23	115	23	103.5	20.7③	103.5	2.3805	23	103.5
新建			6	27	5.4	27	0.621	6	27
武宁	28	140	28	126	25.2	126	2.898	28	126
进贤	15	75	15	67.5	13.5	67.5	1.5525	15	67.5

资料来源:嘉靖《宁州志》卷13《徭役》;嘉靖《靖安县志》卷3《杂赋》;嘉靖《武宁县志》卷4《差役》;嘉靖《进贤县志》卷3《驿传》;嘉靖《江西赋役纪》卷2《南昌府属细数》;万历《江西省大志》卷2《均书》;万历《江西赋役全书·南昌府属》;倪涷《船政新书》卷3《夫役工食之法》;范景文《南枢志》卷65《职掌部·车驾司·工料科·工料额数》。

表 F1-16　瑞州府马船水夫和工料银额数　　　　　　　　单位:名、两

瑞州府	正德		嘉靖三十九年		万历			崇祯	
	水夫	工料银	水夫	工料银	水夫	工料银	2.3%水脚银	水夫	工料银
高安	80	740	134	603	120.6	603	13.869	134	603
新昌	65	620	65	292.5	58.5	292.5	6.7275	65	292.5
上高	65	620	65	292.5	58.5	292.5	6.7275	65	292.5

资料来源:正德《瑞州府志》卷3《杂役》;嘉靖《江西赋役纪》卷3《瑞州府属细数》;万历《江西省大志》卷2《均书》;万历《江西赋役全书·瑞州府属》;倪涷《船政新书》卷3《夫役工食之法》;崇祯《瑞州府志》卷10《杂役》;范景文《南枢志》卷65《职掌部·车驾司·工料科·工料额数》。

说明:正德时江西省马船水夫尚未统一折银比例,瑞州府大马船水夫每名征银10两,小马船水夫8两。

---

① 《南枢志》原载"水夫一百九十二名,银二百二两五钱",数目不匹配,根据工料银数及方志额数将水夫数改为45名。

② 万历《江西赋役全书》原作99.5,据万历《江西省大志》改。

③ 万历《江西赋役全书》原作27.7,据万历《江西省大志》改。

表 F1-17　袁州府马船水夫和工料银额数　　　　　　　　　单位：名、两

袁州府	嘉靖三十九年		万历			崇祯	
	水夫	工料银	水夫	工料银	2.3%水脚银	水夫	工料银
分宜	57	256.5	51.3	256.5	5.8995	57	256.5
宜春	113	508.5	101.7	508.5	11.6955	113	508.5
万载	103	463.5	92.7	463.5	10.6605	103	463.5
萍乡	117	526.5	105.3	526.5	12.1095	117	526.5

资料来源：嘉靖《江西赋役纪》卷4《袁州府属细数》；万历《江西省大志》卷2《均书》；万历《江西赋役全书·袁州府属》；倪涷《船政新书》卷3《夫役工食之法》；范景文《南枢志》卷65《职掌部·车驾司·工料科·工料额数》。

表 F1-18　临江府马船水夫和工料银额数　　　　　　　　　单位：名、两

临江府	嘉靖初		嘉靖三十九年		隆庆		万历			崇祯	
	水夫	工料银	水夫	工料银	水夫	工料银	水夫	工料银	2.3%水脚银	水夫	工料银
新淦	60	300	60	270	54	270	54	270	6.21	60	270
清江	50	250	50	225	45	225	45	225	5.175	50	225
新喻	25	125	25	112.5	22.5	112.5	22.5	112.5	2.5875	25	112.5
峡江	40	200	40	180			36	180	4.14	40	180

资料来源：嘉靖《临江府志》卷4《驿传》；嘉靖《江西赋役纪》卷5《临江府属细数》；隆庆《临江府志》卷7《赋役·差役》；万历《江西省大志》卷2《均书》；万历《江西赋役全书·临江府属》；倪涷《船政新书》卷3《夫役工食之法》；范景文《南枢志》卷65《职掌部·车驾司·工料科·工料额数》。

表 F1-19　抚州府马船水夫和工料银额数　　　　　　　　　单位：名、两

抚州府	嘉靖十三年之前		嘉靖十三年之后		万历			崇祯	
	水夫	工料银	水夫	工料银	水夫	工料银	2.3%水脚银	水夫	工料银
临川县	80	400	88	440	79.2	396	9.108	88	396
宜黄县	35	175	68	340	61.2	306	7.038	68	306
东乡县	29	145	48	240	43.2	216	4.968	48	216
金溪县	40	200	54	270	48.6	243	5.589	54	243

(单位:名、两)(续表)

抚州府	嘉靖十三年之前		嘉靖十三年之后		万历			崇祯	
	水夫	工料银	水夫	工料银	水夫	工料银	2.3%水脚银	水夫	工料银
乐安县	35	175	84	420	75.6	378	8.694	84	378
崇仁县	53	265	70	350	63	315	7.245	70	315

资料来源:崇祯《抚州府志》卷11《人道志·户役籍》;万历《江西省大志》卷2《均书》;倪涷《船政新书》卷3《夫役工食之法》;范景文《南枢志》卷65《职掌部·车驾司·工料科·工料额数》。

说明:崇祯《抚州府志》卷11记载:"江淮卫水夫……嘉靖十三年以后增编外役。"可见在嘉靖十二年江西全省推行马船水夫折银之后,水夫数额有一次增调,增额标准不详。

表F1-20 建昌府马船水夫和工料银额数   单位:名、两

建昌府	万历			崇祯	
	水夫	工料银	2.3%水脚银	水夫	工料银
南城县	76.5	382.5	8.7975	105①	472.5
南丰县	64.8	324	7.452	72	324
新城县	45.9	229.5	5.2785	51②	229.5
广昌县	19.8	99	2.277	22	99
泸溪县	18	90	2.07		

资料来源:万历《江西省大志》卷2《均书》;倪涷《船政新书》卷3《夫役工食之法》;范景文《南枢志》卷65《职掌部·车驾司·工料科·工料额数》。

说明:泸溪县系万历六年置,从南城县原额马船水夫105名中割取20名,每名4.5两,共计工料银90两。

表F1-21 广信府马船水夫和工料银额数   单位:名、两

广信府	嘉靖初		嘉靖三十九年		万历			崇祯	
	水夫	工料银	水夫	工料银	水夫	工料银	2.3%水脚银	水夫	工料银
上饶			45	202.5	40.5	202.5	4.6575	45	202.5
玉山			50	225	45	225	5.175	50	225

---

① 《南枢志》原作"一十五名",据工料银数改。
② 《南枢志》原作"五十六名",据工料银数改。

(单位:名、两)(续表)

广信府	嘉靖初		嘉靖三十九年		万历			崇祯	
	水夫	工料银	水夫	工料银	水夫	工料银	2.3%水脚银	水夫	工料银
永丰	44	224	44	198	39.6	198	4.554	44	198
铅山	48		51	229.5	45.9	229.5	5.2785	51	229.5
贵溪			15	67.5	13.5	67.5	1.5525	15①	67.5
弋阳			51	229.5	35.9	179.5	4.1285	51	229.5
兴安					10	50	1.15		

资料来源:嘉靖《永丰县志》卷3《版籍》;嘉靖《铅山县志》卷4《贡赋》;嘉靖《江西赋役纪》卷11《广信府属细数》;万历《江西省大志》卷2《均书》;万历《江西赋役全书·广信府属》;万历《铅书》卷2《赋役书》;万历《弋阳县志》卷6《食货志·徭役》;范景文《南枢志》卷65《职掌部·车驾司·工料科·工料额数》。

说明:1.兴安县旧为弋阳之横峰镇,嘉靖三十九年始置县。弋阳县马船夫额分割10名隶兴安县,每名5两,共计工料银50两。2.《南枢志》原载广信府共银1202两,而各县数据总和1152两,《船政新书》亦载府总1152两,今从《船政新书》。

表F1-22 饶州府马船水夫和工料银额数　　　　单位:名、两

饶州府	嘉靖三十九年		万历			崇祯	
	水夫	工料银	水夫	工料银	2.3%水脚银	水夫	工料银
鄱阳	57	256.6	51.3	256.5	5.8995	57	256.5
乐平	55	247.5	49.5	247.5	5.6925	55	247.5
德兴	46	207	41.4	207	4.761	46	207
浮梁	46	207	41.4	207	4.761	46	207
余干	38	171	34.2	171	3.933	38	171
万年	32	144	28.8	144	3.312	32	144
安仁	26	117	23.4	117	2.691	26	117

资料来源:嘉靖《江西赋役纪》卷12《饶州府属细数》;万历《江西省大志》卷2《均书》;万历《江西赋役全书·饶州府属》;倪涷《船政新书》卷3《夫役工食之法》;范景文《南枢志》卷65《职掌部·车驾司·工料科·工料额数》。

① 《南枢志》原载"五十名",据工料银数改。

表 F1-23　南康府马船水夫和工料银额数　　　　　　　　　单位:名、两

南康府	嘉靖三十九年		万历			崇祯	
	水夫	工料银	水夫	工料银	2.3%水脚银	水夫	工料银
星子	13	58.5	11.7	58.5	1.3455	13	58.5
安义	30	135	27	135	3.105	30	135
建昌	52	234	46.8	234	5.382	52	234
都昌	64	288	57.6	288	6.624	64	288

资料来源:嘉靖《江西赋役纪》卷13《南康府属细数》;万历《江西省大志》卷2《均书》;万历《江西赋役全书·南康府属》;倪涷:《船政新书》卷3《夫役工食之法》;范景文《南枢志》卷65《职掌部·车驾司·工料科·工料额数》。

表 F1-24　九江府马船水夫和工料银额数　　　　　　　　　单位:名、两

九江府	嘉靖初		嘉靖三十九年		万历			崇祯	
	水夫	工料银	水夫	工料银	水夫	工料银	2.3%水脚银	水夫	工料银
湖口	52	260	52	234	46.8	234	5.382	52	234
瑞昌	25	125	25	112.5	22.5	112.5	2.5875	25	112.5
德化			25	112.5	22.5	112.5	2.5875	25	112.5
德安			24	108	21.6	108	2.484	24	108

资料来源:嘉靖《江西赋役纪》卷14《九江府属细数》;隆庆《瑞昌县志》卷3《赋役·驿传》;万历《江西省大志》卷2《均书》;万历《江西赋役全书·九江府属》;倪涷《船政新书》卷3《夫役工食之法》;范景文《南枢志》卷65《职掌部·车驾司·工料科·工料额数》;康熙《湖口县志》卷2《驿传》。

说明:彭泽县无额编马船水夫。

表 F1-25　吉安府马船水夫和工料银额数　　　　　　　　　单位:名、两

吉安府	嘉靖三十九年		万历			崇祯	
	水夫	工料银	水夫	工料银	2.3%水脚银	水夫	工料银
庐陵	100	450	90	450	10.35	100	450
泰和	27	121.5	24.3	121.5	2.7945	27	121.5
吉水	51	229	45.9	229.5	5.2785	51	229.5
永丰	14	65	30.6	153	3.519	34	153

附录1　马船水夫和工料银额数

(单位:名、两)(续表)

吉安府	嘉靖三十九年		万历			崇祯	
	水夫	工料银	水夫	工料银	2.3%水脚银	水夫	工料银
永新	52	234	46.8	234	5.382	52	234
安福	73	328.5	65.7	328.5	7.5555	73	328.5
万安	1	4.5	0.9	4.5	0.1035	1	4.5

资料来源:嘉靖《江西赋役纪》卷6《吉安府属细数》;万历《江西省大志》卷2《均书》;万历《江西赋役全书·吉安府属》;倪涷《船政新书》卷3《夫役工食之法》;范景文《南枢志》卷65《职掌部·车驾司·工料科·工料额数》。

说明:1.龙泉、永宁二县无额编马船水夫。2.《南枢志》漏记万安县的水夫额数,据《船政新书》补入。

表F1-26 赣州府马船水夫和工料银额数　　单位:名、两

赣州府	万历			崇祯	
	水夫	工料银	2.3%水脚银	水夫	工料银
赣县	45	225	5.175	50	225
兴国	45	225	5.175	50	225
宁都	45	225	5.175	50	225

资料来源:万历《江西省大志》卷2《均书》;万历《江西赋役全书·赣州府属》;倪涷《船政新书》卷3《夫役工食之法》;范景文《南枢志》卷65《职掌部·车驾司·工料科·工料额数》。

说明:石城、瑞金、兴国、会昌、雩都、安远、信丰、长宁、定南、龙南等州县无额编马船水夫。

南安府无额编马船水夫。

三、南直隶

表F1-27 宁国府马船水夫和工料银额数　　单位:名、两

宁国府	嘉靖		万历		崇祯	
	水夫	工料银	水夫	工料银	水夫	工料银
宣城	230	1610	230	1449	230	1449
南陵	93	654	93	585.9	93	585.9

(单位:名、两)(续表)

宁国府	嘉靖		万历		崇祯	
	水夫	工料银	水夫	工料银	水夫	工料银
宁国	51	357[1]	51	321.3	51	321.3
旌德	37	259	37	233.1	37	233.1
泾县	58	406[2]	58	365.4	58	365.4
太平	11	77	11	69.3	11	69.3

资料来源:嘉靖《宁国府志》卷6《职贡纪·驿传》;嘉靖《宁国县志》卷2《政事类·粮赋》;嘉靖《泾县志》卷5《差役·均徭》;万历《宁国府志》卷8《食货志》;万历《太平县志》卷5《赋役·岁役》;倪涷《船政新书》卷3《夫役工食之法》;范景文《南枢志》卷65《职掌部·车驾司·工料科·工料额数》。

注:1.嘉靖《宁国府志》原作"二百五十九两",据嘉靖《宁国县志》改。2.嘉靖《泾县志》记载:"南京江淮卫马夫工食银四百八两。"按马船水夫每名工料7两,58×7=406两,今从嘉靖《宁国府志》所载。

表F1-28 太平府马船水夫和工料银额数 单位:名、两

太平府	万历	崇祯	
	工料银	水夫	工料银
当涂县	2093.659	1730	2093.6591
芜湖县	1029.977	0	790.915

资料来源:倪涷《船政新书》卷3《夫役工食之法》;范景文《南枢志》卷65《职掌部·车驾司·工料科·工料额数》。

说明:芜湖、繁昌二县无额编马船水夫,芜湖县工料银取自青峰草场租银。

表F1-29 安庆府马船水夫和工料银额数 单位:名、两

安庆府	嘉靖	万历		崇祯		
	工料银	工料银	06%京扛银	水夫	工料银	每名水夫工料银
怀宁县		1608.63		280	1608.63	5.75
桐城县		1880.83		460	1880.83	4.09
宿松县		1869.78		460	1869.78	4.06
潜山县		1408.78	8.45268	330	1408.78	4.27

(单位:名、两)(续表)

安庆府	嘉靖	万历		崇祯		
	工料银	工料银	06%京扛银	水夫	工料银	每名水夫工料银
太湖县		1918.38		460	1918.38	4.17
望江县		1164.1	6.9846	180	1164.1	6.47
总数	10945	9850.5		2170	9850.5	

资料来源:嘉靖《安庆府志》卷12《食货志》;万历《望江县志》卷4《食货志》;倪涷《船政新书》卷3《夫役工食之法》;范景文《南枢志》卷65《职掌部·车驾司·工料科·工料额数》;顺治《安庆府潜山县志》卷4《钱粮》。

说明:1.嘉靖《安庆府志》只记载了工料银总额,无各县细目。数量关系上:10945×0.9=9850.5。2.各县马船水夫折银数并不相同,整个府平均每名4.54两,基本符合嘉靖三十八年后题准的每名4.5两。

附录 2

明代年例贡差类型

衙门	贡品	船数			数量沿革	拨船日期
		成化九年	嘉靖九年	万历末		
南京司礼监	*制帛	5	3	4	始于景泰六年,先行起运制帛500段。成化九年,制帛计20扛。嘉靖九年,各色制帛每运500段,每25段作1扛,约50斤,共计20扛,每船止装6.6扛,该2.7石。嘉靖二十一年,钦增595段,每22扛用船1只,共2。万历四年,添运制帛1912,添拨船2只。万历末,起运3008段,拨黄船1只,马、快船3只。	三月二十六日
	笔料	2				
	显陵制帛			2	嘉靖三十一年,每年拨船1只,后运18段,拨六百料马船1只、快船1只。万历末,拨黄、马船2只。	十月二十二日
	*画匣、板枋			8	嘉靖三十一年,画匣、板枋每年2起,共600块,每43块用快船1只,如用平船可装80块。万历末,每运拨马、快、平船4只,共8只。	二月十九日
	杉条			4	杉条5000根,隆庆二年,奏改簰筏,仍拨内官乘座并装水手宿食绳缆马、快船4只。万历末同。	四月初六日

(续表)

衙门	贡品	船数 成化九年	船数 嘉靖九年	船数 万历末	数量沿革	拨船日期
南京守备厅	鲜梅	8	3	2	青梅系冰鲜。成化九年,青梅35或40扛,鲜茶12扛。嘉靖九年,新茶180斤,作3扛,青梅40篓,①连冰共重2800斤,共40扛。二项并作1起,共计43扛,每船约装6.2石。万历末,拨黄船1只,马船1只。	三月二十二日
南京守备厅	鲜茶	4				
南京守备厅	*枇杷	8	1	3	冰鲜。成化九年共40或35扛。嘉靖九年,共该作35扛,每扛重82斤,共约重23石,用船1只。嘉靖三十一年添船1只。万历末,拨黄船1只,马、快船2只。	三月十二日
南京守备厅	杨梅	8			冰鲜。成化九年,35或40扛。与南京内官监贡品重复,可能嘉靖前裁省。	
南京守备厅	*鲜藕、荸荠、橄榄	6	3	3	成化九年,鲜藕、荸荠、橄榄共55扛。嘉靖九年,藕鲜60篓,荸荠30篓,共90扛,每扛约重80斤,该60石,每船装20石。万历末,拨黄船1只,马、快船2只。	春藕十二月十八日,荸荠十二月二十四日
南京守备厅			1	0	嘉靖九年,橄榄20坛,计10扛,约装6.6石。题准用船1只。万历末,改由陆路。	
南京守备厅	木樨花	2			成化九年,12扛。	
南京守备厅	石榴、柿子、梧桐子	6	0	0	成化九年,共45扛。嘉靖九年,共21扛,算该14石,石榴、柿子免进贡。梧桐子改行御用监,并入水木樨进贡。	
南京守备厅	柑橘、甘蔗	6	2	0	成化九年,共45扛。嘉靖九年,共60扛,每船装30扛,算该20石。万历末,改由陆路。	
南京守备厅	冬笋		0	0	冬笋3000斤,共该50扛。嘉靖九年,改从陆运。	

① 《南京都察院志》卷25《职掌十八·巡视装船职掌·起运拨船额数》又记载:"嘉靖九年题准,青梅免行进贡。"(第702页)事实上这只是南京兵部尚书王廷相"议欲省免守备官进贡",并未题准。

(续表)

衙门	贡品	船数 成化九年	船数 嘉靖九年	船数 万历末	数量沿革	拨船日期
南京尚膳监	*鲜笋	8	3	5	冰鲜。成化九年,45扛。嘉靖九年,鲜笋共500斤,连冰计45扛,每船约装7石,用船3①只。万历末,拨黄船1只,马、快船4只。	二月十六日
	*头起鲥鱼	7	5	22	冰鲜。成化九年,共44扛。嘉靖九年,鲥鱼600尾,鲜笋200斤,连冰67扛,每船约装10石。万历十一年,加添鲥鱼400尾,添拨船4只。万历十三年,加添鲥鱼300尾,添拨船3只。万历二十四年,加添鲥鱼520尾,添拨船1只,马、快船4只。万历四十二年,加添鲥鱼430尾,添拨黄船1只,马、快船4只。万历末,共计鲥鱼2250尾,拨黄船4只,马、快船18只。	三月十九日
	*二起鲥鱼	7	4	13	冰鲜。成化九年,共44扛。嘉靖九年,鲥鱼500尾,鲜笋200斤,连冰57扛,每船约装10.8石。万历十二年,加添鲥鱼200尾,添拨船2只。万历二十四年,加添鲥鱼500尾,添拨黄船1只,马、快船4只。万历四十二年,加添鲥鱼100尾,添拨黄船1只。万历末,共起运1300尾,共拨黄船3只,马、快船10只。	三月二十二日
	天鹅、鸡、鹅、鸭弹(蛋)、风鲫鱼	3	1	4	成化九年,天鹅等物26扛,腌菜薹等物共130坛。嘉靖九年,天鹅免进贡,其风鲫鱼并入菜薹船内。芥、白菜薹共计53扛,约重43石。鸡、鹅、鸭弹共27坛,作14扛,风鲫鱼789尾,计6扛。万历末,共拨黄船1只,马、快船3只。	二月十日
	*芥、白二菜薹	7	1			

① 万历《大明会典》作"用船三只",《南京车驾司职掌》《南京都察院志》作"一只"。按鲜笋系冰鲜,每船装载不过20扛,应用船3只,今从《大明会典》。

(续表)

衙门	贡品	船数 成化九年	船数 嘉靖九年	船数 万历末	数量沿革	拨船日期
	*糟笋	5	2	2	成化九年,糟笋120坛,蜜煎樱桃等物70坛。嘉靖九年,蜜煎樱桃240斤,蜜煎脆梅927斤,并糟笋1800斤,共计58扛,每船装18.5石。万历末,拨黄船1只,马船1只。	四月二十二日
	蜜煎樱桃等物	4				
	*干鲥鱼、糟鲥鱼、鲥鱼子肠鲊	7	2	2	成化九年,干鲥鱼等物120盒坛箱。嘉靖九年,干鲥鱼100尾,计5盒;糟鲥鱼990尾,计110坛桶;鲥鱼子肠鲊52斤,该计4坛桶。通前共41扛,每船约装13.7石。万历末,拨黄船1只,马船1只。	五月二十二日
	*紫苏糕与蜜煎紫糕、紫苏霜梅等一十八物	8	2	2	成化九年,紫苏糕等物248坛。嘉靖九年,蜜煎紫苏、蜜煎脆梅、紫苏糕、紫苏银锭、紫苏霜梅、盐梅、润盐梅、梅酱、糟紫苏盐梅、酱姜、醋姜、红糟姜、细糟姜、酱杨菜、错刀豆、糟刀豆共重4189斤,计52扛,每船约装70石。万历末,拨黄船1只,马船1只。	七月十六日
	木樨花煎与姜丝、冬笋煎等十三物	4	2	2	成化九年,木樨花煎等物105坛。嘉靖九年,木樨花煎、姜丝煎、冬瓜煎、李子煎、杏子煎、花红煎、桃子煎、梅子煎、蜜润梅子煎、蓼花煎梗子、蓼花梗、白糖荔枝、蓼花煎子、酥油,连坛桶共重2080斤,计26扛,每船约装8.6石。万历末,拨黄船1只,马船1只。	八月二十六日
	鹔鹴、鹅、雁、鹌鹑	2	0	0	成化九年,鹔鹴、鹅等物15扛。嘉靖九年,以北方有之,俱免进贡。	

(续表)

衙门	贡品	船数 成化九年	船数 嘉靖九年	船数 万历末	数量沿革	拨船日期
南京司苑局	*荸荠与刀豆种	4	2	2	成化九年,荸荠70扛。嘉靖九年,荸荠70篓,每篓连泥43斤;刀豆种5篓,该2.4石,二项共作33扛,每船约装13.6石。万历末,拨黄船1只,马船1只。	十二月二十四日
	*种姜与芋苗、菜种	5	2	2	成化九年,姜种、芋苗等物80扛。嘉靖九年,种姜等物105篓,每篓连滋养泥50斤,每2篓作1扛,计52.5扛,每船约装21石。万历末,拨马、快船2只。	正月十八日
	*苗子姜与生姜	6	3①	3	成化九年,苗姜100担。嘉靖九年,苗子姜140篓,每篓连滋养泥约50斤;生姜20篓,每篓25斤,共8000斤,共作100扛,每船约装22.2石。万历末,起运苗姜等物110扛,拨马、快船3只。	四月二十二日
	*鲜藕	5	3	3	成化九年,鲜藕65扛。嘉靖九年,藕鲜正数1440枝连滋养泥作1扛,每扛约重80斤,计48扛,每船装10.7石。万历末,起运80扛,拨黄船1只,马、快船2只。	秋藕七月初八日
	十样果、香橙等物	6	2	2	成化九年,十样果140扛。嘉靖九年,十样果香橙等物,约计6000斤,该75扛,每船约装25石。万历末,起运150扛,拨马、快船2②只。	八月二十六日

① 王廷相奏议和《南京都察院志》作"三只",万历《大明会典》作"二只",今从王廷相。
② 《南京都察院志》作:"拨马快船三只",《南京车驾司职掌》《条议船政拨差事宜书册》《南枢志》作"拨马快二只",今从后者。

(续表)

衙门	贡品	船数 成化九年	船数 嘉靖九年	船数 万历末	数量沿革	拨船日期
孝陵神宫监①	*鲜嫩苗姜、生姜、蒜、蒜花		3	3	嘉靖九年,鲜嫩苗姜200篓,每篓连滋养泥共80斤,作1扛,计200扛;生姜40篓,每篓重75斤,作1扛;蒜10篓,每篓重75斤,作1扛,共10扛;蒜花3篓,每篓重55斤,作1扛,共3扛;通前4项,共计253扛,每船装38.6石。万历末,起运110扛,拨马、快船3只。	五月初八日
	栗子等六项		2	2	嘉靖九年,栗子10篓,每篓重50斤,作10扛;楂子每篓100个,约重25斤,共10篓,作5扛;银杏3篓,每篓重50斤作1扛,共3扛;生姜43篓,每篓70斤作1扛,共43扛;芋苗49篓,每篓70斤作1扛,共49扛;山药5篓,每篓50斤作1扛,共作5扛;通前共计115扛,每船装31.2石。万历末,起运120篓,拨马、快船2只。	
南京内府供用库	香稻、筛簸	6	2	0	始于自永乐年间。成化九年,香稻50扛。嘉靖九年,栽种香稻4500斤,每90斤装一竹笼,筛簸20个,约重40斤;通共51扛,每船装18.9石。万历末,改由陆路起运。	
	苗姜	6			成化九年,苗姜等物155扛,十样果115扛。此二项与南京司苑局贡物重复,可能嘉靖之前已经裁省。	
	十样果	5				
南京御马监	苜蓿	2			成化九年,苜蓿种40扛。	

---

① 万历《大明会典》遗漏"孝陵神宫监"名目,据王廷相《裁减南京进贡马快船只题本》补。

(续表)

衙门	贡品	船数 成化九年	船数 嘉靖九年	船数 万历末	数量沿革	拨船日期
南京御用监	水木樨		1	1	嘉靖九年,水木樨每年起运6罐,并与内守备厅梧桐子共作4扛,重5斗,用船1只。万历末,拨黄船1只。	
	杉条			4	杉条5000根,隆庆二年,奏改簰筏,仍拨内官乘座并装水手宿食、绳缆马、快船4只。万历末同。	五月初六日
	杉楠板木			38	杉楠板木8594根块,万历末拨船38只。	四月初六日
南京织染局	*龙衣、各色花素纻丝纱绫等件		8	22	始于永乐十一年。嘉靖九年,每年春、秋2运,每运多至3400余匹,定每箱止可装25匹,约重80斤作1扛,每船止装26.6石。嘉靖三十一年,每43扛用船1只。隆庆六年,起运4400余匹,拨装黄船2只,马、快船7只。万历十五年,添运各色彩金纻丝纱罗绒线等件350匹段幅条斤,计22扛,添小黄船1只。万历十九年,添造纻丝等件1769匹段幅条斤,添拨马船1只。万历末,春、秋2运,每运拨黄船4只,马、船7只。	春运十一月二十六日,秋运四月二十日
南京印绶监	诰敕、符验等轴		1	3	嘉靖九年,每起不过1200道,每柜定装100道,约重80斤,共算该12扛,用船1只,装重8石。隆庆六年,起运40厢,拨船2只。万历十五年,添运1800道,添船2只。万历十九年,添运诰、勅命300道,拨船1只。万历四十二年,定每800道用船1只,起运2400道,拨马、快船3只。	临时酌定

（续表）

衙门	贡品	船数 成化九年	船数 嘉靖九年	船数 万历末	数量沿革	拨船日期
南京针工局①	冬衣各色三梭绵布		9	0	始于正统元年二月，冬衣、三梭绵布14276匹。嘉靖九年，每箱定装布30匹，连箱约重70斤作1扛，每船定装55扛，该32石，用船9只。嘉靖三十一年题准，每厢装40匹作1扛，每90扛用船1只。至万历末，久未起运。	
南京巾帽局	＊白硝鹿皮、麖皮与阔苎布		4	3	始于永乐年间，宣德三年九月，题准额取白硝鹿皮、麖皮3000张，阔白苎布1000匹。嘉靖九年，皮20张装1箱，布30匹装1箱，共该183扛，每船定装45.3扛，该26.3石。嘉靖三十一年，照旧用船4只。万历末，起运苎布3000匹，拨马、快船3只。	四月二十九日
南京内官监②	彩漆云龙膳桌、铜铁火盆等器		不定	49	原无定额，嘉靖四年正月，坐取朱红漆朦金彩漆戗金云龙膳棹、铜器家火等87810件。嘉靖九年，暂且停止，候缺乏议造，临时验数装载，每船定装55扛。嘉靖三十一年，定每90扛用船1只，2年起运1次。隆庆二年，起运3556扛，拨装黄船1只，马、快船36只。万历十三年，起运4110扛，拨黄、马、快船46只。万历十四年起至十八年止，每年起运4451扛，拨黄、马、快船49只。万历末，拨黄船2只，马、快船47只。	临时酌定

---

① 万历《大明会典》遗漏"南京巾帽局"，并将南京巾帽局起运白硝鹿皮等项误置于南京针工局下。

② 《南京都察院志》记载南京内官监年例起运杉条5000根，不见于王廷相奏议和《南枢志》。根据万历初南京工部尚书杨成记载："查嘉靖三十一年以前，每年司礼监止取杉板六百块，近年加杉条木五千根。御用监先年止取板木一千六十根块，近年增至八千六百余根块，又加大杉条木五千根。内官监取木，隆庆元年已奉诏停止，近复取解如前。"（杨成：《厘正起运板木疏》，陈子龙等编《明经世文编》卷361《杨庄简公奏疏》，第4075页）可见南京司礼、御用二监各起运杉条木5000根，内官监仅起运板木，无杉条木，《南京都察院志》为误置，今删去不录。

(续表)

衙门	贡品	船数 成化九年	船数 嘉靖九年	船数 万历末	数量沿革	拨船日期
	*竹器家火、黑扇骨大簸箕等件		6	5	成化十年十一月，进用竹器、家火并黑竹扇骨等42210件。嘉靖五年二月，添造大簸箕6110件。嘉靖九年，共计300扛，每船装25扛，该25石。嘉靖三十一年，每70扛用船1只，2年起运1次。嘉靖四十一年，起运321扛，拨马、快船5只。万历末，递年解运拨马、快船5只。	五月十六日
	*杨梅		4	5	冰鲜。嘉靖九年，杨梅45扛，每扛连冰重52斤，每船装11.3扛，该4.8石。万历末，拨黄船1只，马、快船4只。	四月二十二日
南京供应机房	各色段		7	0	始于嘉靖六年，起运各色段匹1600匹，嘉靖九年，每箱止装10匹作1扛，约重50斤，共160扛。每船止装22.9扛，重9.4石。嘉靖三十一年，每箱装25匹作1扛，每45扛用船1只。万历末，改由陆路。	
南京太常寺	二月份子鹅并食用稻谷		1		洪武二年五月，太常寺预取进呈。永乐二十一年正月，除顺天府产有之物外，行南京太常寺起运供荐。嘉靖九年，差用小黄船，二月份子鹅并食用稻谷共14扛，重11石。三月份笋连冰共13扛，该重8石。四月份青梅连冰共12.5扛，该重8石。七月份雪梨计4扛，该重3石。八月分茭白共6扛，重4石。九月份橙子共4扛，该重3石。十月份柑橘并十一月份甘蔗共6.5扛，重4石。万历十五年，改由陆路，每差给盘费银10两。	
	三月份笋		1			
	四月份青梅		1			
	七月份雪梨		1	0		
	八月份茭白		1			
	九月份橙子		1			
	十月份柑子、橘子并十一月份甘蔗		1			

附录2　明代年例贡差类型

(续表)

衙门	贡品	船数 成化九年	船数 嘉靖九年	船数 万历末	数量沿革	拨船日期
南京工部	*饳金、朱红大小膳盒			5	二项本为一差，都属于南京工部器皿，嘉靖九年，膳盒共1382架，与御杖、绢袱等器皿共计4636件，用船15只，每船装膳盒、器皿共重约52石。嘉靖二十一年，每360件装船1只，共拨马、快船10只。万历时，膳盒和器皿分为二差。工部膳盒，万历三十四年起运1375件，拨马、快船3只。万历四十三年，起运膳盒1303件，《南京兵部车驾司职掌》和《条议船政拨差事宜书册》记载额差黄船1只，马船4只。御杖等器皿原无额数，临时酌定船数，《南京兵部车驾司职掌》记载"器皿船叁只"①。	三月初二日
	*朱红竹丝盒、茶饭桶、大单盒、方箱、蒸笼、养牲匣、御杖、绢袱等器皿		15	3		临时酌定
	铜钱、盔甲			0	嘉靖三十一年，铜钱每船装108柜，每柜装钱20000文，盔甲每100柜用船1只，皆久未起运。	

资料来源：正德《大明会典》卷160《工部十四·船只》，第3册，第373—374页；万历《大明会典》卷158《兵部四十一·南京兵部·车驾清吏司》，第2219—2221页；王廷相《王廷相集·浚川奏议集》卷7《金陵稿·裁减南京进贡马快船只题本》，第1309—1320页；倪涷《船政新书》卷3《差拨验装之法》，第218—220页；祁承爜《条议船政拨差事宜书册》，第589—592页；祁承爜《南京兵部车驾司职掌》卷1《都吏科·差拨事例》，第198—248页；施沛《南京都察院志》卷25《职掌十八·巡视装载船职掌·起运拨船额数》，第702—710页；范景文《南枢志》卷61《职掌部·车驾司·都吏科·差拨事例》，第1517—1581页。

说明：1.带有*差使指的是年例长差，共计22起，拨马、快船共计97只。其中《明南京兵部车驾司职掌》记载"花盒船四只"，疑指的是南京工部饳金朱红膳盒贡船。2.重量上，每石120斤，明制每斤约600克。

---

① 祁承爜：《南京兵部车驾司职掌》卷1《都吏科·说堂事宜》，第182页。

附录3

明代贡差省并年表

时间	题奏者	不可裁减	裁减省并
正统十四年十月	江宁县主薄王冕		马槽本粗物,暴露日久,至则朽裂不堪用矣,今后在京易办不急之物,可不必远取。①
成化六年二月	吏部尚书姚夔		所载如马槽之类,止令工部自造,罢南京转送。②
成化八年五月	兵部尚书程信	(马、快船)今宜止载上供器服、荐新、品味。	马槽、板枋不急之物……在京各厂自有木料,宜就彼造之。③
成化二十三年十一月	御史姜洪	时鲜、段匹、兵器等类,或荐太庙,或供国用,固不可缺。④ 如藤篾、油漆等物,北方所无,仍令南京并出产去处供送。	其板枋、木柜等类,每年芦沟等处抽分木料无数……京师住坐、轮班各色人匠,无下万数,着令依式制造。⑤

① 《明英宗实录》卷184,正统十四年十月乙亥,第3653—3654页。
② 《明宪宗实录》卷76,成化六年二月乙亥,第1475页。
③ 《明宪宗实录》卷104,成化八年五月甲辰,2034—2035页。
④ 《明孝宗实录》卷7,成化二十三年十一月下甲子,第153页。
⑤ 姜洪:《陈言疏》,孙旬辑《皇明疏钞》卷3《君道三》,《续修四库全书》第463册,第341页。

(续表)

时间	题奏者	不可裁减	裁减省并
弘治六年闰五月	平江伯陈锐	乞量减进贡品数,以息转输之苦……上曰:"今岁进鲜船多已到京,品数不必减。"①	
弘治十二年	南京兵部尚书倪岳		合无每鹿一只,征价二两;天鹅一只,征价五钱,行令各司府照数煎销成锭,差人解部,转发光禄寺收贮。凡遇缺用天鹅、活鹿,照依时价收买供应,其做造菜薹,暂且停止。②
弘治十四年七月③	南京吏部尚书林瀚		将进鲜品物,如子鹅、腌腊、菜薹、雪梨、柿、栗、石榴等物,系北方产有者,合无就彼进荐,南京停止。竹木板枋、皮张、竹器、马槽、白榜纸、针工、巾帽、香料、器皿等项,合无量为减省,或三年、五年起运一次赴京。④
弘治十五年八月	南京监察御史余敬	若枇杷、新笋、鲜鱼、鲥鱼、杨梅、藕鲜之类,则定其每年合用多寡数目,及船只则例。	乞将起运物料,若器皿、板枋、竹木之类,量为裁减,或五年、三年一次。造运如马槽、椅桌之类,北方可造者,则南京解送工价,工部自造应用。若金鱼、薹菜、石榴等物,皆北方所有者,就在此进荐。若香料已经起运数多,及禽鸟、花树不急之物,俱宜停止。⑤
弘治末	兵部尚书刘大夏	其余难以更改者,亦要斟酌物件多寡,尽船装载,量为拨给。	将南京供应物件,如马槽、铜器等物,系北京可置造者,改在北京造用。⑥

---

① 《明孝敬皇帝实录》卷76,弘治六年闰五月庚子,第1450页。
② 倪岳:《青溪漫稿》卷14《奏议·会议二》,第15a—b页。
③ 《明孝宗实录》卷176,弘治十四年七月己巳,第3235页。
④ 林瀚:《林文安公文集》卷2《灾异陈言事》,第739页。
⑤ 《明孝敬皇帝实录》卷190,弘治十五年八月己酉,第3505页。
⑥ 刘大夏:《题应诏陈言以厘弊政事》,黄训辑《皇明名臣经济录》卷34《兵部·车驾上》,第6b页。

(续表)

时间	题奏者	不可裁减	裁减省并
弘治十八年四月	南京兵部尚书马文升	其余杨梅、枇杷、鲥鱼北方不产者,照旧进奉供荐。	所进鲜物,若青梅、小竹笋、莲藕、苔菜、宣州梨,盖因太祖高皇帝南京践祚之时所用,故犹走奉供荐。今京师果品菜蔬、雪梨、青杏,比之南京所产者,其味尤佳,随时供荐……(乞)将前项荐新,如青梅、莲藕、宣州梨、苔菜之类,于中量免进奉,省少船只。①
弘治十八年五月	明武宗登极诏书		今后搬运物料,或有在京给料,可以自造者,进鲜品物,或有北方出产,优于南方者……或可停免。②
弘治十八年九月	南京兵部尚书王轼	藕鲜、荸荠、青梅、枇杷、杨梅、鲥鱼、糟鲜、冬笋等物,除备上供外。	以岁运言之,如南京工部之器皿、马槽;光禄寺之鬻酒;内官监之铜器、膳盒;在京针工、巾帽二局内使督染于南之布绢,并给散之衣被、巾帽,此正明诏所谓在京给料,可以自造者也。宜以器皿之类,即令工部及诸司办料成造,内官衣帽则两京各随便缝制给散,不必往来烦费。至如司礼等监、内官监起运竹木、板枋、竹器,亦宜于在京所税者取之,不足则令工部各处委官,择其所税之坚好者,附入京官民船只,载至张家湾,以便取用,岁可省差拨之船二百八十余只矣。又南京内守备及神宫监、司苑局岁进诸果菜腌腊,用船百十余只,其核桃、栗子、银杏、芥菜薹、紫苏糕、蜜煎、樱桃、石榴、柿子、鲫鱼,皆明诏所谓北产优于南者,自今宜于北取之。至于苗姜、种姜、芋奶不急之物,量为减免。③

① 马文升:《马端肃公奏议》卷9《传奉事》,第1792—1796页。
② 傅凤翔辑:《皇明诏令》卷18《武宗毅皇帝·即位诏》,第1480—1481页。
③ 《明武宗实录》卷5,弘治十八年九月甲午,第163—165页。

（续表）

时间	题奏者	不可裁减	裁减省并
嘉靖六年十二月	圣旨		查进贡起数，可省则省，可并则并。①
嘉靖七年五月	礼部尚书桂萼		免解瓶酒，以省烦劳……合无将改造应用钱粮，行移相关衙门，通融区处。②
嘉靖九年九月	南京兵部尚书王廷相	尝闻宗庙荐新品物，惟太常寺所进为太祖高皇帝旧额，其南京司礼监制帛、孝陵神宫监苗姜香稻等物、南京内织染局龙衣、南京印绶监诰敕轴，皆永乐以来上供之数，旧额之不可省者。礼部尚书李时覆言：荐新品物，除枇杷非北土所产，梧桐子、风鲫鱼并入水木榍，鸡、鹅弹俱宜如旧进贡。	其余若守备诸司所进，则皆宣德、正统、天顺、成化以来，传旨取用，可减者多，如枇杷非南京所产，青梅酸涩不堪用，天鹅、鹔鹴、鹑雁诸禽，石榴、柿子、秋梨诸果，又北方有之，通属可省。龙衣、彩锦、纱罗、绫段诸物，既有织染局之岁办，则当省。南京供应之机房，且一次所造，必备数年之需，一袭龙衣，安得经年即坏？若是尚衣有余，似亦织造当省。此则可以会计停止者也。南京内官监竹器，论造作则所值无几计，运送则所费不赀，亦宜会计所存，可备几年之用，量为停止。云龙、膳卓、朱漆、器皿及铜铁诸器，皆坚久可用，亦宜会计量省，不必每年供造者也。③
嘉靖九年十月	南京光禄寺卿欧阳铎		（直隶滁州卫）年例捕送活雁等项，该南京尚膳监差官管押厨役，水、陆二路运送光禄寺交纳。缘野性难驯，多致损折……合无比照前例，径令该卫折价解部，转送光禄寺买办供应。④

① 李昭祥：《龙江船厂志》卷1《训典志·谟训》，第4页。
② 徐大任：《南京光禄寺志》卷2《贡品》，第21b—22a页。
③ 王廷相：《王廷相集·浚川奏议集》卷7《金陵稿·裁减南京进贡马快船只题本》，第1308页；《明世宗实录》卷117，嘉靖九年九月丁亥，第2770—2772页。
④ 徐大任：《南京光禄寺志》卷2《贡品》，第20b页。

(续表)

时间	题奏者	不可裁减	裁减省并
嘉靖四十五年二月	巡按直隶御史尹枝	请暂免进鲜以苏民困。事下部覆：枝言良是，但岁时奉先、进御之需，不当概议裁削。①	
万历十六年	南京兵部侍郎王世贞	今冬及明年春夏进贡各船，如龙袍船一十四只、鲥鱼船一十八只、枇杷船二只、杨梅船四只、鲜糟笋船四只、藕鲜船五只、菜薹船一只、苗姜船六只、芋苗船二只、紫苏糕船一只、制帛船三只，共计船六十只，此系上用及太庙荐新，宜照常期，不敢迟误外。	若器皿、板枋、杉楠、板木、诰命、苎布、杉条、竹器、画匣、板枋、铜丝网、潇鸂木等项，此皆可以少迟者。②
万历三十三年五月	南京兵部侍郎臧惟一	上用龙衣细巧等物，照扛照例装载。	其余一切竹木、板枋、棕荐、铁铜粗器等项，大的每船以三万斤为率，科道兵部从实会勘，省一船即省造修、差银之费。③
万历四十七年	南京兵部尚书黄克缵		(短差船)内有装大木三十八只，杂木二十一只，铜器四十二只，又间年飞差派有官人板船四十八只，此二款者，其初每年一解，不过用船七八只，五六年来，或二三年积并作一差，增至数倍。若使其照船实装，则减去一半，犹可附载他物。臣愚以为明岁此四项船只可减去一半。④

① 《明世宗实录》卷555,嘉靖四十五年二月乙酉,第8937页。
② 王世贞:《弇州山人续稿》卷142《议处听用船只以供大典疏》,《明别集丛刊》第3辑第38册,第402页。
③ 《南枢志》卷154《奏疏部·条陈船政事宜疏》,第3794页。
④ 黄克缵:《数马集》卷9《题议减船差疏》,第149页。

附录3 明代贡差省并年表

附录4

马、快船差拨次序

说明:表格中"/"左侧的阿拉伯数字表示差拨顺序,右侧汉字数字表示船号。按照从左往右,从上往下的顺序,挨次差拨相应船号的马、快船。

船数	25只	150只	25只	150只	125只	25只	125只	25只
军卫	江淮	江淮	济川	济川	江淮	江淮	济川	济川
编字	国	泰	民	安	风	调	雨	顺
船型	大马船	小马船	大马船	小马船	快船	平船	快船	平船
一案		1/一号		2/一号	3/一号		4/一号	
		5/二号		6/二号	7/二号		8/二号	
		9/三号		10/三号	11/三号		12/三号	
		13/四号		14/四号	15/四号		16/四号	
		17/五号		18/五号	19/五号		20/五号	
		21/六号		22/六号		23/一号		24/一号
		25/七号		26/七号	27/六号		28/六号	
		29/八号		30/八号	31/七号		32/七号	
		33/九号		34/九号				
	35/一号		36/一号		37/八号		38/八号	
		39/十号		40/十号	41/九号		42/九号	
		43/十一号		44/十一号	45/十号		46/十号	
		47/十二号		48/十二号		49/二号		50/二号
		51/十三号		52/十三号	53/十一号		54/十一号	

(续表)

船数	25只	150只	25只	150只	125只	25只	125只	25只
军卫	江淮	江淮	济川	济川	江淮	江淮	济川	济川
编字	国	泰	民	安	风	调	雨	顺
船型	大马船	小马船	大马船	小马船	快船	平船	快船	平船
		55/十四号		56/十四号	57/十二号		58/十二号	
		59/十五号		60/十五号	61/十三号		62/十三号	
		63/十六号		64/十六号	65/十四号		66/十四号	
		67/十七号		68/十七号	69/十五号		70/十五号	
	71/二号		72/二号			73/三号		74/三号
		75/十八号		76/十八号	77/十六号		78/十六号	
		79/十九号		80/十九号	81/十七号		82/十七号	
		83/二十号		84/二十号	85/十八号		86/十八号	
		87/二十一号		88/二十一号	89/十九号		90/十九号	
		91/二十二号		92/二十二号	93/二十号		94/二十号	
		95/二十三号		96/二十三号		97/四号		98/四号
		99/24号		100/24号	101/21号		102/21号	
		103/二十五号		104/二十五号	105/22号		106/22号	
	107/三号		108/三号					
		109/二十六号		110/二十六号	111/二十三号		112/二十三号	
		113/二十七号		114/二十七号	115/二十四号		116/二十四号	
		117/二十八号		118/二十八号	119/二十五号		120/二十五号	
		121/二十九号		122/二十九号		123/五号		124/五号
		125/三十号		126/三十号	127/二十六号		128/二十六号	

附录4 马、快船差拨次序

(续表)

	船数	25只	150只	25只	150只	125只	25只	125只	25只
	军卫	江淮	江淮	济川	济川	江淮	江淮	济川	济川
	编字	国	泰	民	安	风	调	雨	顺
	船型	大马船	小马船	大马船	小马船	快船	平船	快船	平船
			129/三十一号		130/三十一号	131/二十七号		132/二十七号	
			133/三十二号		134/三十二号	135/二十八号		136/二十八号	
			137/三十三号		138/三十三号	139/二十九号		140/二十九号	
			141/三十四号		142/三十四号				
		143/4号		144/六号		145/六号		146/六号	
			147/三十五号		148/三十五号	149/三十号		150/三十号	
			151/三十六号		152/三十六号	153/三十一号		154/三十一号	
			155/三十七号		156/三十七号	157/三十二号		158/三十二号	
						159/七号		160/七号	
			1/三十八号		2/三十八号	3/三十三号		4/三十三号	
			5/三十九号		6/三十九号	7/三十四号		8/三十四号	
			9/四十号		10/四十号	11/三十五号		12/三十五号	
	二、三、四案差拨顺次与一案完全一致,故下文皆省略阿拉伯数字								
二案			四十一号		四十一号	三十六号		三十六号	
			四十二号		四十二号	三十七号		三十七号	
			四十三号		四十三号		八号		八号
			四十四号		四十四号	三十八号		三十八号	
			四十五号		四十五号	三十九号		三十九号	
			四十六号		四十六号				
		八号		八号		四十号		四十号	

(续表)

船数	25只	150只	25只	150只	125只	25只	125只	25只
军卫	江淮	江淮	济川	济川	江淮	江淮	济川	济川
编字	国	泰	民	安	风	调	雨	顺
船型	大马船	小马船	大马船	小马船	快船	平船	快船	平船
		四十七号		四十七号	四十一号		四十一号	
		四十八号		四十八号	四十二号		四十二号	
		四十九号		四十九号		九号		九号
		五十号		五十号	四十三号		四十三号	
		五十一号		五十一号	四十四号		四十四号	
		五十二号		五十二号	四十五号		四十五号	
		五十三号		五十三号	四十六号		四十六号	
		五十四号		五十四号	四十七号		四十七号	
	十号		十三号			十号		十号
		五十五号		五十五号	四十八号		四十八号	
		五十六号		五十六号	四十九号		四十九号	
		五十七号		五十七号	五十号		五十号	
		五十八号		五十八号	五十一号		五十一号	
		五十九号		五十九号	五十二号		五十二号	
		六十号		六十号		十一号		十一号
		六十一号		六十一号	五十三号		五十三号	
		六十二号		六十二号	五十四号		五十四号	
	十三号		十四号					
		六十三号		六十三号	五十五号		五十五号	
		六十四号		六十四号	五十六号		五十六号	
		六十五号		六十五号	五十七号		五十七号	
		六十六号		六十六号		十二号		十二号
		六十七号		六十七号	五十八号		五十八号	
		六十八号		六十八号	五十九号		五十九号	
		六十九号		六十九号	六十号		六十号	

附录4　马、快船差拨次序

(续表)

船数	25只	150只	25只	150只	125只	25只	125只	25只
军卫	江淮	江淮	济川	济川	江淮	江淮	济川	济川
编字	国	泰	民	安	风	调	雨	顺
船型	大马船	小马船	大马船	小马船	快船	平船	快船	平船
三案		七十号		七十号	六十一号		六十一号	
		七十一号		七十一号				
	十四号		十五号					
		七十二号		七十二号		十三号		十三号
		七十三号		七十三号	六十二号		六十二号	
		七十四号		七十四号	六十三号		六十三号	
		七十五号		七十五号				
		七十六号		七十六号	六十四号		六十四号	
		七十七号		七十七号	六十五号		六十五号	
		七十八号		七十八号	六十六号		六十六号	
		七十九号		七十九号	六十七号		六十七号	
		八十号		八十号	六十八号		六十八号	
		八十一号		八十一号		十四号		十四号
		八十二号		八十二号	六十九号		六十九号	
		八十三号		八十三号	七十号		七十号	
		八十四号		八十四号				
	十五号		十六号		七十一号		七十一号	
		八十五号		八十五号	七十二号		七十二号	
		八十六号		八十六号	七十三号		七十三号	
		八十七号		八十七号		十五号		十五号
		八十八号		八十八号	七十四号		七十四号	
		八十九号		八十九号	七十五号		七十五号	
		九十号		九十号	七十六号		七十六号	
		九十一号		九十一号	七十七号		七十七号	

(续表)

船数	25只	150只	25只	150只	125只	25只	125只	25只
军卫	江淮	江淮	济川	济川	江淮	江淮	济川	济川
编字	国	泰	民	安	风	调	雨	顺
船型	大马船	小马船	大马船	小马船	快船	平船	快船	平船
		九十二号		九十二号	七十八号		七十八号	
	十六号		十七号			十六号		十六号
		九十三号		九十三号	七十九号		七十九号	
		九十四号		九十四号	八十号		八十号	
		九十五号		九十五号	八十一号		八十一号	
		九十六号		九十六号	八十二号		八十二号	
		九十七号		九十七号	八十三号		八十三号	
		九十八号		九十八号		十七号		十七号
		九十九号		九十九号	八十四号		八十四号	
		一百号		一百号	八十五号		八十五号	
	十七号		十八号					
		一百一号		一百一号	八十六号		八十六号	
		一百二号		一百二号	八十七号		八十七号	
		一百三号		一百三号	八十八号		八十八号	
		一百四号		一百四号		十八号		十八号
		一百五号		一百五号	八十九号		八十九号	
		一百六号		一百六号	九十号		九十号	
		一百七号		一百七号	九十一号		九十一号	
		一百八号		一百八号	九十二号		九十二号	
		一百九号		一百九号				
	十八号		十九号					
		一百十号		一百十号		十九号		十九号
		一百十一号		一百十一号	九十三号		九十三号	
		一百十二号		一百十二号	九十四号		九十四号	

附录4　马、快船差拨次序

（续表）

船数	25只	150只	25只	150只	125只	25只	125只	25只
军卫	江淮	江淮	济川	济川	江淮	江淮	济川	济川
编字	国	泰	民	安	风	调	雨	顺
船型	大马船	小马船	大马船	小马船	快船	平船	快船	平船
四案		一百十三号		一百十三号	九十五号		九十五号	
		一百十四号		一百十四号	九十六号		九十六号	
		一百十五号		一百十五号	九十七号		九十七号	
		一百十六号		一百十六号	九十八号		九十八号	
		一百十七号		一百十七号	九十九号		九十九号	
		一百十八号		一百十八号		二十号		二十号
		一百十九号		一百十九号	一百号		一百号	
		一百二十号		一百二十号	一百一号		一百一号	
		一百二十一号		一百二十一号				
	十九号		二十号		一百二号		一百二号	
		一百二十二号		一百二十二号	一百三号		一百三号	
		一百二十三号		一百二十三号	一百四号		一百四号	
		一百二十四号		一百二十四号		二十一号		二十一号
		一百二十五号		一百二十五号	一百五号		一百五号	
		一百二十六号		一百二十六号	一百六号		一百六号	
		一百二十七号		一百二十七号	一百七号		一百七号	
		一百二十八号		一百二十八号	一百八号		一百八号	
		一百二十九号		一百二十九号	一百九号		一百九号	

(续表)

船数	25只	150只	25只	150只	125只	25只	125只	25只
军卫	江淮	江淮	济川	济川	江淮	江淮	济川	济川
编字	国	泰	民	安	风	调	雨	顺
船型	大马船	小马船	大马船	小马船	快船	平船	快船	平船
	二十一号		二十一号			二十二号		二十二号
		一百三十号		一百三十号	一百十号		一百十号	
		一百三十一号		一百三十一号	一百十一号		一百十一号	
		一百三十二号		一百三十二号	一百十二号		一百十二号	
		一百三十三号		一百三十三号	一百十三号		一百十三号	
		一百三十四号		一百三十四号	一百十四号		一百十四号	
		一百三十五号		一百三十五号		二十三号		二十三号
		一百三十六号		一百三十六号	一百十五号		一百十五号	
		一百三十七号		一百三十七号	一百十六号		一百十六号	
	二十二号		二十二号					
		一百三十八号		一百三十八号	一百十七号		一百十七号	
		一百三十九号		一百三十九号	一百十八号		一百十八号	
		一百四十号		一百四十号	一百十九号		一百十九号	
		一百四十一号		一百四十一号		二十四号		二十四号
		一百四十二号		一百四十二号	一百二十号		一百二十号	
		一百四十三号		一百四十三号	一百二十一号		一百二十一号	

附录4 马、快船差拨次序

(续表)

船数	25只	150只	25只	150只	125只	25只	125只	25只
军卫	江淮	江淮	济川	济川	江淮	江淮	济川	济川
编字	国	泰	民	安	风	调	雨	顺
船型	大马船	小马船	大马船	小马船	快船	平船	快船	平船
		一百四十四号		一百四十四号	一百二十二号		一百二十二号	
		一百四十五号		一百四十五号	一百二十三号		一百二十三号	
		一百四十六号		一百四十六号				
	二十三号		二十四号					
		一百四十七号		一百四十七号		二十五号		二十五号
		一百四十八号		一百四十八号	一百二十四号		一百二十四号	
		一百四十九号		一百四十九号	一百二十五号		一百二十五号	
		一百五十号		一百五十号				

资料来源：祁承㸁：《条议船政拨差事宜书册》，《北京图书馆藏古籍珍本丛刊》第56册，第593—611页。

参考文献

一、史籍

1. 编年、纪传

《明实录》,台北:"中研院"史语所校印本,1962年。

谈迁著,张宗祥校点:《国榷》,北京:中华书局,1958年。

《明史》,北京:中华书局点校本,1974年。

俞本撰,李新峰笺证:《纪事录笺证》,北京:中华书局,2015年。

2. 政书

通制类

正德《大明会典》,影印明正德四年刻本,东京:汲古书院,1989年。

万历《大明会典》,影印明万历十五年内府刻本,扬州:江苏广陵古籍刻印社,1989年。

船政志

祁承㸁:《条议船政拨差事宜书册》,《北京图书馆藏古籍珍本丛刊》第56册,影印明万历四十年刻本,北京:书目文献出版社,1998年。

倪涷:《船政新书》,《续修四库全书》第878册,影印明万历刻本,上海:上海古籍出版社,2002年。

席书编,朱家麟等点校:《漕船志》,北京:方志出版社,2006年。

南京兵部车驾司编:《船政》,《天一阁藏明代政书珍本丛刊》第21册,影印明嘉靖二十五年刻本,北京:线装书局,2010年。

沈棨著,王亮功点校:《南船纪》,南京:南京出版社,2019年。

李昭祥著,王亮功点校:《龙江船厂志》,南京:南京出版社,2019年。

南京官署志

谢彬:《南京户部通志》,日本尊经阁文库藏明嘉靖、崇祯递修本。

徐大任:《南京光禄寺志》,日本尊经阁文库藏明万历二十四年序刊本。

范景文:《南枢志》,《中国方志丛书·华中地方》第453号,影印明崇祯刊本,台北:成文出版社,1983年。

祁承爜:《南京兵部车驾司职掌》,《明朝档案总汇》第78册,影印明崇祯抄本,桂林:广西师范大学出版社,2001年。

施沛:《南京都察院志》,《四库全书存目丛书》补编第73册,影印日本内阁文库藏明天启刻本,济南:齐鲁书社,2001年。

刘汝勉:《南京工部职掌条例》,《金陵全书》乙编第35册,影印国家图书馆藏清抄本,南京:南京出版社,2016年。

河漕水利

佚名:《漕乘》,北京大学图书馆藏明万历刻本。

王琼著,姚汉源等点校:《漕河图志》,北京:水利电力出版社,1990年。

杨锡绂:《漕运则例纂》,《四库未收书辑刊》第1辑第23册,影印乾隆三十四年刊本,北京:北京出版社,1997年。

谢纯:《漕运通志》,《北京图书馆古籍珍本丛刊》第56册,影印明嘉靖七年刻本,北京:书目文献出版社,1998年。

赵世延等纂:《大元海运记》,《续修四库全书》第835册,影印南京图书馆藏钞本,上海:上海古籍出版社,2002年。

周之龙:《漕河一覩》,《原国立北平图书馆甲库善本丛书》第442册,影印明万历刻本,北京:国家图书馆出版社,2013年。

邵经济:《济漕补略》,《傅斯年图书馆藏未刊稿钞本·史部》第23册,影印明崇祯间钞本,台北:"中研院"史语所,2015年。

潘季驯著,中国水利史编委会办公室整理:《河防一览》,北京:中国水利水电出版社,2017年。

律例

朱元璋:《御制大诰》,《明朝开国文献》第1册,影印明洪武十八年刻本,台北:学生书局,1966年。

戴金编:《皇明条法事类纂》,影印东京大学附属图书馆藏清抄本:东京:古典研究会,1966年。

黄彰健:《明代律例汇编》,《"中研院"史语所专刊》第75种,台北:台湾商务印书馆,

1979年。

王概:《王恭毅公驳稿》,《续修四库全书》第974册,影印上海图书馆藏弘治五年刊本,上海:上海古籍出版社,2002年。

嘉靖《条例备考》,《域外汉籍珍本丛刊》史部第5辑第30册,影印日本内阁文库藏明嘉靖中刊本,北京:人民出版社,2015年。

万历《增修条例备考》,南京图书馆藏明万历刻本。

王侹:《洲课条例》,《傅斯年图书馆藏未刊稿钞本·史部》第23册,影印明钞本,台北:"中研院"史语所,2015年。

地方政纪

徐开禧:《韩山考》,日本内阁文库藏明崇祯十二年刊本。

秦金:《安楚录》,《续修四库全书》第433册,影印上海图书馆藏明刻本,上海:上海古籍出版社,2002年。

嘉靖《江西赋役纪》,《天一阁藏明代政书珍本丛刊》第8—9册,影印明嘉靖三十九年刻本,北京:线装书局,2010年。

万历《江西赋役全书》,《明代史籍汇刊》第25种,影印明万历三十九年江西布政使司刊本,台北:学生书局,1970年。

榷关志书

嘉靖《浒墅关志》,国家图书馆藏明嘉靖十六年刻本。

康熙《浒墅关志》,国家图书馆藏清康熙十二年刻本。

刘洪谟纂,王亭元点校:《芜关榷志》,合肥:黄山书社,2006年。

马麟修等著,杜琳等重修,荀德麟等点校:《续纂淮关统志》,北京:方志出版社,2006年。

档册

官修:《景藩之国事宜》,台湾公藏明嘉靖四十年顺天府刊蓝印本。

龚延明主编:《天一阁藏明代科举录选刊·登科录》,宁波:宁波出版社,2016年。

龚延明主编:《天一阁藏明代科举录选刊·乡试录》,宁波:宁波出版社,2016年。

3. 诏令奏议

黄训辑:《皇明名臣经济录》,哈佛大学图书馆藏明嘉靖三十年刊五十三卷本。

佚名辑:嘉靖《本朝奏疏》(存户部、礼部、兵部),国家图书馆藏明抄本。

张问达:《抚楚疏抄》,台北:"中研院"史语所傅斯年图书馆藏明万历刻本。

佚名辑:《皇明经世考》,北京大学图书馆藏清初抄本。

傅凤翔辑:《皇明诏令》,影印明嘉靖刻本,台北:成文出版社,1967年。

黄训辑,陈九德删补:《皇明名臣经济录》,影印明嘉靖二十八年刊十八卷本,台北:文海出版社,1984年。

王廷相:《浚川奏议集》,王孝鱼点校《王廷相集》,北京:中华书局,1989年。

孙旬辑:《皇明疏钞》,《续修四库全书》第463—464册,影印上海图书馆藏明万历十二年刻本,上海:上海古籍出版社,2002年。

马文升:《马端肃公奏议》,《无锡图书馆藏国家珍贵古籍选刊》第3册,影印明嘉靖二十六年刻本,扬州:广陵书社,2009年。

李实:《礼科给事中李实题本》,《原国立北平图书馆甲库善本丛书》第217册,影印明抄本,北京:国家图书馆出版社,2013年。

陈子龙等辑,虞万里等整理:《明经世文编》,上海:上海书店出版社,2019年。

潘季驯:《兵部奏疏》,《原国立北平图书馆甲库善本丛书》第222册,影印明刻本,北京:国家图书馆出版社,2013年。

王恕:《王端毅公奏议》,张建辉等点校《王恕集》,《关学文库》,西安:西北大学出版社,2015年。

吴文华:《留都疏稿》,《明别集丛刊》第3辑第13册,影印明万历耿定力刻清印本,合肥:黄山书社,2016年。

杨博著,张志江点校:《杨襄毅公本兵疏议》,《山右丛书·二编》第5册,上海:上海古籍出版社,2017年。

湛若水撰,程潮等整理:《参赞事略》,载黄明同等整理《湛若水全集》第22册,上海:上海古籍出版社,2020年。

4. 地方志

湖广

嘉靖《蕲水县志》,国家图书馆藏明嘉靖二十六年刻本。

嘉靖《应山县志》,《天一阁藏明代方志选刊》第55册,上海:上海古籍出版社,1961年。

嘉靖《罗田县志》,《天一阁藏明代方志选刊续编》第62册,上海:上海书店,1990年。

嘉靖《湘阴县志》,《稀见中国地方志汇刊》第38册,北京:中国书店,1992年。

嘉靖《浏阳县志》,《原国立北平图书馆甲库善本丛书》第363册,北京:国家图书馆出版社,2013年。

嘉靖《兴国州志》,《原国立北平图书馆甲库善本丛书》第361册,北京:国家图书馆出版社,2013年。

嘉靖《大冶县志》,《北京大学图书馆藏稀见方志丛刊》第256册,北京:国家图书馆出版社,2013年。

嘉靖《汉阳府志》,《天一阁藏明代方志选刊》第54册,上海:上海古籍出版社,1961年。
嘉靖《黄陂县志》,《原国立北平图书馆甲库善本丛书》第362册,北京:国家图书馆出版社,2013年。
嘉靖《澧州志》,朱湘泉校注,长沙:湖南人民出版社,2015年。
隆庆《岳州府志》,《天一阁藏明代方志选刊》第57册,上海:上海古籍出版社,1963年。
隆庆《永州府志》,《原国立北平图书馆甲库善本丛书》第364册,北京:国家图书馆出版社,2013年。
万历《衡州府志》,日本国会图书馆藏明万历二十一年刻本。
万历《慈利县志》,《天一阁藏明代方志选刊》第59册,上海:上海古籍出版社,1961年。
万历《新宁县志》,《日本藏中国罕见地方志丛刊》第27册,北京:书目文献出版社,1991年。
万历《桃源县志》,《日本藏中国罕见地方志丛刊》第8册,北京:书目文献出版社,1991年。
万历《襄阳府志》,《稀见中国地方志汇刊》第36册,北京:中国书店,1992年。
《(明万历)汉阳府志校注》,武汉地方志办公室整理:武汉:武汉出版社,2007年。
《明万历〈澧纪〉校注》,高守泉等编,香港:名家出版社,2010年。
万历《黄冈县志》,《原国立北平图书馆甲库善本丛书》第361册,北京:国家图书馆出版社,2013年。
万历《湖广总志》,《荆楚文库》乙编,影印福建省图书馆藏万历十九年刻本,武汉:崇文书局,2018年。
崇祯《长沙府志》,《湖南图书馆藏稀见方志丛刊》第1—3册,北京:国家图书馆出版社,2014年。
康熙《德安安陆郡县志》,国家图书馆藏清康熙五年刻本。
康熙《通山县志》,国家图书馆藏清康熙四年刻本。
康熙《云梦县志》,国家图书馆藏清康熙七年刻本。
康熙《安陆府志》,国家图书馆藏清康熙八年刻本。
康熙《孝感县志》,国家图书馆藏清康熙十二年刻本。
康熙《应山县志》,国家图书馆藏康熙十二年刻本。
康熙《郴州总志》,国家图书馆藏清康熙二十四年刻本。
康熙《临湘县志》,国家图书馆藏清康熙二十四年刻本。
康熙《松滋县志》,国家图书馆藏清康熙三十五年刻本。
康熙《安乡县志》,《日本藏中国罕见地方志丛刊》第28册,北京:书目文献出版社,

1992年。

康熙《宝庆府志》,《北京图书馆古籍珍本丛刊》第37册,北京:书目文献出版社,1998年。

康熙《衡州府志》,《北京图书馆古籍珍本丛刊》第36册,北京:书目文献出版社,1998年。

康熙《龙阳县志》,《故宫珍本丛刊》第165册,影印清康熙二十四年刊本,海口:海南出版社,2001年。

康熙《零陵县志》,《故宫珍本丛刊》第154—155册,影印康熙二十三年刊,海口:海南出版社,2001年。

康熙《永明县志》,《故宫珍本丛刊》第157—158册,影印康熙四十八年刊本,海口:海南出版社,2001年。

康熙《巴陵县志》,《国家图书馆藏地方志珍本丛刊》第646—647册,天津:天津古籍出版社,2016年。

康熙《道州新志》,《国家图书馆藏地方志珍本丛刊》第674—676册,天津:天津古籍出版社,2016年。

康熙《黄州府志》,黄冈市地方志编纂委员会办公室点校,武昌:武汉大学出版社,2017年。

雍正《应城县志》,国家图书馆藏清雍正四年刊本。

乾隆《襄阳府志》,国家图书馆藏清乾隆二十五年刻本。

乾隆《宁远县志》,《故宫珍本丛刊》第154—155册,影印乾隆十九年刊本,海口:海南出版社,2001年。

乾隆《平江县志》,《中国地方志集成·湖南府县志辑》第8册,影印清乾隆八年刻本,南京:江苏古籍出版社,2002年。

乾隆《祁阳县志》,《中国地方志集成·湖南府县志辑》第40册,影印清乾隆三十年刻本,南京:江苏古籍出版社,2002年。

同治《监利县志》,国家图书馆藏清同治十一年刻本。

江西

正德《瑞州府志》,《天一阁藏明代方志选刊续编》第42册,上海:上海书店,1990年。
嘉靖《永丰县志》,《天一阁藏明代方志选刊》第39册,上海:上海古籍出版社,1961年。
嘉靖《广信府志》,《天一阁藏明代方志选刊续编》第45册,上海:上海书店,1990年。
嘉靖《临江府志》,《天一阁藏明代方志选刊续编》第49册,上海:上海书店,1990年。
嘉靖《铅山县志》,《天一阁藏明代方志选刊续编》第46册,上海:上海书店,1990年。

嘉靖《武宁县志》,《天一阁藏明代方志选刊续编》第42册,上海:上海书店,1990年。
嘉靖《宁州志》,《天一阁藏明代方志选刊续编》第43册,上海:上海书店,1990年。
嘉靖《靖安县志》,《原国立北平图书馆甲库善本丛书》第358册,北京:国家图书馆出版社,2013年。
嘉靖《进贤县志》,《原国立北平图书馆甲库善本丛书》第358册,北京:国家图书馆出版社,2013年。
隆庆《临江府志》,《天一阁藏明代方志选刊》第35册,上海:上海古籍出版社,1961年。
隆庆《瑞昌县志》,《天一阁藏明代方志选刊》第40册,上海:上海古籍出版社,1961年。
万历《弋阳县志》,日本国会图书馆藏万历九年刊本。
万历《铅书》,《北京大学图书馆藏稀见方志丛刊》第166—168册,北京:国家图书馆出版社,2013年。
万历《江西省大志》,王宗沐编,黄长椿等点校,北京:中华书局,2018年。
崇祯《抚州府志》,日本国会图书馆藏崇祯七年刊本。
崇祯《瑞州府志》,《原国立北平图书馆甲库善本丛书》第359册,北京:国家图书馆出版社,2013年。
康熙《湖口县志》,国家图书馆藏清康熙十二年刻本。
康熙《南城县志》,国家图书馆藏清康熙十二年刻十九年补刻本。

南直隶

洪武《京城图志》,《北京图书馆古籍珍本丛刊》第24册,影印清抄本,北京:书目文献出版社,1998年。
正德《江宁县志》,《北京图书馆古籍珍本丛刊》第24册,影印明正德刻本,北京:书目文献出版社,1988年。
嘉靖《宁国府志》,《天一阁藏明代方志选刊》第23册,上海:上海古籍出版社,1961年。
嘉靖《安庆府志》,《中国方志丛书》华东第632号,台北:成文出版社,1985年。
嘉靖《宁国县志》,《天一阁藏明代方志选刊续编》第36册,上海:上海书店,1990年。
嘉靖《泾县志》,《天一阁藏明代方志选刊续编》第49册,上海:上海书店,1990年。
嘉靖《南畿志》,《北京图书馆古籍珍本丛刊》第24册,北京:书目文献出版社,1998年。
隆庆《仪真县志》,《天一阁藏明代方志选刊》第15册,影印明隆庆元年刻本,上海:上海书店,1981年。
万历《江宁县志》,日本内阁文库藏明万历二十六年刻本。
万历《江浦县志》,《天一阁藏明代方志选刊续编》第7册,上海:上海书店,1990年。
万历《望江县志》,《稀见中国地方志汇刊》第20册,北京:中国书店,1992年。

万历《宁国府志》,《稀见中国地方志汇刊》第23册,北京:中国书店,1992年。
万历《应天府志》,《四库全书存目丛书》史部第203册,济南:齐鲁书社,1997年。
万历《太平县志》,黄山区地方志办公室整理,合肥:黄山书社,2017年。
顺治《潜山县志》,《辽宁省图书馆藏稀见方志丛刊》第15册,北京:国家图书馆出版社,2012年。
康熙《上元县志》,日本内阁文库藏清康熙六十年刻本。
康熙《当涂县志》,《稀见中国地方志汇刊》第23册,北京:中国书店,1992年。
康熙《芜湖县志》,《上海图书馆藏稀见方志丛刊》第119—120册,北京:国家图书馆出版社,2011年。
乾隆《上元县志》,国家图书馆藏乾隆十六年刻本。

其他

嘉靖《宣府镇志》,《原国立北平图书馆甲库善本丛书》第389—390册,北京:国家图书馆出版社,2013年。
万历《永安县志》,《日本藏中国罕见地方丛刊》第12册,北京:书目文献出版社,1991年。
顺治《湖州府志》,日本内阁文库藏顺治六年刊本。
康熙《永康县志》,《稀见中国地方志汇刊》第17册,北京:中国书店,1992年。
同治《湖州府志》,《中国方志丛书》华中第54号,台北:成文出版社,1970年。
光绪《顺天府志》,缪荃孙等编纂,左笑鸿等点校,北京:北京古籍出版社,1987年。
马士图:《莫愁湖志》,影印嘉庆二十年刊光绪八年重印本,台北:成文出版社,1983年。
内乡县地方史志编纂委员会编:《内乡县志》,北京:生活·读书·新知三联书店,1994年。
吴小铁:《南京莫愁湖志·诗文增补》,北京:中央文献出版社,2005年。
葛寅亮著,何孝荣点校:《金陵梵刹志》,南京:南京出版社,2011年。
朱之蕃:《金陵四十景图像诗咏》,南京:南京出版社,2012年。

5. 文集

南京兵部官

倪岳:《青溪漫稿》,南京图书馆藏明正德刻本。
杨嗣昌:《地官集》,国家图书馆藏明天启刻本。
丁宾:《丁清惠公遗集》,《四库禁毁书丛刊》集部第44册,影印明崇祯间刻本,北京:北京出版社,1997年。
林炫:《林榕江先生集》,《北京图书馆古籍珍本丛刊》第109册,影印清范氏天一阁抄本,北京:书目文献出版社,1998年。

郭应聘:《郭襄靖公遗集》,《续修四库全书》第1349册,影印上海图书馆藏明万历刻本,上海:上海古籍出版社,2002年。

冯时可:《冯元成选集》,《四库禁毁书丛刊》补编第61—64册,影印明刻本,北京:北京出版社,2005年。

祁承㸁:《澹生堂集》,影印原国立北平图书馆藏明崇祯刻本,北京:国家图书馆出版社,2012年。

席书:《元山文选》,《明别集丛刊》第1辑第76册,影印明嘉靖刻本,合肥:黄山书社,2013年。

林瀚:《林文安公集》(存卷1—4),《中国古籍珍本丛刊·广东省立中山图书馆卷》,影印明嘉靖刻本,北京:国家图书馆出版社,2015年。

王世贞:《弇州山人四部稿》,《明别集丛刊》第3辑第33—35册,影印明万历五年刻本,合肥:黄山书社,2016年。

王世贞:《弇州山人续稿》,《明别集丛刊》第3辑第36—39册,影印明万历刻本,合肥:黄山书社,2016年。

黄克缵著,李梦生点校:《数马集》,北京:商务印书馆,2019年。

乔宇著,赵瑞斐点校:《乔庄简公集》,《山右丛书·三编》第1册,上海:上海古籍出版社,2021年。

南京诸司官

郑纪:《东园郑先生文集》,天津图书馆藏明嘉靖刻本。

王樵:《方麓居士集》,天津图书馆藏明万历刻本。

沈节甫:《大朴主人文集》,上海图书馆藏明万历刻本。

方弘静:《素园存稿》,《四库全书存目丛书》集部第121册,影印明万历刻本,济南:齐鲁书社,1997年。

姜宝:《姜凤阿文集》,《四库全书存目丛书》集部第128册,影印北京大学图书馆藏明万历刻本,济南:齐鲁书社,1997年。

陈琎:《琴轩集》,影印清康熙六十年万卷堂刻本,上海:上海古籍出版社,2011年。

吴廷举:《东湖集》,《明别集丛刊》第1辑第73册,影印清道光二十二年立言堂刻本,合肥:黄山书社,2013年。

阁部官员

萧镃:《尚约文钞》,《四库全书存目丛书》集部第33册,影印江西省图书馆藏清光绪三十一年萧氏趣园刻本,济南:齐鲁书社,1997年。

霍韬:《渭厓文集》,《四库全书存目丛书》第69册,影印北京大学图书馆藏明万历四年霍与瑕刻本,济南:齐鲁书社,1997年。

董其昌:《容台集》,《四库禁毁书丛刊》集部第32册,影印明崇祯三年董庭刻本,北京:北京出版社,1997年。

王铎:《拟山园选集》,《北京图书馆古籍珍本丛刊》第111册,影印清顺治十年刻本,北京:书目文献出版社,1998年。

李东阳著,周寅宾等点校:《李东阳集》,长沙:岳麓书社,2008年。

王锡爵:《王文肃公文集》,《明别集丛刊》第3辑第63—64册,影印明万历王时敏刻本,合肥:黄山书社,2013年。

于谦著,魏得良点校:《于谦集》,杭州:浙江古籍出版社,2013年。

倪元璐:《倪文贞公文集》,《明别集丛刊》第5辑第65册,合肥:黄山书社,2016年。

地方官员

海瑞著,陈义钟编校:《海瑞集》,北京:中华书局,1962年。

王宗沐:《敬所王先生文集》,《四库全书存目丛书》集部第111册,影印明万历元年刻本,济南:齐鲁书社,1997年。

王在晋:《越镌》,《四库禁毁书丛刊》集部第104册,影印明万历三十九年刻本,北京:北京出版社,1997年。

温璜:《温宝忠先生遗稿》,《四库禁毁书丛刊》集部第83册,影印清顺治间贞石堂刻本,北京:北京出版社,1997年。

冒日乾:《存笥小草》,《明别集丛刊》第4辑第79册,影印康熙六十年刊本,合肥:黄山书社,2016年。

孙宜:《洞庭集》,《北京图书馆古籍珍本丛刊》第105册,影印明嘉靖三十二年刻本,北京:书目文献出版社,1998年。

项乔著,方长山等点校:《项乔集》,上海:上海社会科学院出版社,2006年。

陆容:《式斋先生集》,《原国立北平图书馆甲库善本丛书》第720册,影印明弘治十四年陆氏家刻本,北京:国家图书馆出版社,2013年。

邹守益:《东廓邹先生遗稿》,《明别集丛刊》第2辑第37册,影印清刻本,合肥:黄山书社,2015年。

洪朝选著,李玉昆点校:《洪芳洲先生文集》,《泉州文库》,北京:商务印书馆,2018年。

传记相关

李默:《群玉楼稿》,《四库全书存目丛书》集部第77册,影印明万历元年刻本,济南:齐鲁书社,1997年。

李维桢:《大泌山房集》,《四库全书存目丛书》集部第 152 册,影印明万历三十九年刻本,济南:齐鲁书社,1997 年。

焦竑著,李剑雄点校:《澹园集》,北京:中华书局,1999 年。

刘鸿训:《四素山房集》,《四库未收书辑刊》第 6 辑第 21 册,影印明崇祯刻清雍正印本,北京:北京出版社,2000 年。

陈仁锡:《陈太史无梦园初集》,《续修四库全书》第 1381—1383 册,影印明崇祯刊本,上海:上海古籍出版社,2002 年。

归有光著,周本淳点校:《震川先生集》,上海:上海古籍出版社,2007 年。

罗洪先著,徐儒宗编校:《罗洪先集》,《阳明后学文献丛书》,南京:凤凰出版社,2007 年。

杨廉:《杨文恪公文集》,《明别集丛刊》第 1 辑第 67 册,合肥:黄山书社,2013 年。

王云凤著,张勇耀、李泽婧点校:《虎谷集》,《山右丛书·三编》第 1 册,上海:上海古籍出版社,2021 年。

6. 杂著

笔记

沈德符著,中华书局编辑部校点:《万历野获编》,北京:中华书局,1959 年。

顾起元著,谭棣华等点校:《客座赘语》,北京:中华书局,1987 年。

刘辰:《国初事迹》,载邓士龙辑,许大龄等点校《国朝典故》,北京:北京大学出版社,1993 年。

尹直:《謇斋琐缀录》,《原国立北平图书馆甲库善本丛书》第 553 册,影印明嘉靖七年尹氏家刻本,北京:国家图书馆出版社,2013 年。

周晖著,张增泰点校:《金陵琐事》,南京:南出版社,2020 年。

谱牒

朱正色:《朱氏家谱自叙》,载王兆荣等编《明朝贤臣朱正色》,香港:中国知识经济出版集团,2007 年。

陈有年:《孙忠烈公年谱》,载王孙荣编校《孙燧集》,宁波:宁波出版社,2020 年。

类书

章潢:《图书编》,哈佛图书馆藏明万历四十一年序刊本。

冯应京:《皇明经世实用编》,影印明万历三十二年序刊本,台北:成文出版社,1967 年。

算学新学

张介宾:《类经附翼》,北京:人民卫生出版社,1965 年。

程大位:《新编直指算法统宗》,《四库全书存目丛书》子部第 55 册,影印北京图书馆藏明刻本,济南:齐鲁书社,1995 年。

王文素著,刘五然等校注:《算学宝鉴校注》,北京:科学出版社,2008年。

宋应星:《天工开物》,影印国家图书馆藏明崇祯十年刻本,北京:国家图书馆出版社,2019年。

二、论著

薮内清等著,章熊等译:《天工开物研究论文集》,北京:商务印书馆,1959年。

苏同炳:《明代驿递制度》,台北:中华丛书编审委员会,1969年。

黄开华:《明史论集》,香港:诚明出版社,1972年。

徐玉虎:《明代郑和航海图之研究》,台北:学生书局,1976年。

包遵彭:《郑和下西洋之宝船考》,台北:中华丛书编审委员会,1985年。

海军海洋测绘研究所编:《新编郑和航海图集》,北京:人民交通出版社,1988年。

王天有:《明代国家机构研究》,北京:北京大学出版社,1992年。

丘光明:《中国历代度量衡考》,北京:科学出版社,1992年。

郭正忠:《三至十四世纪中国的权衡度量》,北京:中国社会科学出版社,1993年。

斯波义信:《宋代商业史研究》,台北:稻禾出版社,1997年。

王冠倬:《中国古船图谱》,北京:三联书店,2000年。

倪玉平:《清代漕粮海运与社会变迁》,上海:上海书店出版,2005年。

张金奎:《明代卫所军户研究》,北京:线装书局,2007年。

李约瑟主编:《中国科学技术史》第四卷第三分册《土木工程与航海技术》,北京:科学出版社,2008年。

于志嘉:《卫所、军户与军役——以明清江西地区为中心的研究》,北京:北京大学出版社,2010年。

席龙飞:《中国古代造船史》,武汉:武汉大学出版社,2015年。

李新峰:《明前期军事制度研究》,北京:北京大学出版社,2016年。

杨一凡:《明〈大诰〉研究》(修订版),北京:社会科学文献出版社,2016年。

黄纯艳:《造船业视域下的宋代社会》,上海:上海人民出版社,2017年。

何国卫:《何国卫船史研究文选》,南京:南京大学出版社,2017年。

毛亦可:《清代卫所归并州县研究》,北京:社会科学文献出版社,2018年。

新宫学著,贾临宇等译:《明代迁都北京研究》,北京:外文出版社,2021年。

李根利:《明代南京政治地位研究》,北京大学博士学位论文,2021年。

叶宗翰:《明代的造船事业——造船发展背景的历史考察》,台湾中国文化大学硕士学位论文,2002年。

周忠:《明代南京守备研究》,南京师范大学博士学位论文,2013年。

付芳芳:《明代南京兵部初探》,天津师范大学硕士学位论文,2013年。

梅伟强:《明代贡舫之研究》,台湾成功大学硕士学位论文,2014年。

星斌夫:《明代の驿递制における船只比ついて》,《东洋史研究》26卷第2号,1967年。

星斌夫:《明代の駅伝制における水夫等について》,山形历史学会《历史の研究》第13辑,1968年。

黄开华:《明政制上并设南京部院之特色》,《明史论集》,香港:诚明出版社,1972年。

李龙潜:《明代军户制度浅论》,《北京师范学院学报》1982年第1期。

李长弓:《试论明代驿传役编佥"唯粮是论"》,《华中师范大学学报(哲社版)》1988年第4期。

韩振华:《论中国船的船料及其计算法则》,《海交史研究》1988年第1期。

陈希育:《宋代大型商船及其"料"的计算法则》,《海交史研究》1991年第1期。

山形欣哉:《『南船记』における「料」について》,《海事史研究》第53期,1996年。

高寿仙:《明前期驿递夫役佥派方式初探》,《东岳论丛》1999年第1期。

苏明阳:《宋元明清时期船"料"的解释》,《海交史研究》2002年第1期。

纪慧娟、宗韵:《明代驿递夫役佥派方式之变化》,《安徽师范大学学报(人文社会科学版)》2003年第1期。

于志嘉:《明清时代军户的家族关系——卫所军户与原籍军户之间》,《"中研院"历史语言研究所集刊》第74本第1分,2003年。

李龙潜:《明代南京马快船考释》,纪宗安、汤开建主编《暨南史学》第3辑,广州:暨南大学出版社,2004年。

李新峰:《郑和下西洋的国内军事背景》,载林晓东主编《郑和下西洋与华侨华人文集》,北京:中国华侨出版社,2005年。

王亮功:《〈龙江船厂志〉的点校出版——兼论龙江船厂遗址与宝船厂的关系》,《江苏地方志》2005年第3期。

洪长倬:《宝船厂遗址查考》,《航海杂志》2005年第5期。

蔡泰彬:《明代贡鲜船的运输与管理》,《白沙历史地理学报》第一期,彰化:彰化师范大学历史学研究所,2006年,第100—157页。

罗晓翔:《明代南京的坊厢与字铺——地方行政与城市社会》,《中国社会经济史研究》2008年第4期。

李泉、李芹:《明代的宫廷运输与运河交通》,《故宫学刊》第6辑,北京:紫禁城出版社,2010年。

刘义杰:《明代南京造船厂探微》,《海交史研究》2010年第1期。

刘义杰:《马船考》,载上海中国航海博物馆编《中国航海文化之地位与使命》,上海:上海书店出版社,2011年。

万明:《明代快船考》,载上海中国航海博物馆编《中国航海文化之地位与使命》,上海:上海书店出版社,2011年。

祁海宁:《试论宝船厂的废弃年代及与兵部造船厂之关系》,载上海中国航海博物馆编《中国航海文化之地位与使命》,上海:上海书店出版社,2011年。

何国卫:《析中国古船的料》,《国家航海》2011年第1期。

郑自海:《明代南京官办造船史迹》,《东方收藏》2014年第5期。

何志标:《从明代古籍所载战船尺度推测中国古船"料"的含义》,《国家航海》2014年第4期。

郑宽涛:《明代南京官办造船史迹与郑和宝船厂研究》,《江苏地方志》2014年第4期。

范金民:《明代南京宝船厂遗址考》,《江苏社会科学》2018年第1期。

顾苏宁、王艺:《龙江船厂与"宝船厂"关系考辨》,载上海中国航海博物馆编《丝路和弦:全球化视野下的中国航海历史与文化》,上海:复旦大学出版社,2019年。

程志兵:《近代汉语中的"骑硫磺马"与"马船"小考》,《伊犁师范学院学报(社会科学版)》2019年第2期。

杨泉:《明代南京马船水夫役问题探析》,《中国社会经济史研究》2020年第4期。

邓小南:《再谈走向"活"的制度史》,《史学月刊》2022年第1期。

崔达、赵毅:《明代贡舫船舶发展初探》,《辽宁师范大学学报(社会科学版)》2022年第6期。

后 记

这是一本非学位论文性质的博士论文,源自北京大学历史学系博士研究生中期考核制度,即博士生在入学一年后,需提交两篇小论文,作为先期学习稽查和后续论文发表的衔接,是为本书写作的缘起。

2019年秋,我由硕士研究生转入攻读博士学位,读书匮乏,苦无论题,于是导师郭润涛教授告诉我可以留心搜集船政文献,集中阅读。年末,我带上初步整理的文献目录找到郭老师讨论,郭老师觉得"有材料,可以做"。得到应允,我便着手准备。未久,新冠肆虐,封控在家,遂专心研读,将关注问题锁定在南京马、快船贡运上,并逐渐汇编史料、条列大纲、动笔写作。2020年8月,中期考核将至,情急之下,我将先前习作发送给郭老师。翌日,郭老师回信告诉我不要着急,"如果要做中期报告,我认为最好是将你手中(船政)的文章写成"。此语令我心中悬石落地,暗自咬牙要把论文"写成"。

待到2021年4月,博士生中期考核如期举行,我提交了约二十万字的文稿,老师们评价"多年未见",考核顺利通过。但尚未喘息,博士论文开题随之而至,连轴滚动,令人疲于应对。由于接下来我已转向明代开中法研究,船政研究无暇顾及,只得暂且搁置。至2023年博士毕业后,经过一年的缝缝补补,自觉再无拓展空间,遂在郭老师的督促下,决心将文稿出版。于是我删繁就简、查缺补漏、核对引文、规范体例,定名为《明代贡运制度研究》。

本书的完成,首先要感谢郭润涛老师的悉心指导。郭老师常说:"书不难于藏而难于读。"读书并非易事,该读哪些书?怎么读?回想 2015 年秋季,我开始跟随郭老师做学年论文时,郭老师便推荐我阅读章潢的《图书编》。硕士期间,当郭老师得知我热衷从日本淘书,又建议我从古典研究会影印本《皇明条法事类纂》入手,逐字逐句点读,笔记摘录。两书一是类书,一是章奏,皆有难度,虽然当时读来一知半解,囫囵吞枣,但作为学术训练,使我在公文阅读上逐渐得心应手。我也由此认识到明代政书和奏议的重要价值,并按照《中国古籍总目》,按图索骥,逐一网罗,不断扩大阅读面,为本书和博论的写作奠定了制度史基础。

在读书过程中,每隔一两个月,郭老师便会在人文学苑一号楼办公室与我促膝长谈。由我先汇报近来的读书情况、心得体会,然后郭老师就制度沿革、人物生平、版本目录、学界认识等方面,与我展开交流,随即布置接下来的阅读任务,如此往复,寒暑不辍。在书目和论题的选取上,郭老师注重因材施教,发掘学生的研究兴趣和能力。就我个人而言,偏向于实政研究,留意钱粮数字,尤以户、兵、工部为主(我个人常戏称为心中的"上三部")。郭老师在书目布置和论文指导上,也多围绕"上三部"展开,无论是贡运制度还是开中法的选题,皆是郭老师为我"量身定制"。

在论文写作上,郭老师注重提纲挈领和语言精炼,追求文章层次清晰,言简意赅。明代史料浩如烟海,我在写作中常会陷入行文啰嗦的困境,也就是所谓的"堆材料"。在这方面郭老师对我常加提醒,并通过修改文字、推荐范文来帮助学习改进。当我提交了文稿后,郭老师会立即停下手中研究,开始翻阅,从论文的章节标题、行文章法到遣词造句、文献分类等方面,逐一教导,甚至严厉批评,令我深感落笔潦草,满目疮痍,唯有改之又改。毕业之后,郭老师又叮嘱我将文稿尽快修改出版,不可拖延荒废时光。郭老师的耳提面命时常萦绕心头,是我"勉强"(勉励强迫自己)写作的重要动力来源。

感谢邓小南、张帆、党宝海老师参加我的中期考核,提出了诸多宝贵的修改性意见。不仅如此,诸位老师参与了我的保研面试、硕博连读、博论开题等各个环节,令我获益匪浅。邓老师提出"活"的制度史,启发我更加关注制度运作、公文流转、信息传递。张老师、党老师长期带领学生研读《元典章》，并提醒留意《吏文训读》，为我理解公牍术语奠定了基础。本书的出版，亦得益于诸位老师的审阅和推荐。

感谢王元周、李新峰老师允纳我的转系申请，使我有机会从事历史学研究。王老师对我这位同乡关爱有加；李老师幽默风趣，作为本科班主任对我向来鼓励和肯定。遥想十年前彷徨转入历史学系，拖沓至今，方以本书作为第一份答卷，深愧有负诸师厚望。

感谢同门给予关照。毛亦可、丁义珏夫妇在学术上常为我提供帮助和建议，毛师姐言语锐利，一针见血，丁师兄则妙语连珠，舒缓焦虑，实为"共轭"典范。郑小悠师姐笔耕不辍，热心关注本书的出版。李小波师兄长于明代政治制度史，时常为我讲解章奏运作和阁部体制。姜瑞雯师妹作为近年来门内唯二在读的博士生之一，为本书提供了诸多修改意见。从我读研伊始，毛师姐带领师门读书班坚持至今，围绕刑名、钱谷，先后阅读了《政刑大观》《司农奏议》《石渠余纪》等史料，句句精读，字字释义，亦是我学术训练中不可或缺的部分。

感谢李根利师兄分享了《南京户部志》《南京光禄寺志》等诸多稀见史料，并积极联系和推动本书的出版；李思成、尹敏志、余璐、史煜飚在明代制度诸多层面，为我提供了专业的答疑解惑。感谢曾芬甜、庞博、盛差偲、张临希、戴汭、贾月洋、黄鸿、蔡纪风等同学，在我漫长的学生生涯中，排忧解难，施以援手。本书在拆分发表中，得到汪维真、陈少丰、刘波老师的专业审校，不胜感激。感谢责编张晗老师的细心编辑，校正错讹，润色语句，为本书增彩不少。

感谢父母、弟弟始终支持我的学业。感谢妻子步忧女士，相伴多年，好在有历史学双学位的训练，使她能够理解和共情我在学术研究中的欢喜悲忧。在本书写作期间，时值术后困顿，得益于步忧不辞劳苦，照料起居，使我得以集中精力完成写作。同一时期，祖母高氏因病去世，我却未能返乡守孝，天人永隔，黄粱再见，谨以此书纪念。

最后感谢每一位读者。这是我的第一本专著，欣喜之余，内心则充满了隐忧，平心而论，本书并不好读。一方面因为文中充满着笔者自以为是的数字计算，令人恼火；另一方面，就像郭老师批评的，本书写得像一本教材,这很大程度上是由于本书缺乏一以贯之的"问题意识"。事实上,我的写作初衷非常简单,只因看不懂佶屈聱牙的《船政新书》,感到该书文本之晦涩,几乎不能句读。等到逐渐稍得要领,便迫不及待写下,自觉只有落实到文字层面,方能认识到是否真的读懂了。故而本书的写作,主要从史料本身出发,缺少理论层面的深入思考,颇显枯燥,才力不及,贻笑大方。文中或恐仍有错讹之处,请读者不吝批评指正。

宋上上

2024 年 10 月 27 日

于北京大学人文学苑 5110